幸福秘方

好婚姻 靠经营

肖映菁◎著

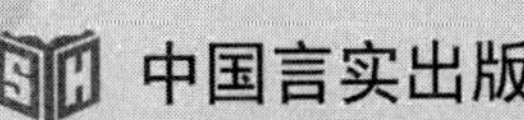

图书在版编目（CIP）数据

婚姻秘方：好婚姻，靠经营/肖映菁著．—北京：中国言实出版社，2013.7
ISBN 978-7-5171-0155-0

Ⅰ．①婚… Ⅱ．①肖… Ⅲ．①婚姻-通俗读物 Ⅳ．①C913.13-49

中国版本图书馆 CIP 数据核字（2013）第 148783 号

责任编辑：谢　玉　田　木

出版发行　中国言实出版社

地　址：北京市朝阳区北苑路 180 号加利大厦 5 号楼 105 室
邮　编：100101
电　话：64966714（发行部）　51147960（邮　购）
64924853（总编室）　64963105（二编部）
网　址：www.zgyscbs.cn
E-mail：zgyscbs@263.net

经　销　新华书店
印　刷　北京业和印务有限公司
版　次　2013 年 7 月第 1 版　2013 年 7 月第 1 次印刷
规　格　710 毫米×1000 毫米　1/16　印张 12.5
字　数　240 千字
定　价　28.00 元　ISBN 978-7-5171-0155-0

自序

童话故事里，公主总是蒙难，陷于水深火热中，需要救助。而赶来营救的王子，总是勇敢地排除万难，助公主脱离苦海。于是，英雄美人，倾心相恋，缔结良缘。故事结局，多数是以“公主和王子从此过着幸福的生活”收尾，再无下文。

这类童话故事给人的感觉就是：只要努力拼搏，杀进婚姻的大门，爱情就算是功德圆满，从此可以安享太平。

可等我们自己一头撞进婚姻，才发现，想要过上幸福生活并非那么简单，这中间要经历很多的磨难。“幸福”这两个字写起来简单，但要真做到，却是极不容易的。

从民政局的统计数据来看，我国的离婚率已经是连续 9 年递增。若是感情破裂无法挽回，离了也就离了；但这里头，有很多小夫妻——尤其是 80 后、90 后的这些小夫妻，经常是因为一些鸡毛蒜皮的琐事起了争执，因为不懂，或者说不愿“灭火”，反而到处“点火”，将矛盾无限放大，以至闹到最后以离婚收场——语未了，情犹在，却将自己的婚姻断送在琐事上，未免有点可惜。

最“奇葩”的案例是：有这样小两口，从民政局领了结婚证出来，在回家的路上，因为一点小事起了争执，女方负气说了些“后悔和你结婚”之类的话，男方也不甘示弱，马上反击说：“那就离婚！”于是两人就真冲回民政局将结婚证换成了离婚证——从结婚到离婚，中间只隔了 15 分钟！这堪称史上最短的婚姻。

这些年轻人，他们婚姻的破裂，不是因为欠缺感情，而是因为欠缺处理家庭矛盾，经营幸福婚姻的智慧。

经常有人将结婚当成一场豪赌，觉得赢了，是一生；输了，也是一生。这结婚，确实和赌博有异曲同工之处，都有其不确定性和风险性。你不知道结婚后眼前深爱的人会露出怎样一张脸，也不知道婚后会面临什么样的生活，更不知道前面会有什么样的矛盾在等着你们……但婚姻不是赌博，赌博的结果不是你能控制的，而婚姻的结果，是可以通过夫妻双方的努力来改变的。

不管未来的路如何，当初你和他（她）结婚的目的就是为了幸福——这幸福不会自己从天上掉下来，你想要，就得自己争取。

孙悟空一个筋斗能翻十万八千里，可要去西天取经，他同样得陪着唐僧老老实实一步一个脚印地走，路上还要经历九九八十一难，才能到达西天取得真经修成正果——幸福亦如此。谁的婚姻路上没碰上些妖魔鬼怪？谁的婚姻路上没有些磕磕碰碰？你不能受点挫折就撂挑子："我不干了，离婚！"

婚姻是人们一辈子的大事，儿戏不得。要想幸福，首先得学会尊重对方的感情，尊重婚姻——这反过来也是对你自己的尊重。

美国现代作家 W. A 彼得森说："婚姻的艺术在于：不要期望丈夫是戴着光环的神，妻子是飞翔的天使；不要求对方十全十美，而要培养韧性、耐性、理解和幽默感。"金无足赤，人无完人，夫妻间除了信任，最重要的就是包容。

婚姻不是王子和公主的浪漫童话，而是柴米油盐酱醋茶的现实生活。婚姻处在何种状态，取决于夫妻双方对于婚姻的态度和付出。

每个人都渴望拥有幸福完美的婚姻，然而很多人并不懂得婚姻的经营之道。本书是写给读者的幸福婚姻宝典，从两性思维的差异、沟通交流、家庭关系等各方面详细阐述如何经营婚姻、如何解决婚姻生活中的常见问题。只要善用婚姻经营的智慧，经历风雨的考验，就一定能够让婚姻保鲜，就一定能够获得完美、长久的婚姻！

目录

第一篇　你了解婚姻吗：走进婚姻不可不知的5个要点

第二篇　相爱容易，相处难：夫妻和谐相处的8个秘籍

第三篇 如何经营婚姻：婚姻幸福的 10 个秘密法则

第一篇

走进婚姻不可不知的5个要点

你了解婚姻吗

第一章

婚姻到底是怎么一回事儿

关于婚姻，很多男女会简单地认为："婚姻就是两个人生活在一起。"如果婚姻就是这么简单，那这世上也不会有这么多的痴男怨女了。

古人云："知己知彼，方能百战百胜。"我们要经营好自己的婚姻，必须先把婚姻做个深度"解剖"，搞清楚婚姻的本质，弄清楚自己为什么要结婚，而结婚对自己的将来又意味着什么。只有弄清楚婚姻是怎么一回事后，我们才能"对症下药"，把自己的婚姻经营得风生水起。

婚姻的本质

从爱情的角度解释，婚姻是两情相悦之后的产物，以一纸婚书确定彼此的关系，打上对方的"标签"——"某某某的老公"、"某某某的老婆"，从此执子之手，与子偕老。从法律的角度解释，婚姻则是男女双方以共同生活为目的、以夫妻的权利和义务为内容的合法结合。

同样的，如果以感性的角度来解读婚姻的本质，可以将婚姻的本质简化成一个字——爱。这"爱"是爱情之"爱"，亦是爱情趋于平淡，续转化成左手右臂互不能缺的亲情之爱。当然，"爱"这个概念颇为缥缈，一百个人，会有一百种理解，从而产生N多种解释。所以，在这里，我们只能从理性，也就是法律的角度，来剖析一下婚姻的本质。

从法律的角度看，婚姻的本质大致可归为四类：契约说、身份关系说、制度说、伦理说。

1. 契约说

最先提出"婚姻的本质是契约"理论的人是哲学家康德。他在1797年出版的《道德形而上学》的上册《法的形而上学原理》一书中提出："婚姻就是两个不同性别的人，为了终身互相占有对方的性官能而产生的结合体，它是依据人性法则产生其必要性的一种契约，结婚就是男女双方签订的结婚契约。”

1971年法国宪法也做出相应的规定，于第七条中规定：“法律只承认婚姻是一种民事契约。”这样的观点陆续被英美等西方国家接受，从法律上奠定了婚姻的本质是契约。

2. 身份关系说

身份关系说主张婚姻的本质是一种身份关系，即男女双方当事人须有结婚的合意，在婚姻缔结后，双方当事人之间就形成夫妻身份，两者的行为受普遍的、既存的婚姻法律所约束，财产的权利和义务关系同时附随于夫妻双方。

3. 制度说

制度说缘于大陆法系的法国，1902年，法国学者卢斐补对婚姻本质的“契约”说提出质疑，他认为婚姻并非契约，而应该是制度。卢斐补认为，婚姻的缔结是自由的，当事人可以自由选择。但结婚的制度应该是法定的，应该是强制性的。当事人结婚以后，制度上的效力立即生效，不再以当事人的意愿为转移。也就是说，婚姻是受到法律保护的，不再如契约一般，可以随当事人的意愿随意缔结或者解除。

4. 伦理说

19世纪的黑格尔，提出了婚姻的“伦理说”。他认为，婚姻的目的是实现“统一”，为对方做出一定的妥协，把自己的个性“打碎”，和对方的个性“融合”在一起，在婚姻内加以磨合，从而产生一个夫妻双方都能接受的新的人格新的个体。借元人管道升的一首词来解释这种说法，就是“你侬我侬，忒煞情多；情多处，热如火；把一块泥，捻一个你，塑一个我，将咱两个一齐打破，用水调和；再捻一个你，再塑一个我。我泥中有你，你泥中有我。”

黑格尔强调婚姻不该以个别的给付或以财产的交换为目的，而应该是以夫妻双方人格结合的共同生活体为目的，重视精神层次的交流和结合。

个人觉得，黑格尔的婚姻本质伦理说，更接近于中国的国情。性，虽然是婚姻中不可缺的部分，无性婚姻也是不可取的，但如果认为婚姻的本质只是“为了终身互相占有对方的性官能”，同样走了另一种极端。这种赤裸裸的性学观念，不太符合中国人自小接受的教育，所以说，将性和情结合在一块的伦理说，更接近中国式婚姻的本质。

我们为什么要结婚

某知名网站做过一期“我们为什么要结婚”的策划，网友们罗列出的结婚的理由，五花八门。

被最多网友选中的一条是："爱情延续的需要，想要得到大家的祝福"。因为爱而结婚的婚姻有感情基础，虽然不敢说它就一定坚不可摧，但基础打得好的"楼房"，"抗震"能力肯定是比基础不好的要强。

第二名的是："可以互相照顾，寂寞的时候有个肩膀靠靠"。这类婚姻，可以归类为：寂寞才说爱。一个人走，难免孤单，搭伴同行，欢乐的时候有人共享，悲伤的时候也还能有个肩膀靠靠，也是件好事。

第三条理由是："习惯了彼此的存在"。这里面，有青梅竹马的，也有从小学、中学、大学一路走过来的情侣。恋爱太久，激情已消逝，可在一起久了，已经习惯了彼此的存在，习惯了对方的一切，这种婚姻，是顺理成章，是水到渠成。虽然平淡，但也不失是一种真实。

第四个理由是："为了心急如焚的双亲"。虽然说这时代，单身已经不再是件什么大不了的事，可是天下做父母的，都不愿意看着儿子女儿孤零零一个人过日子，所以，子女到一定年龄后，父母就会自发创立"压力派"，天天在你耳边轰炸、迫击，直到把你轰进围城为止。这类婚姻，多半是为了结婚而结婚，夹杂着些许妥协与无奈，不过，钱钟书老先生说过："不讨厌，已经够结婚的资本了"。所以，这种婚姻，虽然少了些激情，但也不乏白头偕老之辈。

排在第五位的是："我想合法生一个小孩"。这一条理由可能是女士们制造的，因为没有哪个男生有勇气去独立抚养一个小孩。这样的结婚理由，往惊世骇俗里说，就是借种生子。男人的好坏，无所谓——当然如果为了考虑优生优育，男人的身体健康和智商、文化程度应该也会在女生的衡量范围；婚后他要出轨，也无所谓，女人要的，只是一个孩子，还有给孩子一个合法的父亲，如此而已。不过，这样的婚姻，风险很大。若你不小心，挑到的是个"软饭男"呢？如果哪天，你再没有多余的钱"养"他，他还会陪在你身边吗？要万一碰上的是"家暴男"，那你和孩子一辈子将不得安生。

排行第六的是："实现资源（财产）共享及合理化利用"。弦外之音：为钱。或者是家族式企业的"政治"联姻，也可能是富人们的强强联合，当然，也可能是想要"少奋斗十年"的男男女女们的攀升捷径。为了金钱和地位而结婚的，想来不会有太多温暖和幸福吧？

也有些理由纯粹是调侃型的，例如：男友（女友）不敢抛弃你，请客吃饭赚礼金……话说这结婚证虽然具备法律效应，但也无法阻止对方想要出轨的脚步啊！还有啊，结婚虽然赚礼金，可这都是"互动"的，别人结婚的时候，你可都得"还"回去，你总不能为了多赚点礼金就不断离婚再婚吧？

新近这几年，不少女大学生都宣称要当"毕婚族"，就是说，一毕业，就找个男人嫁了。当然，她们想嫁的男人，不可能是连自己都养不活的普通打工族，而是有一定经济基础的成功男士。对她们来说，毕业后和成千上万的大学生挤在人才市场里抢一份普通的工作，是件很辛苦的事；更别说在以后的岁月里还要为两三千块钱在公司做小伏低的干活、加班、看老板脸色，还得面临被“炒鱿鱼”的风险……在她们看来，这婚迟早是要结的，晚结不如早结，趁着自己年轻水嫩，趁着自己还没被社会这个大染缸染黑，赶紧的，找个条件好的男人嫁了，当是捉了张“长期饭票”。这样，自己一毕业，就可以当少奶奶——就算不是少奶奶，至少也是居家少妇。自己在家养着，住着老公买的房、开着老公购的车、花着老公赚的钱，无聊的时候养养宠物，或者找人打打麻将、玩玩牌，总好过在外头拼个头焦额烂、容颜憔悴。这样的“规划”，听起来很“美”，可事实上呢？

有一位女伴，嫁得很风光。老公是城市里有名的地产商，住的别墅，开的奥迪，家务有保姆打理，孩子有专人看护。她要做的，就是做做美容，逛逛商场，到朋友面前炫耀炫耀。

去她家做客的时候，看到她屋里大大小小挂了十来幅拼图——不是那种分成百来块的，而是些被分割成上千小块的、很高难度的拼图，我不由得大为惊叹：“你真有耐心，这都拼得出来！”低眉敛首间，她的声音空空地飘了过来：“闲着，没事做，他没空陪我，也不许我出去抛头露面，我实在无聊，只能用拼图来打发时间，否则，日子难过。”

听到这话我悚然心惊：如果把人生交由别人去拼排，自己就只能做金丝雀，于笼中拼图了。

当日她寻找结婚对象，说，自己要的是一张稳定且华丽的长期饭票。她成功了，可是，这样的生活，不见得幸福，也无快乐可言。

而远房表姐小川，则是一个稀里糊涂结婚的例子，她结婚不是为了爱情，而是为了完成“任务”。

小川是家里的长女，下面还有一个弟弟。她的家乡有一个风俗，就是儿女的嫁娶必须“从长到幼”，不能乱了次序。

不得不说，这个风俗实在让小川头大——因为，弟弟早已经有了结婚的对象，苦于姐姐一直单着未嫁，所以，弟弟也无法结婚。虽然小川一再表示，自己不介意弟弟跑在自己前头先结婚，可是父母却坚持，得先嫁长女再娶儿媳，不能乱了次序。

每次看到弟弟怅然地送走女朋友，小川心里总会感到一丝内疚，觉得自己就像弟弟婚姻路上的一个拦路虎。怎么办？只能是赶快找人结婚呗！

于是，小川开始了一系列的相亲。一开始，小川对未来对象还是有一定要求的，说，要人品好、有稳定工作、不要大男子主义……可这爱人，哪是自己想要就能立马找到的？男人见了一拨又一拨，也没遇上个能让自己心动的。

对于小川的"挑剔"，那些一开始还很热心替她牵线搭桥的亲戚、朋友们也开始有牢骚，话里有话地"提醒"她："眼光别太高，差不多就成，都啥年纪了，还想学小女生玩什么一见钟情，太幼稚了吧！"小川想不明白，自己不过是想找个心动男生，为什么就成了幼稚呢？

父母也开始颇有微词："你是挑花了眼吧？这个不满意、那个不喜欢，这一天一天地晃过去，你真想在家当老姑娘不成？你就是愿意当老姑婆，也不要挡了弟弟的幸福啊！"

这样，在周边的压力下，小川的要求越来越低，到最后，竟似落到"只要对方是个男人，只要他肯娶，我就嫁"的尘埃里。

不敢再有要求的小川，就这样，匆匆嫁给了一个她不爱的男人。这婚结得不清不楚，不是为了自己，只是为完成把自己嫁掉的任务，让父母不再忧心，让弟弟可以顺利娶妻。

日子过得平淡，没有幸福与不幸福的概念。直至有天，她在一次聚会中，遇上了一个让她心动不已的男人；而他，亦对她一见钟情——只是，彼时她已经是罗敷有夫，一切都太迟了。

没有原则地把自己"处理"掉的后果，就是遇到真正对的人的时候，你只能"望洋兴叹"。

更有些姑娘，年轻，不懂事，和某个男人上了床，有了身孕，虽然不甚喜欢，但为了肚子里的孩子，也只好匆匆奉子结婚。可是因为缺乏深厚的感情基础，且互相了解也不够，这日子过得也是烽烟四起。

所以说，结婚之前一定要问清楚自己的心：我为什么结这场婚？为爱结婚固然好，可爱情也不会一帆风顺；为钱结婚？也行，人各有志，咱不当卫道夫，只是有得必有失，你得为自己想要的生活付出必要的代价——也许是你的尊严，也许是你的自由。若是为孩子，好吧，爱情未必延续，可生命的延续是实实在在的了……

过程有很多种，目的地只有一个。一个成熟的人，是知道自己要什么，然后再去做什么，并且能去承担相应的后果。也就是说，不管你出于什么目的去结婚，你都得扪心自问："为这个目的结婚的话，将来会不会后悔？"如果你觉得，所有的结局你都能扛得住，如果你能做到无悔，那就 OK 了。

结婚意味着什么

结婚，法律上称为婚姻成立，是指男女双方依照法律规定的条件和程度确立夫妻关系的民事法律行为，并承担由此而产生的权利、义务及其他责任。

男婚女嫁之后，男方和女方由原来两个独立的个体，组合成了一个整体，变成了一家人。而双方的父母，因为儿女的婚姻，也变成了亲家，成了亲戚。

这就意味着，你的身份发生了变化，原来你只是为人子（女），现如今，你成了丈夫（妻子），不久的将来，当你的下一代出生后，你还会成为父（母）。不管是哪个身份，都意味着，你身上多出了一些权利、义务，当然，更多的是责任。

结婚意味着，你在情感上必须对他（她）一个人专一。“单”着的时候，花心最多只是被归类为道德败坏，对感情不认真，不至于触犯法律。但结婚后，如果你再不收心，还在外头包二奶、养小三，可是要负法律责任的。

北宋时期，齐州有个儒生叫刘庭式，进京赶考前，与同乡的一女子定下婚约。刘庭式后来考中了进士，成了密州的通判官。这期间，他的未婚妻生了一场大病，因家贫，医治不及时，导致双目失明——你想想，一个是朝廷命官，一个是贫家女，还是个瞎子，怎么都不般配啊！有人就劝他：“你重新挑个年轻貌美的吧！反正以她现在的家境和条件，她也不敢来和你理论！”更有好事者提出折中的办法，说：“要不你就改娶她妹妹吧！最起码妹妹比她年轻漂亮，眼睛也是好的。”可刘庭式坚定地说：“人得守诚信，我当年是与长女订的婚约，现在怎么可以因为她眼瞎就变心、就抛弃她呢？”他力排众议仍然与这盲女缔结良缘。后来，盲妻去世，刘庭式悲痛欲绝，也不再续弦。

大文豪苏东坡当时任密州刺史，是刘庭式的同事，他很不明白刘庭式的痴情，问他：“哀生于爱，爱生于色。（你妻子不是倾国倾城之色，还是个瞎子）那你对她的爱从何而来？哀又从何而生？”刘庭式回答说：“我的哀痛是因为丧失了爱妻。如果因色才生爱，因爱才生哀，那么当年老色衰的时候，夫妻之间还有什么恩爱可言？”一席话让苏东坡大为感动。

人们为了纪念刘庭式对盲妻的忠贞和专一，把盲女居室附近的一清泉起名“瞽女池”（或叫“罗姑泉”），清代诗人董芸还特意为此故事做过一首《瞽女》：“鸳鸯野鸭自成群，忍以糟糠负细君？可惜东坡老居士，一生多恨为朝云。”

可见，不管在哪个朝代，恪守承诺、有担当、对婚姻从一而终的人，总是让人敬重的。

结婚还意味着夫妻双方都要收敛自己的个性，为对方做出一定的让步。如果说恋爱是浪漫的风花雪月，那婚姻则是实打实的过日子。新婚的甜蜜之后，很多伴侣会发生矛盾，这其实是正常的。两个在不同的家庭生活长大的人，不管是在处事，还是在生活习惯上，都会有些差异，有很多地方需要磨合。如果双方对这种矛盾没有正确的态度，那很容易引发连锁反应，把好好的一段姻缘变成孽缘。

伊伊和刘阳是自由恋爱结婚的，结婚之前，这两人也是爱得如胶似漆，“糖粘豆”似的分不开，谁也没想到，结婚不到三个月，两人竟又跳又叫的闹起离婚来。

伊伊数落刘阳不讲卫生：“晚上睡觉前让他刷牙总不刷！说是第二天早上起床刷牙也一样！吃饭前经常不洗手！让他进门换拖鞋，他老是忘记！我辛辛苦苦拖干净的地板，他一回家就给我印上一串黑脚印！告诉了他内衣裤和外衣要分开洗，他倒好，内外衣混合洗，还把臭袜子也偷偷扔进去……”一通抱怨之后，她眼泪涟涟：“真的是金玉其外，败絮其中！以前恋爱的时候，每次见面他都打扮得干净清爽，皮鞋也擦得倍儿亮，没想到这些都是装出来的！”

刘阳也是一肚子委屈：“你说女人怎么那么烦？恋爱的时候小鸟依人，娶回家后就变成了河东狮吼！天天在我耳边唠叨：你得刷牙、你得洗手、你这样吃面条声音大不礼貌、你看完的书得放回架子上去、你不能把脚放茶几上、你进门得换拖鞋……在外头上班都不得轻松了，回到家，还要被她一直批评着，唠叨着，听多了，佛都有火啊！”

于是两人是一天一小吵，三天一大吵，慢慢地把日常小事升级到爱与不爱上来。伊伊觉得：“你若爱我，为什么不能为我改掉这些坏毛病？”刘阳则觉得：“都是些无关紧要的小事，你又何必揪着不放？你若爱我，又为何不能包容我的小缺点？”吵到最后，两人都悲哀地觉得：这日子过不下去了！

其实，天下没有不磕磕碰碰的夫妻，男人有时候不拘小节，很多事情都大而化之；但女人天性细腻，会在很多细节问题上留心。这是性格所致，也是双方生活习惯的不同所致。这时候就需要彼此包容，寻找解决的途径，而不是动不动就把“离婚”挂嘴上。

例如说饭前得洗手。伊伊如果不是措辞严厉的批评，而是卖一个娇嗔：“你不洗手，把细菌吃下去，拉肚子可不要赖我做的菜有问题啊！”一个玩笑就可以把问题点出来，一场小吵便可避免；而刘阳，如果能体会到老婆“挑剔”的背后，其实是为了自己的健康着想，想来也不会嫌弃老婆唠叨了。

很多时候，我们只需要换位思考下，就能减少摩擦和矛盾了。

专家认为，婚姻有五期，即蜜月期、矛盾期、裂痕期、磨合期、平稳过渡期。只要渡过了磨合期，婚姻这条小船，才能开始平稳，这时候的婚姻已是亲情大于爱情了。

结婚，还意味着夫妻两人在经济上不再是独立的，而是互通的。单着的时候，你可以当“月光族”，可以为了一件心仪的奢侈品透支信用卡，可以为一言不合就不顾后果的炒老板的“鱿鱼”……但结婚后，你做这一切的时候，不得不三思再三思。因为你一时的奢侈或者任性，得有另一个人陪着你一起来买单。

结婚后，你们要面对的是高昂的房贷（或者房租），要应付水电费、煤气费、上网费、伙食费、交通费等各种开支，还有一些不可预计的应酬、接待、红白礼金……

除开这些，双方在父母面前，也得尽尽孝、给点零花钱意思意思吧？而老人上了年纪，难免有个病痛，这医疗费，也是个不小的开支。再有，万一有了孩子，这孕期保养、生育费、孩子的抚养费、教育费……更是像一座大山压在我们面前。

咱撇开富豪们不谈（毕竟富起来的只是一小簇人），大多的夫妻，都是普通的工薪族。而夫妻两人的工资，在这种情况面前，显得那么渺小。若不好好加以规划利用，仍像结婚前那样胡花乱花，是很难维持一个家庭的开销的。所以，这时你得牺牲掉你大手大脚的花钱习惯，学会储蓄，学会投资，学会理财。只有经济稳定了，家庭才会稳定。

当然，结婚意味的不只是责任，也有权利和义务。身边多了个伴侣，也就多了个嘘寒问暖的人。

晚上，当你归家的时候，你会发现，万家灯火中，有一盏为你而亮；推门而进时，屋里再不是一片冰冷寂寞，迎接你的是热菜、热饭、热炕头；你生病的时候，不用再一个人躺在出租屋里无人问津，会有个人陪着你上医院看病、捉药、给你准备好凉白开；你脆弱想要大哭一场的时候，会有个人把肩膀借给你，让你有所依靠；你在职场上受打击的时候，回到家，有个人会安静地听你诉苦，为你开解；大雨的天，只要一个电话，就会有人专程过来把你接回家去；起风的夜，会有一双手轻轻替你盖上被子……这份情意，是无价的，是再多金钱都换不回来的真心。

有人说，婚姻是爱情的坟墓，结婚就意味着自己亲手埋葬了爱情。这样的理解太过偏执，我更愿意相信，爱情的最终归宿是亲情。就像林清玄在《鸳鸯香炉》一文里所说，任何婚姻到最后，激情总会归于平淡。就像宗教的热诚，到最后会平淡到只剩下虔诚。所有的夫妻，都要有“共守一炉香”的境界——那升起的烟，我们逼近时可以感觉到隐隐的灼热；站远了，还有温暖。

第二章

你是什么样子，你的婚姻就是什么样子

有人说：“生活是一面镜子，你对着它笑，它便会回你以微笑；若你整天对着它抱怨、啼哭，它给你展现的，也会是怨恨和哀愁。”这话，套到婚姻里，同样适合。

你是婚姻的主角之一，婚姻的质量，你看似只占了二分之一；但这二分之一的“质量”，又是会互相影响、互相感染的。

咱打个比方：你的丈夫开着车在路上和别人的车发生了小碰撞，需要赔上一笔钱。如果你是个“乐天派”，你会说：“啊，幸亏车速不快，人平安，真幸运！”你的乐观，自然会感染到你的伴侣，他也会当是破财消灾。而且你一句“人平安、真幸运”，也让他觉得在你眼里，人比车、比钱都重要，这份温暖，足以平复他受的惊吓。

但如果你是个“埋怨派”，你就会开始唠叨：“你开车怎么这么不小心？那么宽的马路你都能和别人发生擦碰，我真服了你！还要白白赔上千块，真是倒霉透了！”丈夫受了惊吓，本来心情就不爽，再被你这么一唠叨，不爆发战争才怪！

所以说，你是什么样子，你的婚姻就会是什么样子。你笑，婚姻便随着你笑；你哭，它便也随着你时时摆出一副苦瓜脸。

婚姻不是童话故事

童话故事里，王子和公主的爱情，总是极尽美好；而写至两人结婚后，作者就以简单的一句“从此，公主和王子过着幸福的生活……”结束，没了下文。

大概是受童话的“毒害”太深，在很长的时间里，人们都以为婚姻与爱情会如童话般美好。公主待王子必是一往情深，而公主也必是王子手心里的宝，两个人会恩恩爱爱，白头偕老。

等到自己一脚跨进婚姻的大门，才惊觉：格林兄弟这陷阱挖得不是一般的大啊！怪不得写到公主和王子结婚，就不敢往下接，实在是因为，婚姻里的故事，鲜有如爱情般纯净美好的，所以只好就此匆匆打住。亦只有就此打住，才能保持住童话的美妙。可落到实处的婚姻，实在与童话无缘。

现实生活中，最容易让人们联想到的“王子与公主”的童话故事的那对夫妻，是英国的查尔斯王子和曾经的王妃戴安娜。

故事的开始，确实有童话《水晶鞋》的影子。戴安娜第一次见到查尔斯，是在姐姐莎拉举办的宴会上。当时的查尔斯与莎拉处于“比朋友亲密一点、比情侣冷漠一点”的暧昧状态。出身没落贵族的戴安娜，深知主角不是自己，也无争奇夺艳之心，只做寻常打扮。

意外的是，她的素面朝天，她的简约穿着，在一堆浓妆艳抹、衣着华丽的女人当中，反而成了一道清新的风景。查尔斯王子对这个“小清新”几乎是一见钟情。两人相识没多久，查尔斯王子就邀请她出席了自己30岁的生日晚会。此后，查尔斯王子更是直接撇开姐姐莎拉，频频邀约戴安娜，两人的恋情飞速升温，飞速发展。

1981年7月29日，一场声势浩大的世纪婚礼在圣保罗教堂举行。英国广播电视公司用33种语言向世界转播了这场婚礼的盛况，全球7亿多观众沉浸在这童话般的王子与公主的爱情中。这是真实版的灰姑娘与王子的故事。所有目睹了这场皇室婚礼的人们都以为，王子和公主从此会过着幸福的生活，直至永远。那一刻，没有人想到，这段童话式的婚姻，在15年后会以离婚收场。而戴安娜王妃，更在离婚后的第二年中，被一场车祸夺去了年轻的生命。

当初嫁入皇室时，戴安娜一定没想过，自己的婚姻会触礁。爱情是浪漫的，谈恋爱时，她的活泼、她的娇嗔、她的孩子气，对查尔斯来说，都是致命的吸引；情在浓时，他纵容她的孩子气，觉得活在条条框框之外的她，是世上最可爱、最纯洁的天使。可是，这一切在结婚之后就变了模样。

戴安娜在爱情里的优点，到了婚姻里却成了缺点。

在查尔斯的马球搭档戴维斯写的《戴安娜的困惑婚姻》一书中，提到这么一件生活小事：

刚结婚那会，戴安娜和查尔斯一家人同去苏格兰乡村度假。英国皇室的成员，素喜马上运动，查尔斯也不例外，但戴安娜不谙马术，也不喜欢狩猎，所以她基本不参加这种“家庭活动”。而且，正处于新婚期的她，也不愿意和这么多人“分享”查尔斯，她更希望他留下来陪着她，过过二人世界。可是，查尔斯不肯为她放弃狩猎，忍无可忍的戴安娜，在查尔斯又准备抛下她出门时，破口大骂：“查尔斯，你又把我一个人扔在家里！你尽管走！你这个无情无义的私生子！”

戴安娜的小女孩脾气，曾经让查尔斯感到新鲜，可新鲜感一过，她的这种行为，便成了“不识大体”。

慢慢成熟起来的戴安娜，是世人眼中的纯美天使，可她的纯美，她的善良，无法留住丈夫查尔斯那颗从来没有安分过的心。就算在和戴安娜结婚的15年里，查尔斯都没断过和卡米拉的约会。

有人分析了查尔斯和戴安娜的经历和性格，列出了他与她的N多条“不一样”，例如：

性格上，查尔斯喜静，他可以拿着一小盒水彩颜料和速写本子画上几小时，或者坐在河岸垂钓一整天，专等鱼儿上钩。而戴安娜好动，她喜欢热闹，爱与人接触，与人交谈。婚后被查尔斯“冷落”的时候，她就抱着电话，拼命与家人和朋友通电话，电话线简直是她的生命线。

查尔斯是剑桥大学毕业生，对他来说，没有什么比安安静静坐下来，读一本充满睿智的心理学或历史学书籍更享受的事；而戴安娜是个连补考都不及格的高中辍学生，虽然她善良，热心公益，但在学识上，没有受过正规教育的她，还是很难达到查尔斯的深度，无法与之进行深层次的交流。

查尔斯爱听歌剧，戴安娜迷恋的是芭蕾；查尔斯痛恨流行音乐，觉得欠缺深度，但戴安娜却深爱流行音乐。

还有，查尔斯像每个皇室成员一样，特别热衷马上活动，夏天打马球、冬天狩猎，每星期三到四次，从不间断；而戴安娜因为10岁那年在桑君汉公园骑马时摔断过胳膊，一朝被蛇咬，十年怕井绳，从此不好此道。而戴安娜擅长的网球，查尔斯是从来不玩的。

在爱情上，戴安娜稚嫩得几乎可以做查尔斯的女儿，这个刚刚跨出校门的小女生，从未和别的男人认认真真谈过一场恋爱，她的感情经历是一片空白，是个根本还没长大成人的孩子。而作为“世界上最有条件的钻石王老五”的查尔斯，他的名字没少与绯闻扯上关系，在戴安娜之前，他曾先后与三任女友正式论及婚嫁……

所有的这些“差异”加起来，足以击垮一段貌似完美的童话式的婚姻。

自小在皇室长大的查尔斯，生性淡漠，对皇室的各种清规戒律习以为常，他不习惯燃烧自己，更因为他从来是“高高在上”的，所以他也理所当然地认为，只有戴安娜为他改变的份，没有他为戴安娜改变的份。而戴安娜错误地以为自己找到的是可以畅游的海洋，嫁进皇室后，才发现这是一片沙漠。她无法改变自己，无法变成“套子里的人”，所以，她也没少受英国皇室的排挤。她如同被搁浅的鱼，对着她最亲爱的丈夫发出求救的信号。可是，丈夫却只会怪她不懂事，不对她施以援手。她梦想的童话，被现实砸成了一地晶莹的碎片。破裂，成为了一种必然。

相较于男人，女人更容易中这种“婚姻是童话”的“毒”，那些把婚姻描绘成诗情画意的琼瑶式的小说，基本是不靠谱的。如果你按着这模式去要求自己的伴侣，多数会输得很惨。

爱情是风花雪月，而婚姻则是柴米油盐。试想想，两个在不同背景、不同家庭里长大、受着不同教育、有着不同喜好的男女，突然被放到同一个屋檐下来共同生活，没有摩擦是不可能的。只是有些人在摩擦的过程中分道扬镳，而有些人经历过这种“磨合”后，找到了相处之道，继续生活了下去。

相爱的时候，爱情的魔力会让你忽视对方身上的缺点，或者说，在相爱时，双方也会有意无意地隐藏起自己的缺点，在对方面前只展示自己最好的一面。而生活到了一处，所有的缺点在朝夕相对中无处藏身，这就是很多新婚夫妇会觉得自己“上当”的原因。这其实也不能说对方欺骗，因为你自己也在做着同样的“隐瞒”。

已故作家三毛说过一句话：“婚姻如果不落实到穿衣、吃饭、数钱、睡觉这些实实在在的生活里去，是不容易天长地久的。”

你要想天长地久，就必须先正视婚姻，正视生活，把自己脑子里那套不切实际的童话幻想给收起来，踏踏实实地过日子。

聪明女人往往都有模范丈夫

在办公室午后的“茶话会”上，或者在一些朋友聚会上，经常能听到有女人在角落里看着某一对“神仙侠侣”低声耳语：“某某某真幸福啊！嫁了个模范丈夫！为啥咱就没这运气呢！”那语气是绝对的“羡慕嫉妒恨”。

闻言我总不禁莞尔：嫁得“模范丈夫”，这实在和运气没多大的关系。天下哪有天然生成的“模范丈夫”？所谓的“模范丈夫”，都是身后的女人后天“培养”出来的。

俗语有云：“一个成功男人的背后，都有一个默默为他付出的女人。”言同此理，每个模范丈夫的背后，都站着一个冰雪聪明的妻子。好女人，是一所培养好男人的学校。

有闲工夫在那临渊羡鱼，妒忌别的女人有个模范老公，还不如退而结网，学习做一个聪明的女人，把自家的老公也调教成模范丈夫。

关于模范丈夫，网上有很多个版本，但万变不离其宗，有几条条款是必备的：一、对感情专一，不搞婚外恋；二、工资主动上缴，不留私房钱；三、主动承担一定的家务，不当甩手掌柜；四、人前人后给妻子留足面子，照顾有加；五、让岳父岳母享受与自己父母一样的“待遇”；六、不管岁月如何变更，对老婆的赞美不会断，更不吝说“我爱你”。

这些条条框框，若放到无知妇人眼里，必是下了狠心“照单办事”。比如为了让他做到“感情专一”，杜绝他出轨的机会，就实行全方位的“严防死守”：查手机、看QQ、搜邮箱，洗衣服前还要仔细闻闻外衣上是否有其他女人的香水味。工资卡直接没收，变相当成是丈夫主动上缴的。指挥着他干家务，若是不从，便厉声呵斥，或者高声怒骂。要求他对自己的父母好，至于他的父母，交给他自己处理，自己不闻不问。去参加同学聚会、或者同事聚餐之前，要求他必须做出体贴入微的样子，替自己在朋友面前赚面子……

这般下了狠心地逼迫着自己老公按这些条款行事，实则是犯了大忌。男人身上，或多或少都会有叛逆性，你若是逼迫着他这样做，那样做，他肯定会反感，反而不会照你说的办。更何况，这模范丈夫若不是甘心情愿地做这些，是怎么也不算“模范”的。不单不是“模范”，若被旁人看穿他只是心不甘情不愿的配合你“演戏”，可就丢脸丢大发了。

有些女人一结婚，就有“攻城胜利”后的懈怠，不等岁月来摧残，她就直接把自己整成了“黄脸婆”，经常将自己蓬头垢面的形象暴露在老公面前，而对身上横生的赘肉也是听之任之，由着身材横向发展。要知道，这世上没有不爱美色的男人，所以，聪明的女人是不会让自己越变越“丑”的。

当然，容貌天生，这也不是要你去整容，或者说让你天天浓妆艳抹。家虽然是个让人放松的地方，但在老公眼里，一个收拾得干净利索的老婆，总比一个蓬头垢面的邋遢老婆要可爱吧？

如果是陪老公出去应酬，一个得体的淡妆，一件漂亮的衣服，一双精美的鞋子，这还是需要的。这不单是在替老公长面子，也是在替众人眼中的自己加分。如果他身边的朋友都对你赞不绝口，他自然也更敬爱你几分。他身边朋友对你的喜爱，间接也是种“政治资本”，他们会自发地帮你“监督”着你的老公，必要时候会替你敲他的“警钟”：“你小子娶到这媳妇够有福气了，自己要知道珍惜！”

聪明的女人，防止丈夫起二心的方法，不是“严防死守”，相反，她们会给丈夫很大的自由。聪明女人不会去查自己的老公，更不会见到老公一接女人电话或者一和女人打交道就妒火中烧。相反，她会主动去接触老公身边的女同事或者女性朋友，并和她们做朋友。把她们变成自己的朋友，总好过把她们当成敌人来防着。而且按照“兔子通常是不吃窝边草”的规律，他们再要发展地下情，也会有所顾忌。

聪明女人还会通过老公的嘴，邀请他的女同事、女性朋友上门做客。说是无心也罢，故意也好，聪明女人会在生活细节中体现自己和老公的恩爱，还有家庭的和睦。这样的话，就算他身边的“红颜知己”原有不轨之心，看到你们夫妻恩爱，也会自动退却。

聪明女人，不会强制性地收缴老公的工资卡，当然，她们也不是就由着老公乱花，她们会讲究策略。比方说，以退为进，不单不要老公的工资，还把自己的工资也交给他，让他来当家里的“财政大臣”。然后，今天告诉他得交水费了，明天告诉他得交电费了，还有管理费、垃圾费、网络费……还有，今天得买油了，明天得买米了，大后天得换煤气了……男人本来就不爱理这些琐碎的事，几个回合下来，他自己就烦了，拱手将“财政大臣”的位让出，把工资卡扔给你，他一边偷懒去了。

很多事情是一种惯性，如果你从结婚开始，就把自己当成保姆，啥家务活都自己包揽，久了，老公肯定就成了“油瓶倒了都不扶”的懒汉。聪明女人会体谅老公上班的辛苦，不会硬性指派他干什么活，但她会不动声色地把老公“卷”入家务活里来。比方说，做饭的时候，聪明女人会说：“老公你过来陪我说说话。我今天上了一天班，也累了，你要是在边上陪我说说话我就没那么累了。”做丈夫的想到你同样上了一天班，还得操持做饭，自然也不好意思只待在厨房门口陪你说说话了，肯定要进来打个下手，帮忙洗个菜、淘个米什么的。

有些妻子指使丈夫干活，可是干完她们又总要嫌弃：“哎呀！这碗都没洗干净！”“你看你，拖个地都拖不利索！这一摊水渍那一摊水渍的！”这样会很打击他，也许下次他就不干了，他觉得反正做了你也不满意，还是你自己来做吧。聪明妻子不会打击丈夫做家务活的积极性，哪怕他碗没洗干净，她都会送上一个拥抱：“老公辛苦了，有你喜欢的球赛，你快去看吧。”然后再悄悄地把碗再洗一次。

人要脸，树要皮，男人比女人更看重面子。在家里他可以让着你，但如果到了外人面前，你还把他呼过来喝过去，他心里能痛快吗？聪明的女人不会在外人面前让老公下不了台。相反，就算她平时在家里是“一把手”，到了外头，她都会给老公留足面子，老公提出的要求，只要不是特无理，她都会尽量“配合”。你给他留足了面子，下次到了你的朋友面前，他自然也会为你“挣”面子，不会拆你的台啦！

还有，聪明女人不会搞区别对待，爸爸妈妈是至亲，公公婆婆也是至亲。给老妈买衣服的时候，聪明女人不会忘记给婆婆也捎上一件；给爸爸买烟酒的时候，聪明女人也会给公公备上一份。如果需要汇生活费，聪明女人还会抢在老公前面跑去汇钱。谁的心都不是铁打的。如果你对公公婆婆好，做丈夫的能不对你的父母好么？

较之无知妇人的“蛮横”，聪明的女人更善于将生活经营得更加温馨，使婚姻生活更加甜蜜。

所以，羡慕别人有个模范丈夫的时候，你不妨问问自己：自己可是个聪明女人？自己又是不是个模范妻子？

你对待婚姻的态度，决定了你婚姻的幸福度

前阵子热播的《裸婚时代》中，刘易阳在向童佳倩求婚时说：“我没车、没钱、没房、没钻戒，但我有一颗陪你到老的心。等到你老了，我依然背着你，我给你当拐杖；等你没牙了，我就嚼碎了喂给你；我一定等你死后我再死——要不把你一个人留在这世界上没人照顾，我做鬼也不放心。”这段台词，放到哪个女人身上，都会心生感动，觉得这份爱应该会天长地久。可最终两人还是离婚了。离婚的时候，刘易阳说的一句“爱情败给细节”，直逼人心，让多少曾经失恋或者失婚的男女感同身受，潸然泪下。

什么是细节？细节就是生活里那些鸡毛蒜皮的小事。你对这些鸡毛蒜皮的小事的态度，你对这些鸡毛蒜皮的小事的处理手法，都将直接影响到你的婚姻能否幸福。

很多人都觉得，夫妻这对“同林鸟”，多数是在“大难来时”才会选择“各自飞”，但事实往往让人大跌眼镜。

人际关系研究者奥巴克（Terri L. Orbuch）博士表示，当夫妇遭遇一方失业或者家人遭遇大病之类的人生挑战时，实际上他们更能走到一起，相互鼓励，相互支持。相反，导致婚姻破碎的往往是一些看起来琐碎的小事。

下面是发生在我身边的一个真实的事例：

听到小曼离婚的消息，我们这帮“死党”全都震惊了。小曼和丈夫的情事，曾经感动了我们一大批人。地域的分隔、城乡的差异，包括父母的反对、情敌的种种破坏，都没能将他们拆散。好不容易修成正果结为夫妇，怎么半年不到，就闹到如此地步？

后来听说，两人自从结婚后就没个安歇，一天一小吵，三天一大吵。一开始大家还劝着，劝到最后周围的人都烦了也累了，可是他们却似乎不知道疲倦似的，继续战争不断。究其吵架的原因，竟都是些俗套，如：她讨厌他喝水发出“咕咚咕咚”的声音，他在意她穿的裙子“超短”，她批评他上完厕所总是不把马桶盖放下来，他讨厌她下楼散个步都得打扮上半个钟头……

此类鸡毛蒜皮的小事，大凡只要一方肯退一步，忍让一下就过去了，这架都吵不起来，可是她和他，都不愿意低头。

多次充当他们“和事佬”的娜娜问我：“你说，他们两个的感情算不算爱情呐？说不爱嘛，当初又死活要在一起；可真在一起了，又经不起一点风雨，小小的委屈都不肯容忍，非要争个你死我活。”

我无言，不知道如何解读这份感情。幸福得来不易，原该加倍珍惜，为什么最终的结局，却不如想象中的美丽？

是不相干的另一件事启发了我：我在网上看中了一件连衣裙，丝绸的、修身、露背，美得让人惊艳。虽然价格也颇让人“惊艳”，我仍是没能抵挡住诱惑下了订单。几天后，衣服就寄过来了。手感温凉滑腻，一摸就知道是货真价实的真丝绸缎。

小心翼翼地遵照“医嘱”：手洗、挂在阴凉处自然风干……万事俱备，只等它“华丽”地隆重登场，不曾料到会在最后一刻出了问题：在将衣服往身上套的时候，我的指甲不小心划过绸面——突然有种不好的感觉，细看：完了！抽丝了！

仔细检查了一下，才发现，罪魁祸首是指甲上的倒刺，不仔细触摸都感觉不出来！可是，就因为它，这件完美的绸缎衣服就再没有登场的可能！

我忍不住向老公报怨，老公却不以为然：“你知道现在敦煌莫高窟里日渐消失的‘飞天’是被什么破坏的吗？破坏这些绝世文物的是空气里的水分！这些不也只是一些细微的枝节？所以，你的衣服被一点倒刺破坏，也没啥好意外的。”

一语惊醒梦中人：凡事到达完美状态的同时，都会彰显出与其不相称的脆弱；而它的脆弱性，又决定了它难以抵挡住一些细枝末节的破坏。原来，越是完美的东西，越容易毁在一些不起眼的小细节上。

那一刻，我突然明白了小曼的婚姻破裂的原因：他和她都太过追求完美，不能容忍对方身上的小瑕疵，结果反而为完美所累，将婚姻折腾得千疮百孔。

至此，你有没有想到自己平时对老公（老婆）的“高要求”？你是不是也像我一样，在心里“寒”了一下，对自己说：以后再不盲目追求完美的生活了！

你对婚姻的态度，决定了你的婚姻的幸福度。

恋爱的时候，我们会情不自禁爱上对方的某个小动作。例如：得意时拽拽的笑容，睡觉时流口水的憨态，玩至疯癫处会突然学着动画片里的比卡丘一样捏着嗓门来一句：“比——卡——丘”……可到了婚姻里，很多人总会多了些不耐烦，对自己的伴侣多了些苛刻，少了些宽容。原来觉得他睡觉流口水是憨态，成了夫妻后就觉得：“你怎么老是睡觉流口水！瞧瞧！枕巾又脏了！”她学比卡丘的动作，原来是觉得可爱，婚后就成了“弱智”的表现。这就是一种态度的偏失。

金无足赤，人无完人。说句大白话：如果他（她）是个十全十美的男人（女人），你未必是那个和他（她）匹配的十全十美的女人（男人）。

Terri L. Orbuch 博士在美国国家卫生研究所资助的一个婚姻研究项目中，历时 22 年，跟踪调查了 373 对夫妇，得出这样的结论：“通过对一些美满家庭的观察，我们发现，婚姻的幸福并非苦心经营的结果。真正改善夫妻关系的因素，其实是两个人的言行和态度的稍微改变。”在她所写的《只需五个步骤，婚姻锦上添花》一书中，Orbuch 博士给出了以下几个建议：

1. 不要对伴侣抱过高的期望。

Orbuch 博士讲道：“导致婚姻破裂的主要原因，并非二人之间存在着不可调解的矛盾，也不是交流困难、性生活不和谐，而是挫败感。日复一日，年复一年，相互间的失望值越来越大。一方对另一方的期望，与他（她）的实际表现不相符合，甚至格格不入——这对婚姻造成的伤害是致命的。”

所以，你得调整自己的态度。你必须承认，谁都有差强人意的时候，你的伴侣做不到100%完美，你也一样。想象一下，如果你不管做啥，对方都要批评你一通，说你做得不够好，你心里能不郁闷、能不憋气么？所以，记住，要将心比心，己之不欲，勿施于人。

2. 关注伴侣“好”的一面。

有些伴侣错误地以为：对方做错了，我就要帮他（她）纠正——你的出发点也许是好的，可是，总把视线盯在对方的错上，你就会不自觉地给自己带来很多负面情绪。与其这样，不如换个角度，多关注对方好的一面。

Orbuch 博士认为：“要保持婚姻的快乐和激情，最好的办法是不断往里面添加积极的元素，借此获得良好的感觉，促使我们沿着这个正确的方向前行。”当然，这也不是要你全盘忽略那些不好的缺点，而是避免“因小失大”。你想要婚姻美满，就需要把注意力的重心放在“好”的方面，而不是“差”的方面。

当你把注意力放在积极的事情上面时，你就会下意识地使事情朝着积极的方面发展。

3. 每天谈心“十分钟”。

Orbuch 博士建议每对夫妻每天尽量抽出十分钟来聊天，并将这个方法称作“十分钟法则”。当然，这也不是真要你校着时间聊十分钟，只是说，夫妻每天都要给彼此留点沟通的时间。

当然这沟通时间不是拿来讨论国事大事，也不是要你来谈经论道，做学术研究的。聊天就是要聊轻松的，你可以八卦一下同事的糗事，可以汇报一下小孩今天又闯了啥祸，或者家里的宠物狗今天交了女朋友……据 Orbuch 博士的研究，拥有美满婚姻的夫妻之中，有 98%的人表示他们对配偶有极为深刻的了解，而这些了解多数是通过平时的聊天积累起来的。

如果是两地分居的夫妻，可以通过通电话，或者发邮件，这同样能达到“聊天”的效果。

4. 赞美和关爱自己的男人。

Orbuch 博士说：“女人经常会得到朋友，甚至陌生人的赞美和恭维，比如‘我爱死你这套衣服啦’等等。可是男人很难有这样的体验——一个行人在你丈夫面前停下来说‘你的领带和衬衫太配了！’——这种事是不可能发生的。”所以，Orbuch 博士提议妻子们要多表扬和赞美自己的老公。

男人或多或少都有英雄情结，他希望自己是被妻子仰慕、尊重着，而不是被妻子看不起、踩在脚下。据说，经常得到妻子赞美和肯定的男人，感觉婚姻幸福的比率要比那些没有这种体验的多一倍。所以说，为了你的幸福婚姻，就多表扬表扬你的老公吧！当然，你付出的赞美和肯定，肯定会得到更多爱的回报。

5. 适当做出让步。

婚姻就像是在跳探戈，一个人进一步的时候，另一个人就得退一步，否则就会撞到一处。你要记得，作用力和反作用力是一样的，你撞疼他的同时，自己也会疼。

家不是讲理的地方，而是讲情的地方。所以，如果不是原则性问题，不妨做出适当的让步。让步，不代表是牺牲，也不代表认错，而是为了两人的舞步更合拍，更自然，不会因为互相碰撞而使舞蹈中断，使一方受伤离场。

当然，Orbuch 博士也不赞成其中一方无原则地一路退让。这探戈，其中一方让了一步，下回就得轮到另一方来退这一步，以此来达到平衡的。

有了 Orbuch 博士“支”的这几个小妙招，你的婚姻态度再差也不会差到哪去；你的幸福程度，自然也差不到哪去了。

第三章

婚姻，是新生活的开始

乐观的人认为，婚姻是爱情的归宿；而悲观的人则认为，婚姻是爱情的坟墓。其实婚姻不是天堂，也不是地狱，它也许没有你想象的那么诗情画意，但也不会有你想象的炼狱般的恐怖。

婚姻只是一种全新生活的开始，未来是收获幸福，还是陷入不幸？那就得看你如何去经营了。

婚姻不是最终归宿，而是全新生活的开始

童话故事里，公主经常蒙难，而赶来相救的王子，总需要排除万难，才能救出公主，过上幸福的生活。它给人的感觉就是：爱情有如取真经，要经历九九八十一难，只有努力拼搏，杀进婚姻的大门，才算是功德圆满，从此可以安享太平。

及至自己一头撞进婚姻里，才发现，婚姻不是爱情的最终归宿，婚姻，只是全新生活的开始。

首先，你得从生活上接受另一个人的存在。

老一辈的人，很多都是一家几口人挤在一个屋里生活，很多人到成年，都难拥有一间自己的独立房间。但现在“80后”、“90后”、“00后”出生的年轻人，多数是家里的独生子女，基本从小就拥有自己的独立房间、独立睡床。久了，自然也成了“一个人翻腾”的习惯。可一结婚，就会有另外一个人理直气壮地“入侵”你的私人空间，占据你一半的床。

有个MM曾笑言，因为从小到大都是自己一个人睡的，刚结婚的那会，有时候半夜一翻身，碰到身边的他，都会从朦胧中迅速吓醒，跳起来叫：“谁?”持续了一段时间，她才慢慢习惯了枕边人的存在。而这个人，可能睡觉会磨牙、会打呼噜、会流口水，或者是睡得像个大顽童、满床打转，或者是喜欢抱着大公仔睡觉，

或者是睡着了会同你抢被子……他（她）的这些习惯，你都得慢慢去适应。

其次，你得学习“容忍”另一半的“恶习”。

女孩子们爱漂亮，所以结婚后每天早上男人免不了有“立于厕所外不得其门而入”的烦躁：“你到底在里面干啥啊！都半个钟头了！我快憋不住了！”

同样是漂亮惹的祸，就算只是饭后在小区里散个步，妻子也非要打扮上几十分钟才会下楼，更别说平时的逛街啊，看电影啊。如果是聚会、尤其是有其他女人出现的聚会，妻子的打扮时间更是翻倍。

她爱霸占着电视看一些恶俗的连续剧，再狗血的剧情都能将她感动得眼泪如黄河之水天上来；她爱吃零食，边吃边“干嚎”：“完了，我肯定又要胖了！”她还会一时换一件衣服然后跑来问：“这个好看不？这件呢？还有这件？”她爱问些让人头大的问题，譬如“我和你妈同时掉水里你先救谁？”“我和她（随机捉到的某个女人）谁更漂亮？”“你和那女人什么关系……”

当然，做丈夫的，同样也会有“恶习”。

这些“恶习”可能是：回家不换拖鞋，转一圈下来，光洁的地板上就会留下他一串串“光荣”的“脚印”；也可能是不爱洗澡，每天都得威逼利诱他才会进浴室，有时候还要着小花招进去蹲一会换套内衣出来就说洗过了；臭袜子乱丢，这好像是N多男人的陋习了；喜欢将脚放在茶几上晃啊晃；还要和你抢电视看足球、抢电脑打游戏……

这些，都是双方必须互相“包容”的，通过包容才能从中摸索出可以勉强“共存”的中庸之道。

再次，你得习惯和另一半成为“经济共同体”。

结婚前，你是“一人吃饱全家不饿”，钱爱怎么花就怎么花，哪怕你是月月“月光”，老爸、老妈都会由着你。可结婚后，你得记住：你的钱，再不是你的私人财产，而是夫妻的“共同收入”。

以前你在家里，住是父母的，吃是父母的，用的还是父母的，什么都不用你操心。可成立了自己的小家后，就算你不用供房，也还有物业管理费、清洁费、水电费、煤气费、网络费、电话费……这一堆零杂的费用等着你去交，而且夫妻两人的伙食费、交通费、碰上朋友结婚得送的红包、生病时候的医疗费，这些，都必须靠你们小夫妻共同去“承包”。这种状况下，你如果再任性地大手大脚随意挥霍，显然是行不通的。

所以，婚后的你，必须规划一下你们的“共同收入”该怎么花才最合理。

最后，你还得学会接受对方的家人。

人常说：“结婚不是两个人的事，而是两个家庭的事。”除非你娶的（嫁的）是孤儿，否则，你不可能不面对他（她）的家人。

对男人来说，老丈人是比较好“对付”的，老丈人很少会对女婿指指点点。你只要平时孝敬点烟啊酒的，偶尔回去陪他喝两盅，说说话，就成了。

但丈母娘可没那么好对付了。女人的心细，上了年纪的女人还爱唠叨，你要是把她女儿照顾得妥妥帖帖也就罢了，你若是一个照顾不周，丈母娘一兴师问罪起来，就有你烦的了。万一不小心摊上个势利的丈母娘，而你又没有足够的收入让她满意的话，那你少不了要听些伤人自尊的话。当然，也不排除你碰上个对你越看越喜欢的丈母娘，会把你当儿子来疼爱。

而对女人来说，碰上像《金太狼的幸福生活》中那样的公公毕竟是少数，公公虽然会时时板着个脸，不爱出声，但老人家一般也不爱插手小夫妻的事，多数是由着你们“自个儿精彩”。

婆婆就没那么好伺候了。你是你妈心头的宝，而老公，同样是婆婆心尖的肉。在大多数妈妈的眼里，自己的儿女都是最棒的，任是你再好，她也会觉得你“高攀”了。她担心你照顾不好她的儿子，她担心你背后给她儿子气受，她担心你对她儿子不好……除却这些无形的担忧，她还会有些郁闷：我养这么大的儿子，如今却被另一个女人“抢”走了——她怕你抢走了儿子对她的爱。这也是很多婆婆说不出口的心病。

不管老人对你好，还是不好；不管老人难缠，还是通情达理，你都得接受和面对。因为他们是你伴侣的至亲，血浓于水，那是割不断的亲情。如果你漠视或者伤害了这份亲情，这恶果迟早会落回到你们的婚姻上，让婚姻蒙上阴影。

婚姻不是儿戏，而是意味着更多的责任

结婚是件严肃的事，不是小孩子过家家。当你决定娶（嫁）给对方的时候，你就得做好心理准备，你就得认真担起爱他（她）、养家、孝敬老人、抚养孩子等相应的责任。

莉莉是个超级网虫，石川也是，两人就是在“网游”中认识的。

在游戏中，莉莉的级别低，经常被人打得灰头灰脸，无招架之力。有天，“路过”的石川看到莉莉被人“欺负”，就挺身而出，击退了进攻莉莉的人，救下了她，在网络上成功地扮演了一次“英雄救美”。

莉莉也是个聪明人，看到有“大侠”出手相助，马上就跟了上去，请他保护她，陪着她练级。反正一个人玩也是玩，两个人玩也是玩，石川也很乐意展现一下自己的“英雄本色”，于是，从此他就成了莉莉在游戏里的护花使者。

两人“粘”在一起久了，石川的那帮一起玩游戏的兄弟就把他们当一对，开玩笑地叫她“嫂子”。莉莉也不拒绝，当真做起石川的“夫人”来。两人在网上同来同往，夫妻相称，通过网络游戏亲吻、抚摸、“同床共枕”地过夫妻生活。

年轻人本来就很富激情，容易擦出火花。这一来一去，石川就不满足于只在虚拟世界里恩爱了。他向莉莉提出见面，而莉莉也挺想看看这个网络世界里的“英雄”的真实面目。

虽然两人处在不同的城市，但这也不能阻止他们奔向爱情的脚步。两人便相约着，利用周末，各自出发，到两地中间的A城聚首。

现在的年轻人，本来也没怎么将性当回事，更何况在网络上本已经是“夫妻”的了。两人见面后，除了吃饭、逛街，就是上床。上床后的两人，感情更是一日千里，基本每个周末都要奔赴到一起争分夺秒地温存。欲火中烧的时候，保护措施就没有做足，终于出了“人命”——莉莉意外怀孕了。

石川的父母知道这消息后，倒是挺高兴的，一味催着莉莉和石川马上结婚。一者，老人们希望早日抱孙；二者，在他们看来，石川不务正业，整天沉迷于网络游戏，终究不是个事。要是结了婚、成了家、做了爸爸，没准能把他“扳”回正途来。

而莉莉的父母，虽然对这个女婿并不甚满意，可是女儿已经有了人家的孩子，他们也没有办法，只好认了，催着石川在女儿的肚子大起来之前，赶紧把婚事给办了，省得邻里知道了笑话。

两人便匆匆地拿了证结了婚。莉莉辞了工作，来到石川的城市，在家待产。

住到了一块，往日所有见不着的矛盾，如今悉数爆发。石川并不懂照顾莉莉，哪怕妻子有着身孕，他也是日复一日照样守着电脑，挂网、练级。莉莉妊娠反应很厉害，吃啥吐啥，整个人瘦得变了形，石川不但不心疼，还因为她“打扰”了他玩游戏，甚感不耐烦。两人就把吵架当成了家常便饭。

莉莉突然到了一个陌生的城市，进入了一个近乎陌生的家，没有归属感，加之本身也是网虫，所以后期她也天天抱着笔记本上网打游戏。婆婆看在眼里，也有意见了：“还想着你来将儿子带归正途呢！谁知道你来了不单不管，还打上一份！”莉莉在家本来就骄纵惯了，哪忍受得了婆婆的唠叨，于是婆媳关系也闹僵了。

这孩子生下来才刚满月，莉莉和石川就在一次吵闹中，负气离了婚。这离了也就离了，从此各过各的新生活也就罢了。可时隔没几月，两人又搅和到一块去了。

离婚的时候，为了“报复”石川，莉莉把女儿扔给了他带。可那毕竟是自己十月怀胎生下的娃，莉莉心里终究有挂念。所以，一段时间后，她又跑回去看孩子。去了，仍住他家，仍和他上床。

几次下来，两人又你侬我侬，跑到民政局复婚了。

可是，两人并没有吸取上一次婚姻失败的教训，不肯改变自己，不肯稍做退让。加上多了个孩子，花费也大，夫妻两个又都处于无业状态，生活的窘迫更让两人的吵架进入白热化的状态。

石川的父母也因为受不了他们无限制的“啃老”，索性带着孙女搬回老宅，再不肯养这两个“小”大人。

一波未平，一波又起。石川又在网上认识一个“善解人意”的女孩，再一次陷入了网恋。于是，莉莉和石川，又把离婚提上了“议程”。

案例中的石川和莉莉，显然不是合格的丈夫和妻子。夫妻有矛盾，他（她）不是想办法去磨合、去解决，而是很任性地选择离婚，甩身就走。而后的复婚，同样是头脑发热，身体先行。

他们更不是合格的父亲和母亲。做父亲的年近三十还沉迷于网络，不去赚钱抚养孩子，只生不养；母亲在离婚的时候，也狠心地抛下还在哺乳期的女儿，以此来“报复”自己的老公。

他和她的婚姻，是一场闹剧。

这样的案例，让人看了哭笑不得，但这样的故事确实存在现在这个社会中，而且数量还不少。

作为独生子女的“80后”、“90后”，因为从小被娇纵惯了，都是以自我为中心，自己怎么高兴怎么来，全然不管其他人的感受。这些人虽然已经年近三十，可是他们不管是在生活，还是在心智上，都不具备一个成年人该有的理智和成熟。他们的所作所为，更像个任性的孩子。所以就把婚姻当成了游戏，想结就结，想离就离。

在民政局领取结婚证的时候，颁证员都会循例要夫妻双方宣读一下《结婚誓言》：“我们自愿结为夫妻。从今天开始，我们将共同肩负起婚姻赋予我们的责任和义务：上孝父母，下教子女，互敬互爱，互信互勉，互谅互让，相濡以沫，钟爱一生！今后，无论是顺境还是逆境，无论富有还是贫穷，无论健康还是疾病，无论青春还是年老，我们都风雨同舟，患难与共，同甘共苦，成为终生的伴侣！我们要坚守今天的誓言，我们一定能够坚守今天的誓言。”

别把这个仪式当成是走过场，婚姻需要一种认真，更需要一种责任。记住，从你们结婚的那一天开始，你们就得共同肩负起婚姻赋予你们的责任！所以，千万不要拿婚姻当儿戏，否则，最后被娱乐的，是你们自己。

走进婚姻，意味着走进了成人的世界

随着计划生育政策的推行，现在成长起来的这批80后、90后、00后，基本都是家里的独生子女。因为是家里的独苗，父母亲自然将全部的爱都倾注在他（她）一个人身上，过分纵容和溺爱了。

生活上，这些小皇帝们，过的是衣来伸手、饭来张口的生活。别说帮忙干家务活，就是只照顾自己，他（她）都未必能做到。报纸上也没少见，有些人上了大学，母亲还得跟着去陪读：因为孩子嫌学校饭菜不合口味，还有洗完澡不懂怎么洗衣服。更有甚者，因为不能适应学校的生活，直接就退学回家了。

这帮小皇帝最爱唱的就是《不想长大》：“我不想我不想，不想长大，长大后世界就没童话；我不想我不想，不想长大，我宁愿永远都笨又傻……”他们更愿意像蜗牛一样，躲在自己的壳里，做出大小孩的模样，拒绝长大，拒绝承担。

所以你可以尽情想象下，这样的大小姐、大少爷一结婚，搬离父母的巢穴，到了自己的小窝，会是怎么样一个场景？且不说别的，光是一日三餐，打扫卫生和洗衣服这些琐事，就已经能难倒他们了。

我看过的最狗血的剧情是：婚后第一天，“萝莉”给妈打电话，请教老妈“用电饭锅怎么煮饭？这米得淘几遍？是先放水呢，还是先放米？要放多少水合适……”老妈在这头面授机宜，女儿满意而去，认真操作。

一个多钟头后，再打电话：“为什么煮这么久还没熟啊？”老妈惊讶：“不可能啊，一般十几二十分钟就熟的啊！”女儿说：“哪跟哪！我刚揭锅看了下，水是水米是米，一点热气都没！”老妈左思右想，猛然顿悟：“你不会是没按电饭锅上的开关吧?!”女儿理直气壮地吼回来：“你刚才只说淘几次，放多少水，没说得按开关呐！”

下面的听众集体崩溃……

但，让人没有想到的是，就是这样一个一开始连饭都不会煮的“萝莉”，半年不到就“进化”成了一个做得一手好菜的“厨娘”，什么腰果西芹、糖醋排骨、红烧鲤鱼、啤酒鸭、可乐鸡翅、冬荫功汤……都难不了她，甚至连西餐她都能整得像模像样。她老妈不由得感慨：“果然是‘女生外向’啊！养了她二十多年，从来没见她下厨房打个帮手！就是叫她帮忙打个鸡蛋，切个葱花，她都说不会——好吧，这一嫁人，就什么都会了！”

听完这些，“萝莉”一脸娇嗔地哭诉：“这绝对是环境逼出来的啊！刚结婚那阵，我们不好意思天天上娘家、婆家蹭饭，只好下馆子解决三餐。可是那点儿工资哪禁得起我们天天下馆子啊？每到月底就出现财政赤字，就得躲在家里啃方便面，吃得想吐的时候，就得自己去做饭了呗！不会也得会！慢慢就练出来了！”

这也是真话。

女人未出嫁前，都是身穿洁白羽衣的仙女，住一千年娘家都可以“不食人间烟火”，可婚后，她们就自动脱下了羽衣，换上了人间的粗布衣裳，从原来“十指不沾阳春水”的千金小姐，变成为他“洗手做羹汤”的妻子。

当然，陪着“小萝莉”们一起长大的，还有“小正太”。

“小正太”未结婚前，在自己家，也是从来不干家务的，因为有母亲无微不至地照料。后来成立了自己的家，看到平时娇滴滴的她，围着围裙走进了厨房，与那些青菜、鱼啊、肉啊做“斗争”，做丈夫的也不好意思充当“袖手旁观客”了。于是主动请缨，饭后洗碗、拖地、擦油烟机……慢慢的，貌似困难重重的家务活，就在不知不觉中被两人“分摊”了，谁也没闲着。

如果说爱情是一场戏，那么结婚便是这场戏的谢幕仪式。戏演完了，公主和王子便脱去华丽的服饰，洗净铅华，换上睡衣和拖鞋，打着呵欠在台下吃着五谷杂粮——这就是真实。

这样的“成长”是生活上的，而情感上的褪变，也许是来自一些“意外事故”。“小萝莉”说，那天接到母亲出车祸的消息时，吓得脚都软了。坐在手术室门口，六神无主，只觉得天从此塌了，只会哀哀地哭。丈夫赶到医院，把她拥进怀里，说了句：“不哭，有我呢！”靠在他肩上的时候，感觉就像找到了主心骨。

而丈夫后来也在说，妻子靠在他肩上的那会，他突然就觉得：自己是个男子汉，也必须做个男子汉！因为这个家四个老人，还有妻子，未来还有孩子，都等着他去照顾呵护，他怎么可以不长大呢？

婚姻，是一场变相的成人礼。走进婚姻，就是走进了成人的世界。那些不肯成长的“小正太”、“小萝莉”，为“生活所迫”，也会慢慢变成“大人”。

第四章 婚姻不是两个人的事儿

爱情，是两个人的事；而婚姻，则是两个家庭的结合。亲情是无法割舍的，如果谁敢说："嫁（娶）了我之后，你和你的父母就不能再有任何联系。"——我保证听的那方肯定会感到很难接受。

你和你的伴侣，来自于两个不同的家庭，虽然现在你们组建了自己的小家，但是，你们都得面对对方的父母，有时候甚至还得共同生活在一起——这中间不管是感情还是经济，都会有"剪不断、理还乱"的纠缠。所以说，婚姻不可能只是你们两个人的事。

婚姻是两个家庭的结合

不同的地域，不同的人情，不同的生活习惯，因为这两个人结合的缘故，汇集到了同一个屋檐下。他们的小家，其实就是两个"大家"的结合体。两个家庭代表的是两种生活习惯、两种思想观念、两种文化层次……而这两种人生，因为一纸婚书，变成了一体。

还有就是，他的父母、兄弟姐妹，变成了你的父母、兄弟姐妹；而你的父母和兄弟姐妹，同样也变成他的父母和兄弟姐妹。也就是说，你们成了绑在同一条船上的蚱蜢，你的亲人有个头痛鼻塞，他得帮忙照顾；而他的亲人有个伤风感冒，你也得细心呵护。他家碰上啥经济上的困难，你责无旁贷；你家要是需要钱周转应急，他也不能不伸援手……

面对这突然多出来的一大帮"亲人"，你也许会手足无措，可是，因为他（她），你再茫然，都得扛下来。

如果付出金钱和感情，能换来两家的和睦和融洽，倒也值得。可有时候，就算是付出再多的感情和金钱，都换不来两家的和平。

不得不说，在父母的眼里，自己的孩子总是最好的；别人家的孩子，再怎么好，也配不上自己的娃，能娶（嫁）到我的女儿（儿子），已经是你家莫大的荣幸。所以，对方若是稍微露出一点对自己孩子不好的迹象，这边的亲家肯定就急了眼了。

这其中最怕的是小夫妻不懂事，一吵架就跑回家找援军，把父母牵扯进夫妻的矛盾里。

本来嘛，小夫妻吵架是常有的事，床头吵架床尾和，可能要不了一天就没事了。但如果回家一哭诉，把双方父母扯进来，那战火就烧大了，两个夫妻的吵架变成了两对亲家的对峙，一没处理好，小吵就变成大闹，没准还变成离婚的导火索。就算事后夫妻和好，两边亲家心里还是会留下芥蒂的。

所以，夫妻吵架最好关起门来吵，尽量杜绝双方父母的介入。

其次，和对方父母相处，也要讲究“门道”。我们都认可的观念是把对方的父母当成自己的亲爹亲妈，但在实际上这个操作是有难度的。你耍脾气的时候，对着自己的亲爹亲妈大吼大叫，说些伤感情的话，过后只要撒个娇道个歉，父母就把这事翻篇了。可是若你对公公婆婆（岳父岳母）这样大吼大叫试试？就算你事后道歉，只怕这芥蒂也仍会留在老人的心里，只等积攒到一定程度再行爆发。所以说，对对方的父母，说话和做事都要注意方式。

在孝敬老人方面，你可以“无区别”对待；但在发生矛盾的时候，你可就得“区别”对待了。

婚姻是两个家庭的结合，而婚姻又是以家庭形式存在的。对我们来说，一个和谐完整的家庭才是我们真正的精神依托。所以，善待两边老人，珍惜枕边人，这才是两个家最完美的结合。

为什么家长们都爱讲“门当户对”

“门当”和“户对”，都是古代民居建筑中大门建筑的组成部分。

“门当”又称“门档”，是指嵌在门楣上的正六角形的方木或者圆木。这门档的多少是讲究的：门楣上有两个门档的，对应的是五至七品官员；门楣上有四个门档的，对应四品及以上官员；至于十二个门档的，则是亲王以上才能使用。

“户对”是“门枕石”的一部分，俗称“门墩”。有门档的宅院，必须有“户对”来相对应。“户对”和门档一样，都有其特定的含义。圆形为文官，方形为武官，“户对”的大小与官品大小成正比。

这两个词，后来就成了古代男女婚嫁衡量对方家境的常用语。

古人联姻，最讲究“门当户对”，史上最有名的悲剧人物梁山伯和祝英台，就是栽倒在这四个字上。

梁山伯和祝英台是“门当户对”的牺牲品，所以才让人对这样的“规定”深恶痛绝。但，反过来想，如果祝老爷不持反对意见，真把祝英台许配给梁山伯的话，他俩就真的能幸福吗？

照故事推敲，在大家闺秀都在当“宅女”的大环境下，祝英台敢于女扮男装，去学堂求学，就说明她的性格应该是比较外向的。祝英台喜欢上梁山伯之后，在十八里相送时，她三番五次借物咏诗大胆示爱，也说明她对爱情追求的无所畏惧和浪漫的天性。可咱回头来看梁山伯：上看下看左看右看，再怎么看都是一个书呆子。同窗三年，祝英台多番暗示，他都一无所察，既没看穿祝英台的女儿身，也没领悟她的多番示爱，只能说这确实是个不解风情的主。

浪漫加外向的祝英台嫁给木讷兼内向的梁山伯，真的会幸福到老么？而且，从小娇惯的祝英台，嫁给一贫如洗的梁山伯，让她去做饭、打扫、操持家务，她做得到么？可惜没有机会让他们试一试。

而在那种封建时代，祝老爷肯让女儿乔装去上学，怎么想都不像是个封建家长啊！所以说后面的“变脸”当恶人，祝老爷未必没有自己的考量。他未必真的是个“恶父”，他可能真的是为女儿好。

现在也经常能看到做父母的苦口婆心地劝恋爱中的孩子：“你们俩不般配，门不当户不对的，在一起不会有幸福！你看看，他（她）家在农村，还要负担几个弟弟妹妹的学费，他（她）又没有房子，工资也不高，真结婚了你们连个住的地方都没……”

而这时候做儿子（女儿）的，必定一脸嫌弃外带鄙视的神情，对父母的干涉还以颜色：“你们可不可以不要这么俗气？不是钱就是房子！农村人怎么了？往上数三代谁不是农民啊?!……”说这话的时候，他（她）肯定觉得自己是个“斗士”，为了保护自己纯洁的爱情不受世俗铜臭的污染，奋起挥戈。

年轻的时候我们也这样捍卫过自己的爱情，也同样厌烦父母俗不可耐的唠叨。只是，N多年后，回头再来看父母当年说的“门当户对”，才发现，父母的干涉未必只是出于势利，“门当户对”其实也有着它存在的合理性。

每个家庭，不管贫富，都有自己的家庭文化、生活方式、消费概念、还有交际理念等等意识形态存在。这些东西，都是老一辈人用一种潜移默化的方式，一代一代地传袭下来，会随着周围的环境的变化略作改动，但再怎么变，也不会脱离它原有的大轨道。

如果两个家庭，文化背景相去甚远、生活方式迥异，夫妻两人走到一块，争执肯定不会少。相反，如果两个家庭有相似的文化背景、相似的生活习惯，对事物的看法肯定就比较接近，这样的话，分歧就不多。摩擦少的话，家庭矛盾也少了，夫妻和睦的几率肯定比前者要大。

咱且看看曾经轰动一时的施瓦辛格的婚外情。

大概是惯性思维，人们一听到“婚外情”，就不由自主地替男主角勾勒出一个或者风华绝代、或者妩媚妖柔的比“正室”强上N倍的“小三”。大抵都觉得，只有比妻子更好的“野花”，才能把男人勾引出墙外。

这样的思维，同样被应用到施瓦辛格的婚外情上。当施瓦辛格和玛丽亚25年的婚姻亮起红灯时，嗅觉敏锐的“狗仔队”闻风而动，基本没费什么工夫就把施瓦辛格的情人给翻了出来。可是，这情人的外表，与大众想象的相去甚远，让N多人大跌眼镜。有刻薄的网友这么形容他的情人：“一个上衣里塞了两个篮球的饱经风霜的大妈”。一时间，讽刺声与讥笑声四起，都在笑话施瓦辛格“口味重”，甚至有说，他有“丑女情结”，对着越丑的女人越兴奋。

对于自己的婚外情，施瓦辛格发过一份声明：“当我卸任州长职务后，我把隐瞒了10多年的真相告诉了妻子。我理解和应当承受朋友以及家庭的这种愤怒和失望，没有任何借口，我对我所造成的伤害负全部责任。我已向玛丽亚、我的孩子和家人道歉，我真的抱歉。”

男人们说：“这家伙真傻！都瞒了十几年了，妻子又没发现，干吗要坦白？本来可享齐人之福的。”女人们的重点则放在后半截：“说抱歉有什么用？为了一个这么丑的女佣，来背叛漂亮大方，且出身名门的玛丽亚，太侮辱人了！”

但如果回头去搜搜施瓦辛格的成长史：当过健美先生，因其钢铁般坚硬的肌肉和魁梧的身材，被片商相中，才开始拍电影。大概你要说，人家还是有才能的，你看，他都当了州长了。而他的妻，正如前面所说，是大家闺秀——就像我们熟知的《红楼梦》，焦大初始也许会觉得，娶个温柔漂亮的林黛玉，是一种荣耀，很长面子，且能帮忙自己成就事业。但是面子是不能当饭吃的。林黛玉是漂亮，是聪明，是优雅，可是她真的不是自己的菜。或者，施瓦辛格和女佣的开始只是意外，只是一次偷腥，可吃过之后，他就觉得：嗯，这盘菜虽然没卖相，但确实合自己胃口。所以，他在卸任了州长之后，做的第一件事，就是向妻子坦白，向精美告别，向温暖前进。

会做饭、在床上能满足自己、能替自己传宗接代——OL们也许要生气，可是，焦大的爱情就是这么简单。你可以骂他没品位，可是，他的成长经历、他的生活方式，都让他做出了这样的选择。因为，他在“她”身上，找到了“同类”的气息。

这就是父辈们强调的门当户对。当然，对施瓦辛格来说，这应该是精神层次上的“门当户对”。

如果你确实有吃苦耐劳的心，你大可忽略掉物质上的“门当户对”；但精神层次上的“门当户对”，切切不可忽略不计。如果你对精神层次上的分歧都不重视的话，婚姻势必有隐患，这些分歧就会变成你幸福路上的“地雷”，随时爆炸。

实例：当“孔雀女”嫁给“凤凰男”

所谓“凤凰男”，是指出身于农村、通过自己的努力在城市里站稳脚跟、成为白领阶层、并且娶了城市女孩做老婆的这类男人。之所以把他们称为“凤凰男”，是因为在乡亲父老的眼中，他们就是从山沟里展翅飞出的金凤凰。

“孔雀女”是指那些生长于大城市的女子。她们从小到大养尊处优，不知人间疾苦；她们精致、时尚、独立，还带了点孔雀一样的孤芳自赏。

当“凤凰男”娶了“孔雀女”，当“凤凰男”的“小农意识”和“孔雀女”的“小资意识”被搁到了同一屋檐下，问题就出现……

“凤凰男”：赵磊，来自粤北山区。本科学历，现就职于广州一建筑公司，刚提升为生产经营部的部门经理。

“孔雀女”：朱颜，广州本地人，大专毕业，经常跳槽，用她的话说就是“骑驴找马”，目前在一唱片公司做企宣。

A.“孔雀女”说：他老大大咧咧，不讲卫生！

看完电视，他一掀被子就准备往床上躺。我瞪着眼睛看他：“你好像还有件事没做呢！”这时候他通常会装疯卖傻，实在装不过去了就赖：“这是冬天呢！天气冷，也没出汗！不用天天洗澡吧！”为了逃避洗澡，他还会编些冠冕堂皇的理由，比如说：“现在水资源严重缺乏！我们要响应国家号召，要节约用水！你看这洗澡要用到水，洗完澡洗衣服也要用到水！多不好！”

当然，他的诡计少有成功的。反正不洗澡我就不给他上床，不刷牙就不让他亲我，除非他打算睡客房，否则耍赖耍到最后还是得去洗澡。

家里的洗衣机是全自动的。一般晚上洗完澡，我们就将衣服扔进去，等第二天早上起来后才将衣服晾上去。

我都跟他重复过几百次："袜子要单独洗，不能和内衣裤混着洗。"他嘴上说好，但我一转身走开，他就会偷偷将袜子扔进去。这不，第二天起来晾衣服时，我又发现，他的臭袜子混迹其中，恨得我是咬牙切齿！

我都不想挑他的刺，可是他这不讲卫生的臭习惯，真叫人难以容忍！

B."凤凰男"说：她老爱乱花钱，买些华而不实的东西！

2月14日，临下班的时候，接到她打来的电话，声音娇得能滴出水来："老公，记不记得今天是什么日子？"唉，不就是情人节么？平时五毛钱一朵的红玫瑰，今天能卖到十块钱，我实在觉得没有必要将自己辛苦赚来的钱如此大方地"奉献"给奸商。所以，情人节，我对她的明示、暗示充耳不闻，没有买花送给她。为此，她跟我冷战了三天。

三天后，她开出了"讲和"的条件：请她到蒙地卡罗吃西餐。空气里有淡淡的咖啡香气，还有悠扬的萨克斯在低吟浅唱，很容易将情人们带到温柔乡。这一切本来很美妙，可惜我在买单的时候又说了句大煞风景的话："这么贵！"

公车站距离西餐厅只有五十米左右，可是她不愿意坐公车，一扬手就拦了辆"的士"，还教训我："好歹你也是月入七八千的小白领，拜托别那么小家子气好不好？"

不想又起纷争，所以我保持沉默。在消费问题上，我和她确实存在很大的分歧。也许是幼时经济的拮据留下的阴影，我珍惜自己赚来的每分钱，我希望它们都花得物有所值。但她不这么认为，她觉得情调和时尚才是最重要的。

比方说买衬衫。我的要求是质量好，合身就成；而她则一定要我买名牌——一件衬衫，八百多块，有必要么？

再比如，客厅里的那个烟灰缸。造型确实很别致，但价格也是普通烟灰缸的十倍。我始终想不明白：再别致，也是用来放灰烟的，有必要买那么贵么？

再比如，她手上的LV——这么个小包就是三千多块，差不多是我半个月的工资。我研究了半天也不知道它比别的包包多了什么功能？也许，LV的功能就是满足了女人的虚荣心吧？

这样的意见我不能提的。一提出来，估计她又要讽刺我："瞧你这思想！一看就知道是农村出来的！"

C."孔雀女"说：虽说养儿为防老，但他的家人也不能无休止的索取呀！

他在家里排行老二。姐姐很早就嫁人了，是全职的家庭主妇；弟弟则在一个工厂打工，收入也不高。换句话说，姐弟三个，就数他最有出息，赚钱最多，所以，他就成了家里的“提款机”。

这不，公公要买辆小货车跑运输。他老人家一个电话打过来，存款上的几万块钱就划出去了。因为是长辈，我也不敢有意见，也不敢问这钱算借还是拿，省得他说我不孝敬老人。

春节时候，当姐姐的派了已经上初中的孩子提了点土特产来拜年。外甥走后，发现他卡上又少了三千块，问原因，他支支吾吾了半天，才告诉我：“外甥私下求着我给他买台电脑，我不好意思不给。”

也不过一个月的工夫，婆婆又打了电话过来，说，准备给小叔子娶媳妇了。不过娶媳妇之前先得将房子翻新装修一下，弦外之音还用说么？

他为难地看着我，说：“我卡上没多少钱了，你有没有？”我很想骗他说我也没钱了，可是看着他为难的样子，我说不出口。

突然间觉得很悲哀。我和他的月工资加起来，将近一万二。减掉房子的月供4000块，还剩8000块，照说，这钱也足够我们生活得很舒坦很小资，可事实上呢？这婚后的日子是一天不如一天。

我忍不住说：“下一次，你家又会来提多少钱？”话里是有了轻蔑的意思。他听出来了，所以他发火了，他说，买货车、配电脑、装修房子、娶媳妇都是正儿八经的事，总好过我将钱浪费在名牌衣服、高级化妆品上——气得我眼泪都下来了。难不成我一嫁他，就必须无条件将自己赚的钱全部贡献出来帮着他往他家填不成？

D.“凤凰男”说：我妈好吃好喝地伺候着她，她还觉得很委屈，像是被虐待了。

接到她怀孕的消息，我妈可高兴了，提着两只自家养的鸡特意从家乡赶了来照顾她。可她硬是将我妈给送走了，表面上说不能让老人这样受累，实际上是她不习惯我妈的一些生活习惯：比如衣服坚持要用手洗，剩菜不肯倒掉非要留到下一餐继续吃，洗碗不放洗洁精……

这个很难说谁对谁错，只是生活习惯的不同，我也只好听之任之。

十月怀胎，她生了个可爱的小丫头——我们夫妻二人一向都想要个丫头的，因为觉得女儿比儿子贴心。可是，真生了个女儿时，我又有些隐约的担心，生怕父母会在意。在老家，重男轻女的思想还是比较严重的。没想到父母这次很看得开，同样欢天喜地地跑来看孙女。看着二老一视同仁逗着小孙女玩的样子，老婆暗暗地松了一口气。但好景不长，在孩子的喂养问题上，婆媳两个不可避免地有了分歧。

母亲认为，坐月子时候不能洗头，不能吹风，否则会落下病根。但这对爱干净的老婆来说，肯定是无法做到的。我只好耐心地跟妈解释，这种说法不科学。

农村有很多催乳的方法，母亲便换着法子给她炖汤催乳。据说盐和味精会通过母乳影响到孩子的健康，所以，母亲做的汤都不放盐——不放盐的汤喝多了真能让人反胃，老婆基本都是掉着眼泪勉强将汤给喝掉的。

丫头有轻微的腹泻，母亲将此归根为是老婆吃太多生冷水果的缘故，于是母亲不让老婆吃水果。老婆气得在我面前嘀咕：我这是坐月子么？我怎么觉得像在坐牢？连吃个水果的人身自由都没有了。要不然又说：我现在就你家喂孙子的一头奶牛而已。

其实母亲的出发点也是为她和孩子好，并不是特意要为难她。可是她还是觉得挺委屈的，像是被虐待了。老催着我将母亲送走，让我左右为难。

诸如这样的矛盾，还有很多。而坐月子和对小孩照顾的不同，就变成了引爆这所有矛盾的引子。

月子还没坐完，“孔雀女”和“凤凰男”的“战争”，就升级到了想要离婚的地步。只是碍于刚刚出生的孩子，两人才勉强忍着，但这种分歧不断的婚姻，还能撑到哪一天？没有人说得准。

这样的婚姻生活让“孔雀女”多了些感慨：“以前我总觉得老一辈人说的‘门当户对’有点势利，现在想来，未必没有道理。从不同的环境里长大的两个人，想要在这种差异中间找到平衡点来维持关系，真的很累……”

坐在她对面的“凤凰男”，很用力地点了点头——可能这是他们唯一一个没有分歧的观点。

第五章

性爱是婚姻中不可或缺的重要部分

性生活是人类作为生物的一种本能，也是生理需要。夫妻其中一方禁锢了这种本能的话，等于间接也剥夺了另一方的做爱权利，这对另一方是件不公平的事。

随着时代的进步，婚姻不再只是为了“上以事宗庙，下以继后世”，但男欢女爱的快乐，同样是夫妻增进感情的最好渠道。你可以说这很肤浅，可是你不得不承认性是婚姻中不可或缺的重要部分。

只有性、没有爱的婚姻，是可悲的；而只有爱、没有性的婚姻，同样是个悲剧。

婚后，性爱其实就是爱情

《婚姻法》规定：夫妻之间互相享有“配偶权”，而“配偶权”的核心就是性权利，这种权利义务的实现需要双方同时履行和协调配合，而且配合双方既是权利主体，又是义务主体，缺一不可。配偶权派生的同居权是婚后男女一方都享有与对方以配偶身份共同生活于同一住所的权利，另一方有与对方同居的义务，包括夫妻间的性生活、共同寝食和相互扶助等权利。一方如果没有任何正当理由，就拒绝尽夫妻间义务，会被当成是一种精神虐待，或者家庭冷暴力。

张爱玲的《沉香屑——第二炉香》中，就讲了这么个故事：罗杰娶了蜜秋儿太太的二女儿。而蜜秋儿太太，结婚之前故意不给女儿愫细进行性教育。而在当时的社会环境下，愫细根本没有别的渠道来了解性爱，她一直以为，夫妻生活就是牵手、亲吻，如此而已。在新婚之夜，面对丈夫罗杰的求欢，她吓得落荒而逃，视之为变态。而蜜秋儿太太又带着女儿挨家挨户地“诉苦”，让罗杰丢尽了脸。其他不明真相的人也对罗杰冷嘲热讽，让罗杰在学校里抬不起头，最终选择了自杀。

这是一种性教育缺失的畸形社会形态，罗杰明明是深爱愫细的，可是，就是他死了，愫细都没明白过来自己的丈夫其实没做错什么，他要的，只不过是夫妻间最普通的鱼水之欢而已。他并不是什么心理变态，他更没有玷污他们“纯洁”的爱情。

愫细更不明白，结婚后，性爱其实就是爱情。爱不单要“说”，还需要“做”。有和谐的性爱，才会有和谐的婚姻。

小米的家庭教育很严，从小到大父母都不太赞成她和男同学来往，大凡电视上有男女拥抱、亲吻的镜头，父母都会马上转台，更别说其他限制级的爱抚、上床之类的了。

小米就这样“干干净净”地长大，“干干净净”地嫁了。丈夫是父亲老战友的儿子，高大魁梧，健康而阳光。对于这桩婚姻，两家父母都挺满意的：男方的父母觉得媳妇温柔贤淑，是标准的淑女；女方的父母觉得女婿健康阳光，一柔一刚，正好和女儿互补。而小米却是有苦说不出。

新婚之夜，在小米想象中，应该是浪漫温柔的。但丈夫却是急吼吼地扑上来，没等她准备好，就“攻城略地”，让初经人事的小米疼痛不已。大概是第一夜留下的阴影，小米对性事就有了抵触。

或者，正因为两人性格的差异，或者说，是体格的差异——丈夫的性欲很高，几乎夜夜都要享受这鱼水之欢。小米则对性事没什么兴趣，和丈夫上床，对她来说，只是履行自己的义务。所以她在床上一直都很被动，甚至是麻木。且丈夫的频繁求爱也让她的身体吃不消，折腾过后第二天总是腰酸背疼，所以，她更厌烦了做爱，后来更是找借口躲避同房。

丈夫一开始还以为妻子是害羞，放不开，还会爱宠地刮着她的鼻子笑话她是个“纯洁的小孩”，可时长日久，见妻子总是木头一样应付的表情，也让丈夫“性趣索然”。有天，他甚至很严肃地问小米：“你是不是性冷淡啊？”他也尝试着和小米沟通，可是小米却觉得谈论性事很丢人，所以总是责备丈夫：“你怎么脑袋里整天就想着这些事啊？你就不能想想正事么?!”

时间一长，丈夫对她就慢慢冷了下来，再不想碰她。这对小米来说，是求之不得的事。可让她没有预料到的是，丈夫有了外遇。

他说：“在她面前，我才觉得自己是个真正的男人。她不会像你一样，一脸不耐烦地应付着我；我能把她送上高潮，我也喜欢看她享受高潮时那一刻的艳丽和呢喃……这些都是你不能给我的！你可以说我是用下半身思考的动物，可是，我宁愿当这下等的动物，也不想要你这样冷冰冰的‘高贵’。”

听着这么坦白的“出轨宣言”，小米一方面觉得他无耻至极，一方面又似有所触动。

虽然双方父母都强烈反对，但他们两个都还是办了离婚手续。小米后来遇上过他，和那个“小三”。

“小三”现在已经变成了他的妻子，还怀了孕。她看到他们的时候，他正扶着大着肚子的妻子，小心地穿过马路。他看起来神采焕发，她也是，他们的眼神对接时，目光里的那份甜蜜和融洽，是小米和他之间从来没有过的浓情蜜意。

那一刻，小米知道，自己是真的败了，败得很彻底。

后来，小米也有了自己的新男朋友。第一次同她上床的时候，虽然他明知道她是离过婚的，也知道她不可能是第一次，可是，他仍那么温柔地对她，似乎她是世间最珍贵的花朵，一点点的触摸，一点点地亲吻，引导着她，慢慢地把她的所有热情都点燃起来。

这不是她的第一次，可她分明觉得，这才是她的第一次，第一次享受到性爱的美好。

尝到和谐性爱甜头的小米，终于明白，前夫为什么会沦陷在别的女人的手里。她甚至在想，如果是自己先他一步碰上现在的丈夫，也许，先出轨的会是她。

至此，她才知道，和谐的性爱，也是婚姻稳固的重要基石之一。

对现在的年轻人来说，性已经不是一件神秘的事；但在二三十年前的中国，性事是摆不上台面的。这也造成了很多“纯洁”的男人女人，尤其是女人，对性事一知半解，甚至抗拒，觉得那是件很脏的事。夫妻生活不和谐，多数也是说不出口的；也有遭遇性暴力的，同样得哑忍；有些丈夫，碰上性冷淡的妻子，只能自认倒霉；而如果有哪个女人，敢以“无夫妻之实”来起诉离婚，更会招致骂名，被认为此女生性风流、轻感情而重男女之事，不是好女人。

直到改革开放后，人们才开始正视性生活在婚姻生活中的“地位”，才开始明白，性爱同样是婚姻中不可或缺的，有着和谐性爱的婚姻才是正常和健康的。不管是男人，还是女人，在婚姻中都有权利追求自己的“性福”。

柏拉图式的婚姻是个悲剧

古希腊著名的哲学家柏拉图提倡一种纯精神的爱情观，追求心灵的沟通，摒弃肉体的结合。

柏拉图认为：“当心灵摒绝肉体而向往着真理的时候，这时的思想才是最好的（美幻的）；而当灵魂被肉体的罪恶所感染时，人们追求真理的愿望就不会得到满足。当人类没有对肉欲的强烈需求时，心境是平和的，肉欲是人性中兽性的表现，是每个生物体的本性。人之所以是高等动物，是因为人的本性中，美好而又道德的人性强于兽性。精神交流是美好的、道德的，而肉欲则是不洁的、肮脏的。”

柏拉图坚信，真正的爱情是一种持之以恒的情感，唯有时间才是爱情的试金石。唯有超凡脱俗的爱，才能经得起时间的考验。

柏拉图所说的恋爱观，就是我们今天所讲的，纯精神恋爱。也就是，只谈恋爱，不上床。柏拉图式的婚姻，其实就是无性婚姻。

如果有一个男子，在婚前就提出柏拉图式的恋爱，不上床，缔结无性婚姻，你会答应吗？我想，任何正常的女子，在这样的问题面前，深思过后，肯定要摇头说 NO 的吧？可是，真有一个女人答应了一个男人这种匪夷所思的要求，她就是曾经红极歌坛一时的蔡琴。

据报道，1984 年，杨德昌因为拍摄电影《青梅竹马》而认识蔡琴。是他，先动了心。

似是而非的追求过后，两人开始交往。但中间的那层窗户纸，却没有正式戳破。一段时间后，蔡琴觉得应该问个清楚，让这段关系有个明确的定位，而不是像现在这样的似是而非。

在《我们的她们》一书中，作者写到了蔡琴向杨德昌索要一个答案后的情形：

那天，女作家袁琼琼陪着蔡琴从驻唱的地方回到家里，蔡琴对袁琼琼说："我受不了，已经给杨德昌发了最后通牒，如果这男人还不给我个明确定位，我大约就要走掉了。"所以，她在去餐厅前，就对杨德昌说，等他想清楚，然后留话在她的答录机里，告诉她答案。

答录机里是有消息的，但蔡琴很紧张，不敢去听，害怕是坏的消息，她甚至打算将留言删掉。就在这个时候，电话响了，杨德昌打来电话，要蔡琴去听留言。

蔡琴打开了答录机，按了"play"之后，毫无声响，那静默至少持续了一分钟之久，之后是一声长长的叹息，然后，那个必须下决定的男人说了话："你叫我怎么说呢？"——这就是杨德昌的全部答复。

后来，袁琼琼又陪着蔡琴一起去了杨德昌的家里。黑夜里，杨德昌开门出来，他把穿着浅蓝色衣服的蔡琴圈进臂弯里，然后走了进去，关上了他家的红漆大门。

张小娴说："在爱情里，谁先动了心，谁就落了下风。"照说，在这份感情里，是他先动了心，应该是他落了下风。可事实上呢？一直以来，落了下风的都是蔡琴。

原来，不是谁先心动谁就落了下风，而是谁爱得深，谁才落了下风。没多久，他们结婚了。

痴情如她，愚笨如她，竟然会在结婚伊始，接受一个男人的无性要求。"我们应该保持柏拉图式的交流，不让这份感情掺入任何杂质，不能受到任何的亵渎和束缚，因为我们的事业都有待发展，要共同努力把精力放到工作中去。"他这样说了，她便这样做了，甚至不去问缘由。

我很奇怪，当时他在想什么？一个正常的男人，如果他真心爱一个女人，会爱到不愿意去碰她的身体吗？我也奇怪她又在想什么？无欲则刚？她以为保持一种柏拉图式的恋爱，便能造就永远？

为了他，她甘愿低到尘埃里。在他投入导演创作的过程里，为了让他无后顾之忧，她几乎跑遍了全台湾，唱歌作秀，赚钱养家。如果没有她的默默付出和无条件支持，大概他也未必能全身心投入导演出像《牯岭街少年杀人事件》、《独立时代》这样的佳片。

她以为，只要拼尽全力去爱，就能换回同等的爱。而事实证明她错了。这一段无性的婚姻，他们只维持了十年。十年后的某一天，他站到她面前，说，他爱上了另一个女人，他要离婚。那个建立在童话里的唯美城堡，轰然倒塌，碎成一地锥心的痛楚。对外提起这段婚姻，他说："十年情感，一片空白"，轻描淡写地将过去一笔抹杀；她则是持另一种态度，她说："我不觉得是空白，我付出的是全部。"

蔡琴能将沧桑痴情的歌声植进万千听众的耳朵里，让人们对她的名字念念不忘；但她却没办法将自己植进一个男人的心里，让他对自己念念不忘。

离婚之后，他很快重组家庭，并且生下了一儿一女。由此可见，他不是不行，而是不想要她。其实早在未离婚之前，他在外头已经绯闻不断。他宁愿和外面的女人鬼混，也不愿意和她行夫妻之实，这对一个妻子是一种多大的侮辱？

换成谁，都要恨吧？恨这个男人的负心绝情。可是，多年后听闻他的死讯，她的表现又出人意料。在公开信里，她说："我深深地感谢上帝，让我与他轰轰烈烈地爱过。”她还说：“我感谢主在他生命结束前，是与他的最爱在一起。”

她知道，自己不是杨德昌的最爱。如今在他身边与他有着肉体关系，与他生儿育女传宗接代的女人，才是他一生的至爱。

“无性婚姻”是杨德昌先提出的，可最终做不到“无性”的，先行背叛婚姻的也是他。

柏拉图式的婚姻，从一开始就注定是个悲剧。当夜阑人静，回首往事时，蔡琴会不会后悔？悔自己当初的傻气？在结婚的十年里，她有好多的机会，去捉住自己的幸福。可惜，她掉进了“柏拉图”婚姻的陷阱里，真就遵守“诺言”，整整十年，强行压抑了自己的欲望。她以为这样就能到达永远，殊不知，她忍得住，他却忍不住了。无性婚姻的周围，那些在正常情况下构不成威胁的“威胁”，在连着禁欲几年的男人面前，都变得分外诱惑起来。本来嘛，男人就是用下半身思考的动物，你让他把下半身去掉，你觉得可能么？

其实，夫妻间的床笫之欢，不仅仅是欲望，更是一种身体感官上的交流和对话。这就是为什么夫妻之间没有半点血缘关系却能比其他家族成员都更亲密的缘故。

另外，人家科学家都说了，夫妻间的“爱爱”，不仅能够带来精神上的安定，还能够让双方的身体更健康。所谓的“身心愉悦”，就是身先愉悦了，心也会跟着愉悦；心愉悦了，夫妻的感情自然更深了；夫妻的感情深了，婚姻关系自然也更牢固了。这些，正是柏拉图式婚姻所不具备的。

人是高等生物，但再怎么进化，都同样具有生理需要，这是物种繁殖的自然天性。如果都无性，那要不了百十年，人类就会自我灭绝。

如果非要反其道而行，大谈什么“存天理，灭人欲”，只会让自己的性格和婚姻都陷入一种畸形的状态，最后以悲剧收场。

肢体语言的神奇作用

“肢体语言”又称为身体语言，是指由身体的各种动作来代替语言传递信息，从而达到沟通的目的。而科学实验也证明：一个人要向外界传达信息的时候，单纯的语言成分只占7%，声调占38%，另外55%的信息都需要由非语言的体态语言来传达。所以说，语言并非最主要的信息传达工具，肢体语言比声音有更明显的沟通效果。

在婚姻生活中，肢体语言往往也比语言更有作用。我们笑称肢体语言是“特效药”，时间短，见效快。

阿峰的妻子豆豆是圈内公认的火爆性子，再要好的朋友，只要哪句话没说好，或者是哪件事惹恼了她，都会被她一阵狂轰滥炸，炸得灰头土脸。所以，阿峰娶她的时候，好多人都在暗中猜测，阿峰也是个犟脾气，这两人凑在一起，简直是火星撞地球，怕是要不了多久就得散的。

谁料这两人非但没散，感情还越来越好，走到哪都手牵手。不单如此，豆豆的火药桶似乎也被阿峰压制住了。好几次，在聚会中，豆豆跟别人聊着聊着一急，声音一拔高准备发火，这时只要阿峰冲她一扬眉、一瞪眼，她就会来个急刹车，然后又莫名其妙地笑了，还附带着脸红。这憋着的“气”一漏，再想发火，也发不出来了。

有另一朋友，同样家有“河东狮”，见阿峰这么有办法，便死活磨着他让他教两招。阿峰被逼不过，只好告诉他：“她再和你吵架，你也不用和她理论，直接上去，抱着她吻就是了。”朋友听得一愣一愣的：这叫什么招数啊？心里是不信的，可是看阿峰一脸认真的样子，又不像玩笑。

一次，老婆又因为一些鸡毛蒜皮的小事开始唠叨，正要发火的时候，那朋友便用了阿峰教的招数，不理论，不辩驳，不解释，上去直接抱住，张嘴就吻。一开始老婆还在怀里使劲挣扎，支支吾吾的还要说，只是嘴被堵得死死的，哪有空骂人？慢慢地就在怀里软化下来。这热吻完，再大的怨气都漏光啦！还有啥架能吵得起来？

几次之后，妻子再要吼，做丈夫的眼一瞪，作势要扑上去，她自己就撑不住，立马笑着跑远了。朋友现在可算明白为什么每次阿峰眼一瞪，就能把豆豆的吼叫“吓”回肚里去。其实倒不是出于怕，而是担心他在大庭广众下真的直接扑上来“以吻封吼”，所以才会缩回去，还附带着脸红。

如果你用一大堆的语言去反击，去和她理论，你一言她一语的，“战火”准会越烧越大，而且吵到最后两人都会更郁闷，更下不了台。不如将口舌之争换成一个强势的拥抱和亲吻，就能直接将争执消灭。

有时候，走在街上，人多，没提防就走散了。虽不至于惶恐，但着急还是会有的。你正四下张望寻找，他突然从后面蹦了出来，递给你一袋你最爱吃的炒栗子。心中那种暖意，在大庭广众下无从表达，这时候紧一紧握他的手，再加一个甜蜜的笑，就足以传情达意了。

还有的时候，夫妻间在一些事情的处理上发生了分歧，彼此赌气，都不想理对方，就这么冷战上了。冷静下来后，心生悔意，可是又拉不下面子对对方说“对不起”。这时候只要你走过去，从背后抱住他（她），他（她）就能接收到你的歉意。

他自信满满地等着晋升，在最后关头却被竞争对手用阴招给挤出局。回到家的他，那么丧气和疲惫。男人的自尊心，让他在此刻听不得安慰，因为那些安慰的语句，落在他心里，很容易变成另一种刺激，觉得那是可怜他，同情他。这时候不如啥都别说，像搂孩子一样，把他搂进自己的怀里，像平时你靠着他那样，让他靠在你怀里。男人平时总充当着让你依靠的角色，但在这种脆弱的时刻，他更渴望母亲一样的拥抱。你可以让他知道，你也是他的依靠，不管他遇上什么风浪，你都会在他身边，甘苦与共。此处的肢体动作，无声胜有声。

这些动作，都很简单，但在当时的情况下，比 N 多的语言都有用，且能在短时间内直接起作用。

在性爱中，肢体语言扮演的角色就更加重要。

在中国，大概是和所受的教育有关，也可能是女人天性内敛所致，九成以上的女人在性爱里都处于被动的地位。就算她心里再想，她也不好意思直接对丈夫说："我想做爱。"这时候，她就只能是通过一些肢体动作来传达讯息，例如：她会在洗澡后换上性感的睡衣，会喷上平时最喜欢的香水，她会走到正在玩电脑的丈夫身边，蹭蹭他的脸，暗示性地提醒他："不早了，该睡觉了。"男人在这种时候可要"聪明"些，不要傻瓜似的真以为她只是要你早点上床睡觉。

而男人的示爱来得就比女人直接，当他在床上或者沙发上对妻子"动手动脚"的时候，就已经是种肢体明示了。这时候如果妻子没心情或者身体不方便，同样只要一个小动作，例如手掌微微用力，轻轻拒绝他的靠近；或者捉住他往下游动的手，他就能明白你的意思。这远比直接说"不"要婉转得多。

当然，夫妻间的"性福"生活，未必一定就要是肉体的结合。有时候，一个深入缠绵的吻，一场"全方位"的爱抚，一场耳鬓厮磨，都能起到类似的作用。既然肢体动作如此重要，那聪明的你一定要会利用肢体动作来调剂感情，为自己的婚姻生活加分。

第二篇

夫妻和谐相处的8个秘籍

相爱容易，相处难

第六章

聪明的伴侣从不“翻旧账”

如钱钟书老先生所言，婚姻是一座城。战场上，“攻城容易守城难”；而婚姻里，则是“进城容易守城难”。夫妻俩生活在同一个屋檐，总会有磕磕碰碰的时候。有些女人一吵架，就要“翻旧账”，将之前发生过的口角，重新搬出来计较一番，而这一招也是N多男人最厌烦，也最头大的。

聪明的妻子，会坚持“就事论事”，绝不把前尘往事重新拿出来当这次吵架的“佐料”。这样，就可以有效地避免“战火”的扩大，也避免伤痕的扩大和加深。

 “翻旧账”，伤感情

大禹治水，讲究的是“疏”，而不是堵。所以，有些婚姻研究专家也认为，夫妻间有矛盾，不要强压，偶尔吵吵反而有利婚姻健康。吵架是夫妻宣泄怨气、疏通矛盾的另类方式，但吵架最忌“翻旧账”。

你见过滚雪球吗？一开始，雪球只有碗口大小，但在从山顶滚落的过程里，它会一边滚一边将旁边的积雪都“整合”到自己身上来，于是这球越滚越大，直至落到山下，那声势、那杀伤力，已经是原来的几十倍，甚至上百倍。

夫妻吵架也是如此。如果你一路“翻旧账”，再小的争执，到最后都会变得不可收拾。

我们且来分析下：既然是“旧账”，就代表事情已经是“过去式”，都已经“翻篇”的事，你老去翻它做啥？又不是小学生做功课，做功课才需要不断地重温复习，以便应付考试。而这“旧账”是旧日夫妻间留下的伤痕，如果你不去翻它，它也就顺利的结疤、痊愈，那些不愉快也随之消失在岁月的甬道中。可你一吵架就去翻，那些本来就要愈合的伤口，突然间又被你暴力撕扯开来，又开始鲜血淋漓。

知道吗？如果你在身体上完好无损的地方打上一拳，可能只是疼几秒；可如果这一拳是落在有伤口的地方，那疼痛就是翻倍的。

别以为这“旧账”是对方的“小辫子”，别以为“翻旧账”是惩罚对方的行为，既然你记着这笔“账”，说明他（她）的“小辫子”其实也是伤害过你或者说让你不痛快的往事。其实，“旧账”是你们夫妻共同的伤口，你没事把它翻出来，整成双倍的伤，这是在和他（她）过不去呢，还是和自己过不去呢？而那些附带在“旧账”上的不痛快，那些心结，也会随着你一次次无情地撕扯加深了记忆。那些本来可以忘却的故事，被你这样不断地拿出来，强行“复习重温”，到最后，不管是你，还是他（她），再想要忘记这“旧伤”，只怕都不容易了。那些伤痕会永远悬在你们记忆里，像个定时炸弹，谁也说不准哪天它又会卷土重来。

而且，据心理学专家分析，喜欢翻旧账的人，多数是在此次吵架事件中理亏的一方。因为理亏，所以她（他）必须多找些理由来替自己加分，让自己看起来“有理”一点；而她（他）也深知，搬出这些陈年往事来，对方肯定会心有愧疚。因为对昔日心怀愧疚，觉得亏欠了她（他），他（她）就不得不低头。

这一招，偶尔使用可能还有点效果，但如果使用次数泛滥，往往会适得其反。任是谁，因为某一件事被不断地批评、指责，而且这些批评和指责持续的时间可能是一年、两年，甚至N年后都存在，这是谁都受不了的。不排除会激起对方“破罐子破摔”的可能：既然你都不打算原谅，那索性咱就别过了。

瞧吧，“翻旧账”的这一行为，实在是百弊而无一利，不单只伤害过去，而且还破坏到你们目前的幸福生活。这样的烂招数你还留着做啥？趁早废了此招，学些有助于解决夫妻矛盾的招数不是更好？

“天上下雨地上流，小夫妻吵架不记仇”，聪明的妻子（丈夫）会做那个“吵架不记仇”的人，不让那些陈谷子烂芝麻的事出来影响自己现在的心情。

如果你是“被翻旧账”的那个，你可千万要冷静，千万不能以牙还牙以暴制暴，她翻你的旧账你也翻她的旧账，这就形成了恶性循环，那局面就真无法控制了。这种时候最好沉默，适当的避其锋芒，等她（他）发泄完了，你再好好沟通。

当然，有“旧账”，说明你前面也做过错事，留有“案底”。如果你要从根本上杜绝伴侣“翻旧账”，最好的办法就是少做错事，不留“案底”喽！

聪明的女人不会让过去影响现在

在不少家庭中，最常被拿起来翻的“旧账”，多是感情上的糊涂账，指的是丈夫或者妻子曾经的不轨。这个“旧账”类似“案底”，应该算是个贬义词。任是谁的档案里有过“案底”，都会觉得生命上留下了一抹污痕。那些爱过的人，那些经过的事，不管是淡若飘鸿，还是铭心刻骨，都在自己的情感历程上留下了一笔。

对于身边这个亲密爱人，总不由得猜测：他过去爱过的，是些什么样的女人？他和A是怎么走到一起的？他和B又是为了什么而分手的？C呢？她是什么地方吸引住他的……那么多的猜测和疑问窝在心里，想要找个突破口，便忍不住用语言试探，或者翻找他可能保存下来的情书、日记、电话本……偶尔找到一点蛛丝马迹，待要追寻下去，又突然害怕起来，他的过去，他的爱情案底，到底是翻出来好，还是不要翻为妙？

薛冰在生育后，为了照顾孩子，不得不辞职在家当起了全职太太，“沦落”为家庭主妇。而她的老公却在职场上混得风生水起，今年更晋升为分公司的一把手。一个是驻步不前，一个是风生水起，两人的社会地位拉开那么大的距离，薛冰虽然没说什么，但心里始终觉得不安。

随着职位的提升，薛冰老公的应酬越来越多，经常喝到半夜三更才回来。其实，所谓的应酬多数是与酒精和女色分不开的。所以，他的衣服上常有着不同的香水味，他的手机里也频繁的可以看到一些陌生的手机号码发过来的暧昧短信。对此，老公对薛冰的解释是：逢场作戏，不必当真。

对于老公的解释，薛冰是想计较，但又无从计较。结婚前，老公确实是比较花心的男子，结婚后虽然改变了很多，但难保他不会“旧病复发”。

就是在那段混乱的日子里，薛冰突然收到了一条短信：“想知道你老公的风流韵事么？登录这个邮箱，你便可以看个清楚。”短信的后面还附着一个电子邮箱的账号和密码。随后，薛冰给那个发短信的手机号码回了电话，但对方一直拒听。

很长的一段时间，薛冰整天都在对着电脑发呆。那串英文字母和数字，不断地在她脑海里滚动，如孙悟空头上的金刚箍，让她头疼不已，究竟是看？还是不看？这电子邮箱里，到底藏着他怎么样的过去？藏着他和哪些个女人的秘密？我真的要知道吗？”

有好几次，薛冰都将账号和密码给打上去了，只需要按一下登录便能进入邮箱，可是在最后关头她都匆匆关闭了窗口。

犹豫的时候，想很多她和他的往事。想最初，父母的反对、地域的差别、生活习惯的不同、还有情敌的撬墙脚……随便哪方意志不坚定，两人都很难坚持到最后。

薛冰问自己：那么多的风雨，都没有让我们分开。那么现在真的要去翻查他的“案底”么？翻出来，吵一次？闹一次？还是分开？思前想后，她还是没有登录那个邮箱。只是给那个手机回了一条短信：“不管邮箱里藏着什么秘密，我都没兴趣知道，也没兴趣去翻丈夫的‘案底’。”

那个号码从此沉寂，再没有发来短信。事情似乎过去了。

一个多月后，以前夜夜笙歌的丈夫，突然变得准时上下班了，偶尔应酬回来，身上也再无香水味、口红印。

后来才知道，上次的事是丈夫的竞争对手设下的圈套，早在多年前，他就知道薛冰的老公在外头有情人的事。而当初拍下的相片，成了今日用来打击她丈夫的工具。他把相片发到邮箱里，想她看了会吵、会闹，他好趁薛冰的丈夫“后院起火”时，破坏他的形象；更希望趁薛冰的丈夫忙于处理家庭矛盾疏于工作时，夺走他手中的客户；如果能使得薛冰他俩离婚那更好，因为他就是当初追求薛冰未遂的“失意者”。没想到，他放的这把火没有烧起来，这自诩“一箭三雕”的计谋因为薛冰的理智，落了空。

而薛冰的丈夫，在知道了这个圈套之后，不知道是感动于薛冰的大度，还是不想再让对手有可乘之机，倒从此收起了花花肠子，做起了居家男人，这也算是薛冰的意外收获吧！

安守幸福的薛冰说，很庆幸自己最后残存的坚持，没有去翻老公的“旧账”，否则，没准他们也败在了“过去”手里。

常言说得好：活在当下。意思就是要你把握现在，把现在的每一天过好。

聪明的女人，是不会让那些“过去”影响到自己现在的生活的。相反，她们会“以史为镜”，避免犯同样的错误，将婚姻经营得更加美满。

清除“旧账”，重谱新章

不得不承认，在“翻旧账”这事上，女人往往比男人更“专业”。面对妻子的喋喋不休和咄咄逼人，做丈夫的一边挨着数落，一边在心里惊叹：“这都多少年前的事啦！她居然还记着！”“天呐！鸡毛蒜皮的小事，至于记恨到现在么？”没办法，女人天性使然，在一些小事上的“记忆”会比男人强很多。

这可不是瞎掰的，曾有台湾的网站也做过相关的报道：“英国科学家警告男性朋友，妻子记忆力更好，千万别跟她们算旧账。”

英国剑桥大学的研究人员测验了4500名49岁～90岁男女的记忆力，结果发现，不论在哪个年龄层，女性的记忆力都比男性好。负责这项研究的布莱克博士说，女性回想一些事件的能力的确比男性强。她们可以清楚地记起三个月前的一场争论，所以跟女性“翻旧账”是给自己找麻烦。

可做妻子的也苦恼啊：我知道“翻旧账”不好，我也知道“翻旧账”伤感情，可是，一吵架我就着了魔似的，非要将以前的不愉快通通翻出来再痛骂一次，似乎只有这样心里才会痛快些。只是她们发泄完心里也会后悔，觉得自己超无聊，会警告自己：这是最后一次！可是到下一次，同样管不住自己的嘴。

美静和丈夫算是蛮恩爱的那种，出入基本都是手牵手，上街买个菜，只要另一方有空，肯定会陪同一起去。一人在厨房做饭，另一个肯定会在旁边打帮手，可是这样的恩爱夫妻，就是因为一些“旧账”，闹得差点分手。

这事还得从女儿的出生说起。

美静怀孕的时候，做丈夫的就答应她，她生产的时候一定要在产房里陪着她，迎接孩子的出世。

九个多月时，丈夫接了个公务，要出差两天。美静颇有微词，可丈夫想着，也就两天，去了马上就回来——妻子应该不会那么巧就在这两天内生产，所以他还是出门了。

结果，事情还就真这么巧，就在老公走的当天晚上，美静就临盆了。因为家里只有公公、婆婆两个老人在，羊水破后，连个正经能搀扶她下楼的人都没有；上了车赶到医院，才发现三人忙中有乱，居然都没带钱！于是还等公公赶回去拿钱；生的时候又不顺利，在产房折腾了半天，最后还剖腹……

自己在受苦受难的时候，他远在天边，不施援手。从此，美静就“恨”死了老公。

以后，只要夫妻俩一起争执，这“产房事件”是美静必备的“旧账”：“你心里就是没有我！明知道我要生了，你还出差！让我一个人孤零零地待在产房里，叫天不应叫地不灵……”不管吵架的起因是啥，美静都有办法拐几个弯，将事情和产房事件扯上关系，然后就开始“翻旧账”，痛斥丈夫对自己不好。

一开始，她一提这事，做丈夫的就心生愧疚，就偃旗息鼓，不管有错没错，全都认错；可次数一多，他心里也不痛快了，就反驳道：“我出差，也是工作需要，又不是故意丢下你不管的。再说了，谁也没想到你就那么巧就在那两天生了啊……”如此一反驳，美静就更不爽了，于是吵架随之升级……

其实，女人爱“记账”，有其心理原因在内，咱不妨先来分析下妻子的“心结”，找出其爱“翻旧账”的原因，然后才能对症下药。

女人爱翻旧账的原因，总结起来不外乎这么几个：

1. 觉得被忽略、被轻视，心里不平。

稍微留个心，你就能发现妻子们记的“账”，基本是那些有气没撒完的。比方说，结婚纪念日，她做了一桌子的好菜，喷了香水、打扮性感地等着你回家庆祝，结果丈夫却给忘了！大好日子他饭也没回家吃，却陪这个那个领导吃饭喝酒，到半夜三更才回家，你说她能不火大么？

每每想起，就觉得丈夫心里没她，没这个家，所以才会连结婚纪念日都忘记。那种被忽略的气愤，足以让她刻骨铭心，所以一吵架这伤心事就总会自动“弹出”。

2. 有“敲警钟”的意味。

“复读机”的用处就是不断重复，强迫记忆。妻子在“旧账”上充当了“复读机”，不断在丈夫面前重复，就是为了让他“加深记忆”。弦外之音就是你以后不能犯同样的错误！我给你一次机会，不代表我会给第二次！再犯我跟你没完！

3. 心理不平衡，想要讨回一些“彩头”。

很多时候，“翻旧账”的妻子，是觉得丈夫对她有所“亏欠”。比方说，她生病住院的时候，他恰好出差了，没有尽到照顾她的责任，让她自己一个人孤零零地躺在医院无人问津。这时候的妻子肯定会有些自怜自艾，事后回忆也觉得丈夫欠了她的。她翻这一种“旧账”，就是希望丈夫加倍对自己好，以补偿前面“欠”下的。

4. 没安全感，借“旧账”想要控制丈夫。

有过出轨行为的老公是最让女人不放心的，没有安全感就容易胡思乱想。胡思乱想的过程中，她又觉得这是他的“把柄”，只要一说出来，他就会理亏气短，她就能占定上风，逼迫他乖乖投降。

5. 故意激怒对方，起到报复的目的。

有时妻子“翻旧账”，是为了激怒丈夫，这是气头上常有的动作。觉得：你让我这么生气，我也得戳一下你的痛处，让你也生很大的气！话说，这种想法甚是愚蠢，损人不利己，也容易让吵架升级，变得不可收拾。

以上几点都是妻子“翻旧账”的主要原因——当然，这“旧账”的原因不是单选的，有可能是几个心理因素的综合。像前面故事里提到的妻子美静，她“翻旧账”的原因，就是前四条的综合。

既然这些“旧账”是丈夫犯下的，那做丈夫的也有责任来协助妻子解开心结，清除“魔障”。

最好找个家庭日，给“旧账”来个全方位“大扫除”，如果真是自己错了，做丈夫的要认真道歉（要知道，再迟到的道歉也总比你死不认错的好）；如果是因为误会，那更要好好解释，把这误会解开，把她心中的气抚平；如果是一些事关原则的问题，两人应该商讨出一个中立的、可以解决的办法；如果只是纯粹的赌气，那就让她好好发泄一通。比方说，美静的产房事故，做丈夫的应该好好解释，自己真的是无心之失，并非故意选在她生产的时候不在身边。你得告诉妻子，你对这件事心里同样充满歉意，事后你也做了好多事想要弥补。你可以煽情一点，告诉她：“虽然我不是故意缺席女儿的出生，但我还是错过了。我知道这是我欠你们母女的，所以，就让我用余生来弥补这个错误！”

说完这些之后，你还得和妻子“约法三章”：事过境迁，这事就在此“翻篇”，以后再有争执，再不能拿“剩饭”出来“炒”。而且在此时你也不妨用玩笑的口吻告诉她：“这旧账放久了就如剩饭，总不扔、总拿出来翻炒，光味道就能熏死人的！”

聪明的妻子也要见好就收。如果不断地重复向一个人追讨“旧债”，久了，谁都会有不耐烦的时候。不要把他心中对你的那点儿愧疚，都消耗在不间断的讨伐声中。

咱中国有句老话：“旧的不去，新的不来。”夫妻之间，与其携着对方的“旧事”不忘，不如选择性的“忘记”，忘掉那不开心的过去，忘掉那悲伤，活在当下，珍惜当下，重新谱写属于你们的新篇章。

第七章 夫妻间也应有“不能说的秘密”

曾经有很长一段时间，人们呼吁夫妻间应该坦诚相待，做到无秘密、不隐藏。事实证明，这种“无秘密”状态，有时候不但不能化矛盾于无形，反而让原本可以相安无事的一段婚姻，因为一段“秘密”而分崩离析。

婚姻学专家认为，夫妻之间最理想的状态，应该是两个交叉的圆圈。交合的地盘，是你们共同的生活，透明、公开，所有“资料”都可共享，而剩下的那一小片空白，则属于自己的私人空间。在这空间里，装着个自的小秘密、小癖好、小隐私，这是夫妻之间不能说的秘密。

每个人都有自己的隐私

隐私是一种与公共利益、群体利益无关，当事人不愿他人知道或不便让他人知道的个人信息、个人私事，以及当事人不愿他人侵入或他人不便侵入的个人领域。

夫妻之间虽然应该坦诚相待，但夫妻也是由两个独立的个体组成的。既然是独立个体，自然应该拥有自己的隐私权。

小米是土生土长的上海人，而李楠则是从新疆来上海的打工一族，没房，没车，每个月的工资也只是勉强够花，这也是小米的父母嫌弃他的原因，觉得他给不了女儿幸福。但在小米的努力和坚持下，两人还是走到了一块。

在婚礼前夕，小米第一次见到了李楠的父母。照说，儿子和母亲那么长时间没见，肯定会有好多话要倾诉。可是，李楠和母亲的感情似乎比较淡漠，母子俩说话也很是客气。

婚后，小米想要留公公、婆婆多住几天，可是二老以不习惯上海的天气为理由，只待了三天就走了。

小米不以为意，私下里巴不得老人不来，这样他们才可以好好过二人世界。

日子就这么风平浪静地过着。直至有天，小米在收拾衣柜时，从李楠的旧衣服堆里，摸到了一个封得严严实实的信封。信封上是空白的，显然不是真的信件。当时的小米也没多想，直接就拆开来，想看看是啥，如果是没用的，就准备清理扔掉。

信封里的东西，让她目瞪口呆：是一本房产证，房产证上，赫然写着李楠的名字！这怎么可能?！李楠一直说这房子是租的！就是在父母以没房子阻拦他们俩结婚的时候，他也从来没承认这房子是自己的！

小米再一算：这房子虽然才七十多平方米，但在寸土寸金的上海，这个地段的房子没个百来万是拿不下来的！李楠一个月工资才四千多，自己肯定是不可能有这么多的积蓄的！而他父母，也只是老实巴交的农民，怎么可能有这么大一笔资金资助他买下这房子？

这房子哪来的？他哪来那么多钱？他又为什么从不承认这房子是自己的？他是怕分房产么？他为什么欺骗？一个个的问号接二连三地冲进小米的脑海。她疯了似的准备打电话质问李楠，却在接通的最后一刻挂断了电话。

小米冷静下来以后，把一切恢复了原状，然后去了附近的房东家。以前，她曾陪着李楠过来这交过房租。她想，李楠既然瞒她这么久，直接问他，他未必会说。也许从房东嘴里，反而能套出点东西来。

只有一面之缘，房东并没有认出她来。她就装成是想租房子的，借口有老人，行动不方便，所以想租二楼的房。房东果然说：“那房子现在有人住着……而且那房，现在也卖掉啦，不属于我的了。”小米便拿话引着，说了什么现在房价高啊，能买得起房的人真牛啊，收入应该挺高啊之类的话。果不其然，房东的脸上有讥讽的意味：“什么牛啊，那小子，有时候连房租都交不起，要拖着欠着。后来，也不知道哪里泡了个阔太太，一来，直接就付全款把房子买下来了，房产证写的还是那小伙子一个人的名字。”说完还弦外有音地感叹了下：“现在的孩子啊，为了少奋斗十年，女人傍大款，男人傍富婆，都乱套了！”

小米不知道自己是怎么回到家的。房东那些讥讽的话语，一直在她脑里打转。她也想保持冷静，可看到李楠走进家门，她还是忍不住把房产证扔到了他的脸上，咆哮了起来……

李楠似乎早料有这么一天，倒也平静，却很倔强地由着她咆哮，不解释。直至小米说出了“傍富婆”、“不要脸”之类的话，他才急了。

“什么傍富婆？那个是我亲妈！是我特意离开新疆，辛辛苦苦跑来上海找的亲妈！可是，她不愿意认我！她说她现在家庭幸福，她求我不要破坏她的幸福家庭！她以为我要财，所以就买下我租的这套房子！她以这套房子买断我们的母子的亲情！”这个平时斯文冷静的男人，此刻像个孩子似的崩溃大哭：“我不要她的钱！我每个月都把房租留了起来，我付她房租！我离乡背井地找来，她却这么狠心的不要我！她的幸福家庭！那我的幸福呢？”

在李楠的哭诉中和后来公公的电话中，小米才理清事情的原委。原来，李楠的亲妈是知青，她在生下李楠没几天，就拿到回城的名额，所以她便舍下老实巴交的丈夫和还在襁褓中的李楠回到了上海，和过去一刀两断。那个出现在婚礼上的婆婆是李楠的后妈，所以两人才没啥感情。

成年后的李楠，并不相信亲生母亲会如此狠心，所以他执意要来上海，他边工作，边拿着母亲年轻时的相片，大海捞针式地找。天可怜见，他终于找到了妈妈。可他的妈妈全无一点母子相认的惊喜，相反，她不愿意认他，还让他不要打扰她。这房子，便是她给李楠的“补偿”。

这是个隐秘的伤，李楠把它藏了起来，想要藏到没人知道的地方。可是，却被小米意外地翻了出来，还血淋淋地撕开来。

知道了整个真相的小米，内心充满了愧疚。她伸出手去，想要抱抱眼前这个崩溃的男人，可是他却冷冷地挣开她的拥抱，背过身去。

小米和李楠的婚姻陷入了冰冻状态。小米虽然极力弥补，可伤了心又伤了面子的李楠，却以一种异常的冷漠，将自己重重包裹起来，拒绝她的靠近。这让她无可奈何，只能希望时间能抚平这一切伤痕。

有些人，习惯将伴侣“保留隐私”的行为，定性为“这是对我的欺骗”或者“这是对我的不信任”，这实在有点上纲上线了。

有时候，有些隐私和秘密并不是不想说，而是不知道怎么说，也不愿意说。揭开来的，岂止是往事？有些历史的伤口，撕心裂肺。所以对于这些“隐私”，人们更愿意把它封存，藏在无人知晓的角落，独自一个人静静地疗伤。这也是可以理解的行为。

夫妻就算再亲密，也无法代替另一个人受伤。如果他不愿意说，你却非逼着他说出来，无异在他的伤口上多加了一把盐，未尝不是另一种残忍，也很容易对当事人造成二次伤害。

郑板桥有句名言叫“难得糊涂”，处世如此，夫妻相处何尝不是这样？偶尔装个糊涂，对丈夫（妻子）的隐私，睁一只眼闭一只眼，给他（她）一点空间和时间，让他（她）自己消化或者怀念。或许在某一天，不用你逼，他（她）也会把这个秘密和你分享，那不更圆满？

聪明难，糊涂尤难，由聪明转入糊涂更难。所以，有时候放一着，退一步，能换一世的岁月静好，那你偶尔的装一装糊涂也是值得的。

 尊重对方的隐私就是尊重婚姻

在5月15日的国际家庭日，有网站做了一个“夫妻间是否应该有隐私权”的调查。调查结果显示：有82.5%的人持赞成态度，表示无所谓的占2.2%，认为夫妻间不该有隐私的占15.3%。而受访的人中，文化程度越高的，对保留隐私权的支持率越高。

这调查结果表明，绝大多数的已婚人士，都是希望夫妻间留点小秘密的。受教育程度越高的人，对个人的隐私空间需求越大。

试想下，如果你一接电话，身边的她（他）就要追着问：“谁啊？男的女的？找你啥事啊？”你洗个澡出来，就看到她（他）在翻看你的手机短信、微信外带通话记录；电子邮箱必须上缴登录密码随时候查；你的博客、你的微博上若有异性网友互动，就会惹来她（他）的不满或者冷嘲热讽……谁受得了啊？

而让人反感的是，只要一提意见，说夫妻也需要点隐私，她（他）立马以“你不爱我”作基调，然后往上发展什么“你不信任我，所以才不敢把秘密告诉我！”或者“你心中有鬼，所以才会害怕……”似乎只有从肉体到思想全扒光了站到她（他）面前，才算是真爱。

这样的说法看似有理，实则荒谬。你说对方不信任你，所以才留有隐私，那你逼着对方坦白，不也是对对方不信任吗？这种要求伴侣不留隐私的行为，也是种不自信的表现，觉得不看穿他（她）的一切，就不能掌握他（她）。

你的这种不信任，反而会造成一种恶性循环。他（她）本来想告诉你的一件事，因为怕说了你会多心，所以会选择不说。而你又觉得，这种不说，就是隐瞒，就是不轨，你就会越不信任，这就形成了一个怪圈。

晓琪的表弟从上海到广州出差，作为“地主”的晓琪，自然免不了加以接待，请了表弟去广州有名的酒楼喝早茶，晓琪觉得这是再自然不过的事情，所以就没刻意告诉在外出差的丈夫。

其实也不是不想告诉，只是丈夫的嫉妒心很重，只要提到男人，哪怕是她家的亲戚，他都要神经兮兮地查问半晌，这让晓琪颇为心烦。所以，为了避免麻烦，她索性就不说了。

没想到，出差回来的丈夫，竟然将她和表弟在茶楼的相片摔到了她脸上，说她趁着自己出差的时候，私会情人。晓琪结婚时，因为离得远，姑妈家只来姑妈一个，表弟没有随行，丈夫和表弟并未见过。所以，任晓琪怎么解释他都不信，最后还是给姑妈打了电话，开了视频，让表弟到电脑前给丈夫“验明正身”，才算解开了这个误会。

在亲戚面前丢了面子的晓琪异常恼火，恼火之后她又醒悟过来：“你哪来的相片？”看着丈夫闪烁的眼神，她突然明白过来：他居然找私家侦探在自己出差期间盯着她！

丈夫看她怒了，又用了惯用的那招，跪在她面前，说自己是因为太爱她、太紧张她，所以才这么做的，求着她原谅。

因为他这种所谓的爱，晓琪婚后基本断了和所有男性朋友的联系。就是在办公室，她和男同事也必须保持一定距离，除了工作，闲话也是不敢说一句的；就是去菜市场买菜，她也下意识地找女摊主的摊档买，生怕丈夫一不小心又打翻醋坛……

这样的爱，如同枷锁，让她疲惫不堪。而这次表弟的事件，成了压垮他们婚姻的最后一根稻草，她决定：不再原谅。

中国社会科学院哲学研究所研究员周国平博士说过：“夫妻间最严重，也最可笑的侵犯，莫过于以爱情的名义，强求对方向自己敞开心灵中的一切。”可以断定，凡这样做的人皆不知心灵为何物。真正称得上精神伴侣的应该是这样的夫妻：他们懂得个人心灵的自由空间的重要，不会要求互相公开日记或其他的私人通信，更不会让爱变成锁链，将爱人绑成为粽子，不得轻松。

电影《藏龙卧虎》中，有这么一句台词：“握紧双手，里面什么也没有；摊开手掌，世界就在你手中。”爱情亦如此。你若握紧双手，那你能握住的东西，实在有限，或者根本啥都握不住；但如果你摊开手，你会发现，一切尽在掌握中。

伴侣们还要纠正心态，不要一听说对方有隐私，就马上联想到不好的，以为是小三、情人、婚外恋之类的。当事人嘴里的隐私，没准只是：他（她）到十几岁了还在尿床；或者是上中学的时候从便利店拿了铅笔没付钱；或者是从朋友那

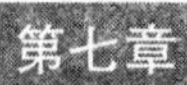

借了一本书，最终却因为太喜欢所以假装忘记、借而不还；或者是暗恋一女孩（男孩）长达几年之久不敢表白……

这一类的隐私，对你们的婚姻实在构不成威胁，更不可能危及你们婚姻的堡垒，又何苦非要逼着人家对你坦白？你知道与不知道，又有什么关系呢？

而对婚姻有杀伤力的隐私，据网友投票，占据榜首的不想说的隐私，居然是私房钱！

目前的家庭中，多是妻子在当“经济大臣”，做丈夫的觉得，用一点钱都要向妻子“汇报”，有时候送上去的“申请书”还会被驳回，不给批款，所以，就会藏点私房钱以备不时之需。例如“支援”一下父母啊，借给朋友应应急啊，自己偷偷抽个小烟喝点小酒啊，接待一下外地来的朋友啊……

个人觉得，只要他不是拿着私房钱去作奸犯科或者养小三，做妻子的最好是睁只眼闭只眼，假装不知道算了。太过较真，反而伤了感情。

位居第二位的是“历史隐私”，这“历史隐私”包含的范围可就广了，这可能会牵扯上过去的恋情、过去的爱人、或者是发生过的不怎么光彩的过去……

这类隐私，如果强行挖掘，实在是往当事人的伤口上撒盐，而你知道了，心里也未必会痛快。与其这样，不如顺其自然，不追问，不刺探。如果有一天，他（她）觉得时机成熟，愿意向你倾诉了，你再了解就是。如果他（她）不想说，那就索性让这秘密成为永远的秘密。毕竟，那是他（她）的过去，而你需要珍惜的是现在。

夫妻间需要坦诚，但更需要尊重、理解和宽容。周国平博士也指出：“隐私有一个特别的性格：它愿意向尊重它的人公开。在充满信任氛围的好的婚姻中，正因为夫妻间都尊重对方的隐私权，事实上的隐私往往最少。”如果你让伴侣觉得，他（她）的隐私在你这里会得到尊重、得到理解、得到原谅，那么，他（她）自然也不会有所隐瞒。

一个真正懂得爱的人，会尊重对方的隐私——这才是真正的尊重婚姻，这才是真正的爱。

有些秘密烂在肚子里更好

“裸婚”，原指物质上的“裸”，指不买房、不买车、不办婚礼，甚至没有婚戒而直接领证结婚的一种简朴的结婚方式；现在有人提出另一种意义上的“裸婚”，这一种“裸”，是指思想上、情感上的“裸”。就是说，你必须对你的伴侣绝对的诚实，从各自肉体上的行为到思想的行为，都不得有丝毫的隐瞒，否则便是亵渎了纯洁的爱情和神圣的婚姻。

这样的想法，看上去很美，放到生活中，却显得有些失真，下面是一个人真实的经历：

小艾是个中学教师，人很清澈，经常教育学生：做人要诚实，你说了一句谎话，就得用一百句谎言来掩饰自己最初的谎言。这样恶性循环下去，迟早会变成一个谎话精。

我很爱小艾，一直叫她“鬼丫头”，这是昵称，但也不单单只是昵称那么简单，因为她很“鬼”，鬼灵精的那个鬼。她的臭点子、歪点子一大堆，我对她是防不胜防，不知道什么时候又会掉到她挖的陷阱里去。我这么说的时候，她总是笑，然后捏着鼻子对我说：“不要这样防着我，世界上没有比我更坦白的女人了。”

她总是很认真地对我说：“我认为相爱的两个人要坦诚相对，不应该有秘密。”我点了点头，表示赞成。她便趁我头还没停下来的时候迅速追加一句：“那你也能做到吗?”我有三秒钟的犹豫，因为我确实有着难以启齿的秘密，可是，我的脑袋却在惯性作用下继续上下运动。

小艾开心地笑了。我那三秒钟的犹豫，已经让她看到一点往事的影子，已经让她知道我底气不足。我知道，她肯定又会想法子“深度挖掘”让我把秘密吐出来的。这是她的爱好，她一直认为，夫妻之间不该有啥秘密。所以，她总会时不时地敲打我一下，让我吐些小秘密出来。

而我吐的，都是小秘密。但我还有个大秘密。曾经，我也想着，把大秘密藏起来，藏在无人知晓的地方，永远不提。可面对着小艾清澈的眼睛，我总会有犯罪感。我想着，与其等她听到些风言风语再来逼问我，不如我自己坦白，也许更能取得她的原谅。所以，我觉得还是由我自己来坦白比较好。

我是选择在看了一部周星驰无厘头的喜剧之后和她“交心”的。因为我们刚才为电影大笑不止，现在的心情正愉快着，也许她会把这愉快延续下去。

我从童年开始坦白交代：五岁的时候偷抹了妈妈的唇膏、六岁抢了妹妹的布娃娃、七岁穿姐姐的裙子、八岁蹬着高跟鞋在屋里装女人……她听了只是笑，笑得喘不过气来，然后说：“这些哪像男孩子做的事?明明就是小女娃嘛!”——我就是在等她得出这个结论，听到她这句话后我马上接口：“是呀，我们家族女多男少，我天天和姐姐妹妹混在一起，都快忘记自己是个男的了。”

然后我就死缠着她要她交代她的秘密。她经不住我的死缠烂打，最后只好招了，告诉我她在大学里谈过一个男朋友，牵过小手亲过小嘴。“不过，那都是认识你之前的事。那会年少无知……你不许生气哦!”

我收敛了一脸笑意，很认真地看着她，先将她看得心里发毛，然后才十二分正经地告诉她：“我还有另一个秘密，难以启齿的秘密，也是年少无知犯下的错，你听了也不要生气。”

不管她什么反应，我自顾自地开始讲：“我从小混在女人堆里长大，心态上难免也有点偏离了轨道。我喜欢上了班里的一个男生。他也喜欢我，经常来我家做作业，吃饭，甚至过夜。父母们也不以为意，以为我和他只是要好的朋友。他们没有料到，我俩在一起时会拥抱，会接吻……直到成年后，我才觉察自己心理有问题，主动找了心理医生。后来，我才慢慢地调整回自己的心态，才正式确定自己的性别。”

小艾愣愣地看着我，突然挤出一个笑容：“你是说笑的吧？哪有你这样的‘基’。”可我的表情告诉了她，这不是说笑，我以前真的是个同性恋。

她脸上勉强挤出来的笑容，终于挂不住了，像一朵花一样慢慢地凋谢了。长时间的沉默之后，她说：“没事啦，现在你不也正常了——正常了就好。”她的话，同样很勉强，安慰我的意味多过真心。

我们继续过日子，似乎和以前没啥不一样，可是，又明明和以前不一样了。她沉默了好多，不再像以前那样叽叽喳喳的说笑，也不再拐着弯子使着法子挖我的“秘密”。

但自从知道我曾经是同性恋之后，她似乎不愿意再和我有任何肢体上的接触。以前上街，我们都是手牵手的。现在我一握她的手，她都会触电般地甩开去。过后，又讪讪地说，对不起。虽然后来勉强让我牵着手，可是那脸上明明写满了隐忍，还有隐约的嫌弃。

连牵手都这样，更别说拥抱、亲吻，还有夫妻生活了。她总是远远地缩在床的一边，面对我的靠近，她总会推说，身体不舒服、身上不方便，后来，她终于照实说：“我实在没办法了。你一摸我，我就会想到，这双手曾经在一个男人的身体上游走；你一凑近我，我就会想到这张嘴曾经吻过另一个男人的嘴……我就会觉得恶心。”

我们分居了。成了同一屋檐下的熟悉的陌生人。我知道，这离离婚也差不远了。

夜深人静的时候，我总在想：“如果我不说出这个秘密，该有多好！”如果时光能够重新来过，我一定不会选择坦白，我宁愿让这个秘密烂在心里，永不提起。

诚实是一种美德，但如果你的诚实，只会对另一方造成困扰和伤害，那么我宁愿你稍稍不诚实一点。

这就如前头提到的思想上的“裸婚”。其实，漫漫人生路，谁敢保证自己婚后就不再对其他女人（男人）动心？谁没有个中途开小差的时候？只不过，很多人都只是思想上开了会“小差”，那份心动过去后，日子继续，一切照旧；只有一小簇人，把心动付诸行动，把思想上的“开小差”变成行动上的出轨。

后者固然是瞒不住的，但对前者来说，这种“开小差”，不坦白的话，这事情随着当事人的“收心”而回归正轨，随手翻篇——这虽然不够“诚实”，但做妻子（丈夫）的，因为“不知”，倒也没让这事影响了心情。可如果你巴巴地跑去向妻子（丈夫）坦白：“我对某某某，在某年某月某天，有了心动的感觉。”如此一来，你坦白了倒是心安了，可是妻子（丈夫）内心的平静温馨全让你破坏掉了，只怕是从此不得安宁。哪怕你保证，自己会约束自己，不会把心动付诸行动，不会出轨，做妻子（丈夫）也仍会放心不下，可能会开始防着你，开始查手机、问行踪、封锁你的经济；就算她（他）啥都不做，她（他）的心里肯定也会有芥蒂，觉得你还是在思想上背叛过她（他）一回。那个污点，会一直留在她（他）的脑海里，时不时出来骚扰她（他）一下、刺痛她（他）一下。或者，在下一次争执时，她（他）也会拿这个来说事，攻击你……

瞧吧，本来可以安安静静“翻篇”消失的事，被你这么一坦白，反而造成了更多、更大的矛盾，何苦来着？

有些秘密，就该让它烂在肚子里，打死也不要说。当然，这也并不是鼓励大家说谎。但两害相权取其轻，如果诚实，换来的是婚姻的破碎，那我建议还是适度隐瞒的好。

第八章

盯得越紧，逃得越远

我们一直在呼吁，夫妻间需要信任。大凡需要呼吁的，多数是现实中缺乏的，譬如说因为男女不平等，所以才需要天天呼吁“男女平等”。

这男女，在婚前，是标准的“异性相吸”，但结婚之后，感觉这磁场就有点变了。以前吧，是恨不得天天死死粘在一处，不留一点缝隙；现在吧，是觉得粘得太紧，让人窒息，于是呼吁：保持距离，留点空间。

若一方“不识趣”，非要往前凑，另一方，就会把N极自动调成S极，于是你们就从“相吸”变成了“相斥”。你再往上凑，他就会弹开；再凑，再弹；你往前冲的力度越大，他就逃得更远……

这也是为什么，你盯得越紧，他逃得越远的道理。

 夫妻间的信任是怎样炼成的

信任，简单地说就是相信，并且敢于托付。比方说，在战争中，你将你的背部朝向你的战友——背部，是自己视线所不能及的一面，是最脆弱的一面。你这样做，是因为你觉得他是你值得信赖和托付的人，不会背叛你，不会在背后朝你开枪，这就是一种信任。

当然，这种信任不可能是凭空生成的，信任也是一种经验的积累，它是由个人的价值观、态度、心情、情绪交换作用的结果，是一组心理活动的产物。

夫妻间的信任，应该是从恋爱时期就开始积累的。你会通过他（她）平时的性格、待人处世的态度、他（她）对你的情感等等一系列的因素，来判断这个人值不值得信赖。

感情用事的人，只要对方对自己好，他（她）就会觉得对方可信任，这样的信任带了很浓重的主观性，只有情感认知而没有理性认知，只是一种盲目的信心；而理性的人，则只有理性认知而没有感情元素，这样的信任只是根据外部条

件的分析而产生，这种信任很“机械”，没感情的成分在内。这两种信任都有失偏颇，信任最好是由情感和理性二者综合考虑后的决定。

爱情和信任并不成正比，爱得深，信任未必会因此而加深。陷入爱中的人容易患得患失，不排除会出现因为太过害怕失去、所以疑心更重的情况。这时候，就需要你来建立信任了。

一是要言而有信。答应过的事一定要做到，哪怕事情再小，也不能成为你不完成的借口。不积跬步，无以至千里；信任也是如此，如果你连小小的一步都不走的话，你一辈子都无法到达信任的彼岸。

二是不要对他（她）说谎。有些朋友会着急：“我又不是存心说谎，只是觉得说真话太伤人，所以才不得不说谎。我也是为他（她）好。”请记住，再善意的谎言，也改变不了其本身是谎言的本质。而谎言，是最容易破坏信任的。“狼来了”的谎言重复太多次，到真的“狼来了”的时候再说真话，人们已经不愿意相信了。

三是要主动提供详细信息。讲述某件事时，主动把细节说出，不要一笔带过，省得对方认为你有所隐瞒。比方说，你和某某异性朋友去喝下午茶，你在告诉丈夫（妻子）的时候，不妨“顺口”提一下：“那里的芝士蛋糕很好吃，下去我们一起去尝尝。”细节容易消除人的疑虑，让你的话更具可信性。

四是要替对方保守秘密。每个人都有自己的秘密，丈夫（妻子）不想对你有所隐瞒，所以他（她）会把自己的秘密告诉你。这时候你要做的就是守住他（她）的秘密。切忌拿着他（她）的秘密当众取笑，或者在亲戚朋友面前揭他（她）的短。这是对他（她）的尊重，更是赢得他（她）的信任的方法。

五是一定要尽早坦白和解释。虽然前面提到“不能说谎”，但在某些特定情况下，我们不得不说谎。那么，事后一定要尽早承认你的谎言，并且向他（她）解释你不得不说谎的苦衷。切忌自以为是，不加解释，觉得自己说谎是正当的，这同样无助于建立彼此的信任感。

比方说，家里来了客人、丈夫留他吃晚饭，但你却在生理期，实在不想做饭。你当然不可能向客人解释说自己来月经了不想动，但如果你直接说：“我不想做饭。”也会让客人误会，以为你有意怠慢，这时候你就不得不撒个小谎了。你可以说：“不知道你要来，家里没备什么菜，再去买回来做也太晚了，不如咱们一起下馆子吃吧！”等吃完饭客人走了，回到家之后，你就得主动向丈夫解释一下，自己是身体不舒服，省得他以为你是个“谎话精”，自己不想做饭就说家里没菜。

建立信任的过程，是个很需要耐心的过程。就好比织毛衣，你要细细的一针一线地编织，若有错针、漏针，就会破坏其“整体性”，让信任这件毛衣破了个洞，或者多了些纠结。织的时候不容易，拆的时候却是简单的。一句谎言，便如同一个轻轻的拉扯，那快成型的毛衣，会以飞快的速度变回一堆纠结、曲折的线，让你前面所有的努力土崩瓦解。

初期的信任很脆弱，随时都可能死亡；但只要它编织成型后，它就可以变得很坚强，再多的流言飞语都不能伤它分毫。

建立信任需要一个漫长的过程。在这过程中，如果你觉得你的伴侣既爱吃醋又多疑，那么作为婚姻另一个主体的你，也得检查一下自己，是否平时在和异性朋友接触时有过分亲密之嫌。

在热播的电视剧《夫妻那些事》中有这么一段剧情：安娜的女儿生日，唐鹏带着小寿星去看电影，林君和婆婆、那依、大头、长水等一大堆人在家做好了一堆菜等着他们看完电影回来吃饭。看电影的中途，一直暗恋唐鹏的助理苏珊，却以签文件为名，跑来陪着唐鹏一起看电影；看完电影后，唐鹏又不顾林君的催促和苏珊带着小寿星去吃冰淇淋，等到快八点了才回家。林君知道详情后很不高兴。这种情况下，你不能只怪女主角不信任丈夫。

唐鹏是清楚苏珊对自己的暗恋之情的，他也知道妻子介意这事。既然如此，他就该和苏珊保持距离，实在没有必要在非工作时间还和她纠缠不清。就算小寿星想吃甜品，你也可以自己带她去，实在没必要捎上本身就暧昧的苏珊。做丈夫的立场不够坚定，也难怪做妻子的不信任你。

信任不是一种交换，但绝对是夫妻间的一种“互动”。我想，没有人天生爱吃醋，也没有人天生爱猜疑，也许是你哪些方面不注意，才让他（她）如此不放心、如此忧心忡忡。

百年修得同船渡，千年修得共枕眠。每一对夫妻走到一起都不是件容易的事，别胡乱猜忌，也别一味指责，信任与不信任，都是事出有因。只要夫妻双方能齐心协力扫除信任路上的障碍，就能缔造幸福的婚姻。

爱他（她），就要相信他（她）

爱情，为婚姻这座大厦绘制出蓝图；而信任，则是这座“大厦”的基础；宽容和体谅能为“大厦”添砖加瓦。谁都知道，要想“大厦”伫立不倒，就必须把基础打好。否则，只要有点风吹草动，这“大厦”就会变成“楼脆脆”。

在这个处处充斥着信任危机的年代，提倡信任确实不容易。但夫妻间如果连基本的信任都没有，那可以断定这场婚姻必然是个悲剧。如果你爱他（她），你就只能相信他（她）。

夫妻之间，如果互不信任，那会是件很可怕的事。这时候的婚姻，不是天堂，而是炼狱。

一方一离开视线范围，另一方就要打电话询问："你在哪？和谁在一起？在干什么？"回到家，趁着你上厕所，翻看你手机的通讯记录；趁着你洗澡，翻看手机短信和微信；在你睡着后拿着你的笔记本躲到另一个房间，上网查你的MSN、QQ、旺旺的聊天记录外加电子邮箱里的书信往来……哪怕被捉到，也会理直气壮："我这是防患于未然！"还有可能倒打一耙："要没什么见不得光的话，我看看又怎么了？你有什么好担心的！"这时候若再阴恻恻地加多一句："除非……你心中有鬼！"只怕是佛听了都有火。

那种不被信任的委屈、那种被无端猜疑的怒气、还有隐私被偷窥、行动被监视的反感，会慢慢积累，到一定程度肯定是要爆发的。

《夫妻密码》中的艾尤尤就是个不信任婚姻的代表。在出差回家的飞机上，空姐无意中把一个女士的化妆包错放进她老公陈放的袋里。艾尤尤看到这个夹杂在行李中的化妆包后，对丈夫的行踪便产生了各种怀疑。为了弄清楚事情的"真相"，她甚至不惜在深更半夜给丈夫身边的朋友逐一打电话"明察暗访"，搞得陈放尴尬万分，在朋友面前大丢面子。不堪妻子步步紧逼式的"查哨"，陈放性格开始扭曲，更患上了抑郁症。夫妻二人从前期的争吵，到后期的大打出手，这个原本幸福的家庭，因为妻子的不信任和猜疑，最终面临解体。

而互相信任的夫妻，过的却是另一种生活。比方说，驴友方海和他的老婆。方海是个不折不扣的驴友，每年都会抽一两个月时间背上行囊"驴行天下"。而他的老婆，却是个偏"宅"的女人，对旅游不是很感兴趣，加之家里还有老人孩子要照顾，所以她很少陪方海一同出行。

这种"驴行"，有时候是自己一个人；有时候，则是几个男男女女搭伴。因为他是资深"驴友"，有"驴行"经验，所以，每次他在网上公布出行计划后，总会有些"菜鸟"要求同行，这当中，不乏年轻靓丽的"美眉"。

朋友也会开他妻子的玩笑："你不跟紧点，就不怕老公在旅途中'艳遇'啊？要知道，他们可是经常在荒郊野外搭帐篷露营的，这半夜谁钻谁的帐篷里睡都不一定。"方海的妻子总是一脸温婉的笑，从不铺排太多的理由，不说什么"他爱我，他不会"的甜言蜜语，更不会甩出"他不敢！他要敢我阉了他"之类的狠话。每次，她只一句："我信他。"

说实话，要艳遇，方海有的是机会。不管是在旅行的途中，还是同行的伙伴中，不乏主动对他示好的女人，但，就因为妻子这么一句简简单单的"我信他"，方海就从来没越雷池一步。他说："我不能辜负妻子对我的信任。"

方海说，在此之前，自己还有过另一段感情。前女友，就是因为疑心太重，每次他出游，她明明体力跟不上，却又不放心，非要强跟着。驴行过程中，有些女生总会有体力不支的时候，他只要帮别的女生背一下行囊、或者到达的时候帮忙搭一下帐篷，都会招来女友的冷嘲热讽甚至是一顿“狮子吼”。那种极度不信任的感情，终于让方海下定决心和她分道扬镳。

方海后来总结：“从一段不被信任的感情中走出来后，你就会发现信任的可贵。而正因为妻子无条件的信任和理解，我就越发尊重她，珍惜她，不忍心伤害她”。可见，严防死守，实在不如一份信任来得铿锵有力。

既然爱他（她），就选择相信他（她）吧！真正靠得住的人，不会辜负你这份信任；若真靠不住，你再拦截围堵，也是没用的。

 盯得越紧，逃得越远

古龙的小说中，胡铁花曾经在沙漠中迷恋上酒馆里的一个女人。那个女人，却从来都不拿正眼看他，对他的痴恋视若无睹，就算给他上酒，也心不甘情不愿的，使劲一放扭身就走，可胡铁花还是在沙漠里陪着她耗了几年，不愿意离开。

直至有天，楚留香来了，要他帮个小忙。胡铁花心中还是有留恋的，在离开与留下中左右为难。这时候，听闻胡铁花要走的沙漠女子，冲上来表白，说其实一直喜欢他的，希望他不要走。本以为此言一出，胡铁花会感动地留下。可实际上呢？听了她的这番话，胡铁花拉着楚留香飞蹿而出，逃得比兔子还快，转瞬走得不见踪影。

每每想到这段文字，都让人忍俊不禁。这就是人的逆反心理，其实这种心理并非仅仅存在于未成年人身上。成年人的逆反心理一爆发的话，比青春期的少年还厉害。

这种心态的体现形式是：你越不让我做的事，我越要做；你越想控制我，我就越不让你得逞！总之，为了我的自尊，我一定会和你的要求对着干！你如果给我自由，我便乖乖地待在你身边；你若突然抖出了“枷锁”，对不起，我有多远就要跑多远了！

静一和老公阿鸣，是标准的小资和小农的结合。阿鸣先是当了几年工程兵，转业后又被分配到建筑单位，风里来尘里去的打滚，越发像个乡里巴人了。而静一，却是超爱干净，眼里“容不得一粒砂子”，天天追在他后面要他“清洁自己”。

每回一批评他不修边幅，阿鸣肯定有一大堆理由来替自己解释。例如，不修边幅的男人才有安全感，因为没有野花看得上眼；又例如，自己是“内秀”的人，不应该是金玉其外败絮其中；再例如，一个大老爷们，不应该打扮得“花枝

招展”……反正，理由一堆堆，不认错，不悔改。后来，静一也就习惯了他的邋遢。

最近这段时间，静一老感觉好像有哪里不对劲，可是，又说不出来到底是哪里不对劲。她蹙着眉疑惑地东看看，西摸摸，努力想找出家里到底哪里不妥，可是仍一无所获。

老公下班来，停在门口换拖鞋。看到她满屋子乱转，奇怪地问：“你在找什么?”“不知道，我老感觉哪里不对劲，可是，又找不出来。”

“不对劲？哪里?”他也疑惑了，逐一检查了房间、厨房、厕所，然后又检查电路、煤气管道，回头来看她：“没有什么呀？你自己多虑了吧?”

静一望着他，有异样的感觉一闪而过。仿佛长久被困在黑暗中的人，摸索着找到一根火柴，刚划亮，还没来得及看清楚周遭的环境，火柴就灭了。可是，刚才的那一眼，又似乎已经看到了什么，待要去想，又捉不住。

老公被她看得心里发毛：“怎么这样看我？他像不认识了似的。”他像个孩子似的低头自我检查：“衣服是今早才换的，不脏；也没掉扣子，‘零件’齐全；进门也有换拖鞋呀……”

蓦然明白过来，静一抚掌大笑：“我知道了！我知道了！不对劲的就是你!”

“我怎么了?”老公一脸的委屈，“怎么就关我事了?”

静一嬉皮笑脸，跑过去勾住他的脖子：“你这段时间不用我再唠叨，不再不修边幅，变‘漂亮’了。坦白交代，是不是有‘野花’勾引你了?”然后附在他身上胡乱忙乎，扬言要搜查“犯罪证据”。

老公一下变了脸色：“受不了你！不修边幅你要唠叨，穿好点你又要乱说。”一把甩开她的手，咚咚咚地往房间里去。

静一追在他身后嚷：“小气鬼，人家逗你玩的呗！这都要生气!”

第二天，静一准备好早餐，上居室里要叫老公起床，却发现他早已起身，穿上了那件浅蓝色的衬衫，正对着镜子细细地打领带。继而凑近镜子，抬高淡淡泛着青色的下巴，用手摸了摸，大概是在检查胡子刮干净了没。接着左转头，右转头的看自己的发型……

静一斜倚在门框上，带着渐生的笑意和好奇打量着镜子前的这个男人：“什么时候，我的老公也变得这么臭美了?”

老公在镜子里撞上了她的视线，手抖了一下，梳子差点掉下去：“怎么无声无息地站在背后呢，害我吓一跳。”他埋怨着，放下梳子往外头走。

吃了早餐各自上班。

下班的时候静一发现自己忘了带钥匙，于是就在中途下了车，上老公的办公室找他去拿钥匙。

他们的办公室静一来过，因为是建筑单位，一屋子的男人，经常是无所顾忌地将脚跷到桌面上，叼着香烟，大声说笑，天气一热甚至会有人脱了上衣光着膀子……为了防止看到种种不雅的画面，静一在走近时故意加重脚步，用高跟鞋的声音告诉他们："有女人过来了。"

可是今天好像办公区很安静，安静得静一也忘了要加重脚步。走到门口，一眼看到老公，对着门立着，微弯着腰，略低着头对着谁说着什么，温声细语的，竟是一脸的温柔。

"阿——呜"，静一扬声唤他，声音却像是被截断，"阿"了一声，好不容易醒悟过来将后面一个"呜"加上去。因为，她看到，他说话的对象，是一个年轻漂亮的女人。

老公抬眼望来，眼中也有未及褪尽的笑意。也不知道是自己多心还是怎的，静一在下一秒里，看到老公眼里的笑意多了隐约的慌乱："你怎么来了？"

"我忘记带家里钥匙，只好上来找你要呢！"突然想到那晚她开玩笑时他过激的反应，还有现在的每天早上，他提前起床来认真打扮。原来是为眼前这女子？静一心里像打翻了醋瓶，酸味翻滚，却不能表露出来，只是直拿眼看着那女孩，说："这位是……？"

她倒也大方，婷婷立起，伸出手来："原来是嫂子呀，你好！我是丽丽。"

"这是我们办公室新来的同事。"老公好像急于解释什么，说话繁琐起来，倒有些欲盖弥彰的味道了："你看看，办公室多了个女的，就是不同。屋里干净了许多，大家也都文明了许多……"

静一没再说什么，拿了钥匙回家，打开门，伸手要去拿拖鞋，突然就怔住了，对着鞋架上那一对相亲相爱挨在一起的拖鞋发呆，想起，自己以前拿着拖鞋追在他身后要他换鞋子的情景。

她突然间就有了怨恨：自己当了他三年的妻子，日叮咛、夜叨唠，都不能改变他的坏习惯；而他的新同事，一个年轻漂亮的女子，不动声色间，就让他讲究起来。自己是不是很失败？

想着他和她，可能借着上班借着谈公事，也许就在别人眼皮底下眉目传情，静一心中不由得怒火丛生。

女人一起妒忌，心也就随着变窄了。以前她从来不看老公手机的，现在，会趁着他睡觉的时候偷偷地翻查；要求他 QQ 和 MSN 的密码得公开；她还通过微博上的关注，找到了那个女同事的微博，"潜"在"水里"窥视着；为了提防老公"有钱就变坏"，她还对他实行经济封锁；以前是逼着他打扮自己，现在吵着不让他打扮自己……

一开始，老公还耐心地解释，自己的改变和丽丽无关。对她的"盯防"，他一开始也只是无奈地笑，不予置评。可后来看她越来越过分——他加个班，她都要打电话给他同事求证，让他很没面子；他出个差，她会要求他到了地方用宾馆的固定电话给她“报平安”（固定电话有区号显示，而且可能通过宾馆的前台查询登记人）；他有次手机没电自动关机，等充上电时候，N多个朋友打来电话，让他赶紧给家里回电话——原来静一找不着他，就把他的朋友和同事都骚扰了个遍……

她还观察着丽丽的微博，还会在老公面前使劲数落丽丽的不好：“在微博上和几个男的打情骂俏，说话暧昧得很，都不知道脚踩几只船！”或者：“你看她今天的相片！穿得妖精一样的，都不知道要勾引谁！”边说还要边拿眼睛斜睨着老公，看他有没有心虚的表现……

他渐渐地也不解释了，更不会主动打电话报告行踪，相反，他会装做忘带手机、装没电、装没信号；单位只要有需要出差的，他都申请；三天能办完的事，他却用上四天来处理。总而言之，他在尽一切努力脱离静一的“控制”。

后来，他果然出轨了，但不是和静一的假想敌丽丽，而是另一个女子。用阿呜的话说，是静一把他逼出轨的。在静一的高压管制下，他心烦，出去喝闷酒，那个第三者，就是在酒吧里结识的。她的善解人意，越发衬托出静一的蛮横无理，于是，静一终于“噩梦成真”了。

前头已经说过，成年人的叛逆心一旦“发作”，会比青春期的少年更厉害。“哪里有压迫，哪里就有反抗”，你盯得越紧，他就越反感；你压制得越厉害，他就越觉得这婚姻成了牢笼，无幸福可言，自然也越想突围而去。

更有些人，被妻子严密盯防的时候，会做出很乖、很听话的样子，一旦你放松了警惕，他一寻到机会，就会变本加厉地放纵，以平衡自己长久以来的压抑。

从一个极端跳到另一个极端，这也是盯防死守的“后遗症”。

所以说，女人也好，男人也好，都不要把自己的伴侣盯得太死。要知道，你做了“警察”，他（她）就只能当“小偷”了。正如朱时茂和陈佩斯演的小品，警察说：“你为什么跑啊！”小偷说：“你追我能不跑么！”警察说：“你要不是做贼心虚你跑啥！”小偷也委屈地说：“我是小偷，你是警察，你追我能不跑么？”

这戏最后的下场，就是“警察”和“小偷”一起“下岗”，大家都没得玩。既然这样的结局是两败俱伤，那你为什么就不能试着放手，给他（她）一点自由呢？

第九章

“离婚”不能随便说

不少夫妻吵架，总会将“离婚”挂在嘴边，并不是偏袒，在吵架时候，习惯拿“离婚”作为武器的，多半是女人。

N多的例子证明，女人只是把“离婚”当成发泄不满的“武器”，她并不是真的想离婚，她只是用一种极端的方式，想要引起男人的重视，让男人做出妥协和让步。可男人却不是这么想的。对男人来说，你频繁在他面前提“离婚”，就是代表你“不想在一起过了”。一方是气话，一方却是当了真，你说，吃亏的是谁？

再生气，也不要拿“离婚”来说事。这是把双刃的剑，就算你是“耍剑”高手，也免不了有自伤的一天。

夫妻吵架很正常

有网友很郁闷地发帖，自己尚在新婚期，可已经和老公吵过N回了。她很郁闷地说：“婚姻真的是爱情的坟墓么？为什么谈恋爱的时候我们天天甜甜蜜蜜的，这一结了婚，反而频繁起争执？难道他不再爱我了么？”

其实，夫妻过日子，尤其是新婚夫妇，没有不吵架的。因为两个来自不同家庭、不同生活背景、不同生活习惯的人，突然住在了同一屋檐下，肯定需要一个磨合的阶段。

别把吵架当成洪水猛兽，舌头和牙齿都有打架的时候，何况是两夫妻？林黛玉还经常对着贾宝玉耍小性子呢，人家不同样把她捧成掌心里的宝？他们两个就是因为太在乎、太紧张对方，反而经常要掐一掐。贾宝玉倒是不和薛宝钗吵架呢！那是因为他压根本不爱她！所以说，有些人，想吵架还没人陪她吵呢！

心理学博士JhonGottman认为，适当的吵架反而有利于夫妻之间的和谐；而那些平时从不吵架、相敬如宾的夫妻，反而容易出问题。

JhonGottman 博士曾在华盛顿大学建立了“爱情实验室”，致力于研究婚姻关系。经过三十多年的研究，他发现，正面的互动能建立夫妻长久相爱的基础，幽默感也能帮助夫妻走出负面情绪的“低洼”。快乐夫妻正面与负面的互动比例是5∶1，如果正面与负面的互动比例低于3∶1，那他们的夫妻关系反而不如前者和谐，反而容易出现问题。

研究还发现，那些相敬如宾，从来不吵架的夫妻，在短期内对婚姻的满意度比一般人要高。但过上三年之后，JhonGottman 博士再回头调查这群“从不吵架”的夫妻，却发现他们对婚姻的满意度大幅度下跌，比那些“吵架夫妻”还低。究其原因，可能就是因为这些夫妻把对彼此的不满一直压抑着，没有个发泄的渠道，所以表面上一团和气，内里实则都很憋屈，这样反而不利于亲密关系的维持。

这大概就类似于火山吧，所有的不满都在地底下积压着，哪天要是再压不住爆发出来，就成了大灾难，任谁都改变不了。

所以说，有架你就吵吧，有气你就撒吧。别把气都憋着，这样不利于身体的健康，也不利于婚姻的健康。

聪明夫妻在吵架的过程里，能化解矛盾、增进感情；而愚蠢夫妻的吵架，是在激化矛盾、伤害感情。而这两者的区别，主要表现在以下几个方面：

第一，要注意吵架的时间。

每天都有几个“时间点”，是夫妻最容易爆发争吵、但也是最不适合吵架的时候。

一是刚下班回到家的那几分钟。在外劳累奔波了一天，这会是身心最疲惫的时候。人在疲累的时候，是懒得控制自己的情绪的。这时候如果爆发“战争”，很容易乱说话，激化矛盾，所以这不是吵架的好时间。

二是上班前别吵架。一天的好心情都在早上，如果你一大早就掐架，不管输赢，心里都会窝火，那这一天的好心情就都毁了，没准还会把这些负面情绪带到公司影响工作，何必呢？

三是临睡前不能吵架。这是人心理最脆弱的时候，小小的一根刺，都容易被放大成无穷尽的伤害。而且，这时候吵架，会影响睡眠质量（哪对夫妻能在吵完架后若无其事安然入睡的？）睡眠不好，势必影响第二天的精神；精神一不好，情绪就会不稳定；情绪一不稳定，又会成为吵架的诱因——这就成了恶性循环。

四是别在酒后吵架。酒精会刺激神经，会让你处于激动状态，这时候的吵架肯定做不到就事论事，很容易演变成没有焦点的混战。

五是别在身体不舒服的时候吵架。这“身体不舒服”，包括生病，还有女人的生理期。身体不舒服肯定会心烦、暴躁、情绪不稳定、控制力低下，这时候去招惹对方，和点炸药桶没啥两样。

第二，要注意吵架的地点。

首先，别在孩子面前吵架，这会让孩子惊恐不安。其次，别在父母的面前吵架，一者让父母担心，二者，父母多少都是袒护自己的孩子的，要是双方父母都插一脚进来，小矛盾就会变成大问题。再次，别在公众场合吵架，这是公民最基本的素质，而且，在大庭广众下吵架，除了丢脸，还是丢脸。最后，是很重要的一点：不能在车上吵架！边开车边吵架是件很危险的事，没准一激动就把吵架变成车祸了。

第三，有的放矢，不打混战。

很多夫妻，吵半天，都没弄清楚对方为啥生气，也不知道对方想要自己怎么做、或者说怎么改进。双方就如同盲人捉瞎马，只知道冲上去挥着拳头一阵乱舞……毫无章法，吵半天都不知道自己为啥吵。

吵架的时候，清晰表达自己的不满和诉求是必要的，同时也要想办法弄清对方的不满和诉求。

比方说，妻子指责丈夫对她不好，这样的指责很空泛，你不如直接说事件：“我昨天发烧，想让你给我倒杯水，叫了半天，你在隔壁只顾着打游戏不理我。”这样丈夫就能“按需解释”——也许他只是没听到，并不是把游戏看得比你还重要。这样，丈夫才知道自己具体错在哪，也可以有针对性的道歉。

如果双方只是很空泛地互相指责：“你对我不好！”“我对你还不好?！这房子车子都给你买了还说我对你不好！”……表面看来吵的是同一个问题，实则各自心中想的是不同的事件，一团乱麻，吵到最后也吵不出什么结果。

第四，就事论事，不翻旧账。

如果你是为他忘记了结婚纪念日而不开心，那么，就事论事，只指责他今朝的错，不要把“去年生日他没陪你过，两个月前他私下借了一大笔钱给朋友，前天让他洗床单他没洗……”这些事都翻出来加到今天的“账”上。这滚雪球式的翻账法，最后只会让简单问题复杂化，令自己和对方都不堪重负。

第五，三类狠话不能说。

一是拿对方和前任做对比，例如：“我前女友比你懂事多了”，或者：“我前男友连卫生巾都会帮我买”；二是打击对方的自尊心，例如：“我前男友现在都住别墅、开奔驰了你还一事无成！租的房子骑的单车，你算个屁！”三是因为一件事就否定对方所有的付出，比方说他一次忘了去交水电费，你就指责对方“从来没有交过一次费！”

第六，给吵架留出个缓冲区。

运动员在比赛的时候，如果对手打得太顺，教练会叫一下暂停，这个暂停的目的在于“刹刹”对手的冲劲，打乱一下节奏。同理，夫妻在吵架时，如果你觉察出这场“战争”火烧得太旺的时候，可以适当地离开一下，比方说上厕所啊、或者去阳台抽根烟呐……给彼此腾出一点缓冲的空间来，也给“大火”降降温。

第七，记得给对方留个台阶。

两人在气头上吵吵吵，但冷静下来后，总有人心生悔意，却苦于没有台阶下。这时候，只要你递个梯子，人家肯定就顺着台阶下啦！

我有一朋友，和男友在逛街的时候斗了几句嘴，各走各的，冷静下来后觉得这架掐得实在不着调，但如果直接认错又觉得面子上下不去。于是站在某某公车站发短信：“我身上没零钱，坐不了车，你来某某公车站接我。”没零钱可以兑换，或者打的回家，她这么说，是在释放求和信息，男友看到，自然也明白她的心思，于是一场“战争”就此结束。

第八，适可而止，适当让步。

夫妻吵架这事，也如同跳探戈，一个进一步，另一个就得退一步。如果其中一方咄咄逼人，拼命“前进”，另一方一直“退让”，这舞就没有办法跳下去了。聪明的夫妻，是这次我让你一回，下次你让我一回，这样才能有回旋的余地。

有些朋友会觉得：我没错，为什么要我让步？要知道，这一个巴掌拍不响，大凡吵架，两个人都是有错的，只不过分谁错得重、谁错得轻而已。就算你是占理的一方，你也不妨主动退让一下，这时候没准对方心里感激你的大度！

只要做到上面八条吵架的技巧，那么再怎么吵，也不会伤及夫妻感情的“根本”的。所以，吵吧，吵吵更健康！

只不过，夫妻们吵架之余，也要记住：我们吵架不是为了伤害对方，而是为了摸索出一条更和谐的夫妻之道，可别本末倒置了哦！

不要随便说“离婚”

前一节都说了，夫妻吵架是平常事，偶尔吵吵还有助于健康。火遮眼的时候，我们都会说些过分的话，但不管你火气再大，“离婚”这两个字都不要随便说。

如果把婚姻比作一块大玻璃，平时夫妻的小吵小闹，最多也只能算是两人一起挠了挠这块玻璃。你们的指甲可能会把它刮花，可随便你再怎么挠，也不至于把它挠破，威胁到整体。但一旦你说“离婚”这两个字，就不是挠挠玻璃那么简单了。

每提一次离婚，就等于，拿着锤子捶了一下玻璃——锤子的杀伤力你可以想象一下。再坚固的玻璃，也禁不起你接二连三地锤打的。你敲一锤，它可能只出现一条裂缝，还不至于马上破碎；你敲第二锤，它可能还顶住了，只是多加了条裂缝而已；你再敲第三锤，裂缝在扩大，开始连成片；这第四锤、第五锤……第N锤下去，后果会怎么样？相信你也想象得出来。别把婚姻想象成防弹玻璃，婚姻没那么坚固，这离婚说得多了，婚姻这面玻璃迟早是要破碎的。

在电视剧里也经常能看到，女人一吵架，就会叫：“这日子没法过了，我要离婚！”她可能从第一集开始就叫着要离婚，叫到大结局的时候，她都还在和那个男人一起过着。为啥？因为她根本没想过真的要离开这个男人，她只是嘴上说说而已。真要她放手，舍不得！

吵的是些鸡毛蒜皮的日常小事，却动不动就把“离婚”挂嘴上，这也真不是什么好习惯。

你第一次说“离婚”，丈夫听了，会吓一跳：“多大的事嘛！至于嘛！”抱着不想把事情闹大的心思，他于是往后退了一步，让了让你，小心翼翼地赔礼道歉。你第二次说，丈夫听了，没第一次震惊了，但依旧是觉得没必要小题大做，于是，退一步，再让你一回。你第三次提，他开始面无表情了，瞪你一眼，不说话。第四次说离婚，他开始皱眉头，隐约的不耐烦：“有完没完？”第五回，轮到他瞪眼了：“你还说上瘾了是吧？”……这么发展下去，终有一天，在你说到“离婚”这个词时，他会一拍桌子：“好，离就离，明天就上民政局去！”

男人终究爱面子，偶尔被你威胁一次两次也就罢了，威胁的次数多了，肯定就要翻脸了。而且，次数一多，他也看穿你只是威胁，不敢真做，这时候他大可以反将你一军了。

就算是吵的是些“大问题”，例如婚外情、经济问题、婆媳不和等，也同样要三思，不要轻易提离婚。

有些人，将结婚当成一场豪赌。赢了是一生，输了也是一生。结婚，确实和赌博有异曲同工之处：都有其不确定性。你不知道结婚后眼前深爱的人会露出怎么样的本质，也不知道婚后会面临什么样的生活，更不知道前面会有什么样的矛盾在等着你们……但不管未来的路如何，当初你嫁他的目的就是为了幸福。这幸福不会自己从天上掉下来，你想要，就得自己争取。

孙悟空一个筋斗能翻十万八千里，可要去西天取经，他同样得陪着唐僧老老实实一步一个脚印地走，路上还要经历九九八十一难，才能到达西天取得真经修成正果——幸福亦如此。谁的婚姻路上没碰上些妖魔鬼怪？你不能受点挫折就撂摊子："姑奶奶不干了，离婚！"

撂摊子是最简单也是最逃避的方式，可是，你甘心吗？如果这么容易就退缩，你当初又为了什么要结婚？就这样撒手了，不是太便宜那些路人甲乙丙丁了么？就算这是匹死马，咱都要把它当活马，好好医治一番，反正这最终最坏的结局也不外乎是个"离"字。既然如此，就做好最坏打算，然后放手去"治"。

如果是小三问题。好，先检讨下自己，平日是否有做得不对的地方？是管得太松了，让他有机可乘了？还是管得太严，让他受不了要造反了？还是自己对他关心不够？自己在哪些地方做得不够，让小三乘虚而入了？这时候虽然会很委屈，但也还是要尽自己的努力争取一下。毕竟婚姻不是买彩票，你不能一见没中奖就撕票走人。在小三问题上，咱要先"尽人事"，然后才"听天命"。

如果是经济问题，这总是有办法可解决的。只要努力，没有谁会是永远的穷光蛋；同理，如果不珍惜，也没有谁会是永远的富翁。这身外之物，够花就行。要求少一点，这幸福才会多一点。

如果是因为婆媳问题闹得要离婚，这实在有点扯。这世界上有婆婆的女人多了去，如果一言不合就要拆伙，那得造就多少离婚妇女啊？事情总归有个解决的办法，要实在处不到一块去，就分开住，也不是不行的。没必要因为婆媳不和就拿自己的婚姻去"陪葬"。

总之，在与伴侣的感情全方位破裂之前，都不应该把"离婚"挂嘴上。频繁地提"离婚"，还会产生另一种负面作用：容易造成心理暗示。

心理暗示，是指人接受外界或他人的愿望、观念、情绪、判断、态度影响的心理特点，是人们日常生活中最常见的心理现象。它是人或环境以非常自然的方式向个体发出信息、而个体在无意中接受了这种信息，从而做出相应的反应的一种心理现象。

心理学家巴甫洛夫认为：暗示是人类最简单、最典型的条件反射。从心理机制上讲，它是一种被主观意愿肯定的假设，不一定有根据，但由于主观上已肯定了它的存在，心理上便竭力趋向于这项内容。

如果概念化的"心理暗示"不好理解，那么，咱换个简单的：赵本山和范伟的《卖拐》你总看过吧？虽然是小品，但表演的也是一种心理暗示：范伟的脚本来好好的，赵本山通过语言暗示使范伟在无意识中接受了“我的脚有毛病”这种信息。他自己在主观意愿上肯定了它（脚有毛病）的存在，然后在心理上便竭力趋向于这项内容。

同样的道理，如果你天天在伴侣面前唠叨：“你都不爱我的！这日子没法过了！离婚！”久了，就形成一种心理暗示了，伴侣也会觉得：对，我已经不爱她了！这日子确实过不下去了！得以离婚来解决！瞧吧，你“狼来了”叫多了，这回这狼就真来了！

如果你们已经有孩子，这一离婚，首当其冲受伤害的，就是下一代。还有，这离了婚，你是单着呢，还是重新找？单着吧，岁月漫漫，日子不好过啊！重新找吧，谁又能保证下一个会比这个好呢？

夫妻间的吵架、摩擦，都是难免的。吵架的时候，言语的失礼，也是意料之中。但无论你多生气，也不要拿“离婚”这种极端的词语来宣泄自己的负面情绪，更不要妄图用此来“惩罚”对方。

心里本不想离婚，却拿离婚来发泄情绪、威胁伴侣的做法，是消极的、愚蠢的、幼稚的，对婚姻具有破坏性的行为。只有互相包容和体谅，才能使婚姻长治久安。

女人说“离婚”是不想分手，男人说“离婚”是真的要分手

女人嘴上说一百次“离婚”，都可能是口是心非，不想真离；而男人，要么不提，一提的话，十有八九是主意已定，一定要分手的了。这就是男人和女人在对待“离婚”问题上的区别。

从心理上来分析，这是因为：女人比较感情用事，说话做事总是随心所欲，想到了就说，想到了就做，不考虑事情的后果。而男人正好相反。男人是理性动物，不容易冲动，说话、做事前，他都会深思熟虑，把可能发生的各种情况和结局都考虑进去，然后再决定说不说、做不做。一旦他决定了，他就会坚定地朝着目标走下去。这时候你再要拉他回头？难了！

莺莺是家里的独女，而她的父母，也是独生子女。也就是说，莺莺是在两个大人，外加四个老人的集体呵护下长大的。宠过头，就成溺爱了，性格难免娇纵乖张些。就算是结了婚，也没能让她成熟起来。

蜜月期，因为情意正浓，有感情做调节剂，有了矛盾，老公哄一下，她让一下，也就过去了，倒也没暴发多大的冲突。但蜜月期一过，日子开始过得磕磕碰碰。

因为休了婚假，老公手头积压的工作很多，需要处理。所以他恢复上班后的几天，天天得加班。这下莺莺可不干了："一度完蜜月，你就把我甩一边，你啥意思啊？"于是，每几分钟打一个电话："你怎么还不回来？都几点了！加什么班呐？辞了它算了！"老公被她"骚扰"得都没办法正常干活，只好把一些文件带回家，想着回家干，最起码人在她跟前呆着，她就不会喋喋不休了吧？

谁知道莺莺还是不满意："你不陪我看电视！不陪我说话！一回来就对着一堆文件在那看看看！你眼里还有没有我！"……老公不停向她解释兼保证："这是积压下来的工作，得尽快处理完，否则后面的工作没办法开展！只要把积压的做完，以后就不用加班、也不会再将工作带回家做了。"

可莺莺还是不依不饶地吵，见他还没放下手里工作的意思，恼了，跳下床就开始收拾行李："我要回家，这日子没法过了！"见老公紧张，过来抢行李箱了，她心里越发得意，越发往狠里说："没法过了！离婚！离婚！离婚！"这是她第一次提"离婚"，在蜜月期结束后的第一天。

一见事态"扩大"，做老公的只好住嘴，放了工作过来哄着她，陪着她看电视把她哄上床睡着了，自己才爬起来熬夜工作。

五一的长假，莺莺大学同学有个聚会，不过，是在几百公里外的武汉举行。莺莺要老公一起出席："我要让我的姐妹们看看我找的老公有多帅！我要让她们好好妒忌一把！"但老公却想回乡下陪陪父母，因为父母上了年纪，身体总有些小毛病，经常说这疼那酸的。他想趁五一有假，回去带两个老人上正规医院把身体好好检查检查。

莺莺闻言又不高兴了，非要老公陪自己去参加同学会。争得急了，她又脱口而出："你要么陪我去参加同学会，要么离婚！"这是她第二次提"离婚"。在"离婚"的威逼下，老公只好陪着她去了同学会，只是他在这一路上都没正经笑过。

莺莺第三次提离婚，是在买车的时候。老公认为，现在还在还房贷，经济本来就不宽裕，实在没必要买什么车充面子。可莺莺不依："以前过得还不如我的娜娜现在都有自己的车了，我还开着破摩托车，算啥嘛！"坚持要买。然后，她又是以"离婚"制胜。

一开始，莺莺还只在"大事件"上使用"离婚"这个制胜法宝；慢慢的，说顺口了，"离婚"这两个字也"贬值"了。

下雨了老公没来接她，离婚！想吃的鱼没出现在餐桌上，离婚！和她抢了一下电脑，离婚！没陪着她逛街，离婚！情人节没送花，离婚！反正，无论大事小事，她都要气急败坏地叫一声："离婚！"

"离婚"两个字在她嘴里贬值，在老公耳里也同样贬值了。她第一次说的时候，他多紧张，哪怕委屈自己，也会小心翼翼地赔礼道歉；慢慢的，他的紧张减半，不再事事服软；慢慢的，他会还嘴了：“谁和你离！要离你自己离去！”；后来是沉默，不予理会，仿佛她说的是无关紧要的事；再再后来，他的脸上有了不耐烦……

终于有一天，莺莺又在为一件小事大叫“离婚”的时候，老公突然暴发了：“好！离就离！马上离！”从抽屉里翻出结婚证，一把拉住她，就往民政局去。莺莺瞬间吓傻，可是面子上又下不来，不愿服软，加之心里面还觉得：“就这么件小事，他才不会真的和我离！他就是吓唬我而已！我可不能被他吓住！”于是也强撑着，“雄赳赳，气昂昂”地跟着他上了民政局。

没有调解，没有咨询，对分分合合早已司空见惯的工作人员，很爽快地就给他们办了手续，然后喊：“下一对！”

整个过程，莺莺都是晕晕乎乎，像行走在梦里那样不真实。及至走出民政局门口，头顶的太阳一晃眼，她突然才明白过来：这婚，是真的离了。突然间就崩溃了，蹲在门口大哭……可一切，都太迟了。

这个案例中，女主角莺莺对离婚的概念，始终是模糊的，在她心里，似乎从来没认真想过“离婚”这两个字的真实含义。当然，这不是说她不懂离婚的意思，只是，长久以来，她都把“离婚”当成表达自己心中不满和郁闷的词汇，就好像小孩子之间的吵架：“你听不听我话？好！既然你不听我的话，我也不和你玩了！”莺莺把“离婚”当成了“不和你玩”一样的话语，孩子气地威胁，并且频繁使用，最终擦枪走火，“梦想成真”了。

所以，夫妻吵架，女人切忌动不动就喊“离婚”，虽说你是“言者无意”，但他绝对是“听者有心”，他会认为你没有和他共度一生的决心。等哪天，他听得心灰意冷，或者忍无可忍时，他就会用实际行动来兑现。

第十章

冷战是婚姻的第一杀手

有些夫妻习惯吵架，一起争执就惊天动地地掐个痛快；而有些夫妻不吵架，一旦发生了矛盾，他们就冷战，互不理睬，相敬如“冰”。

邻居们看着，肯定觉得：哟，前一对夫妻一天一小吵、三天一大吵，肯定过不长久的；后一对夫妻，结婚后都没见脸红过，也没听他们吵过一次架，肯定很恩爱。

但邻居们都猜错了，离婚的，是从来没有吵架的那对；而吵架的那对，吵归吵，上午吵完下午就手挽手一起上街去，恩爱如初。

为什么？原因很简单。吵架的，表面看起来很不和谐，但心中的委屈和不满有发泄的渠道，发泄完了，气也顺了，日子照样过。而不吵架的那对，冷战着，所有的怨气、所有的矛盾，各自压在心里，不沟通、不解释，压抑到最后，矛盾集体爆发——婚姻应声而碎。

吵架的婚姻，属外伤，伤的是表面，还有药可医；冷战的婚姻，属内伤，伤到了肺腑，一旦发作基本就无药可医了。

所以说，吵架不是婚姻杀手，冷战才是消灭婚姻的第一杀手。

冷战让女人伤心，让男人寒心

不用说，吵架肯定是因为有矛盾才吵的。但一吵起来，夫妻双方肯定各执一词，一时间谁也说不服谁。

这时候，聪明的夫妻会选择“中场休息”，借尿遁、借烟遁、借打电话……将“战争”中断几分钟，让发热的头脑冷静了一下，然后再继续理论，这种短暂的“缓冲”是正确的。但，有些人不是“中场休息”，而是选择“直接退场”——我吵不过你，我就不和你吵！我摔门而去，直接把你撂在半空中！不难想象，突然被撂在一边的那个，本来三分的火此时会变成七分，于是，火气更大："好，你牛是吧？你不理我是吧？我还不屑理你呢！有本事你别回来！也别再和我说话！"于是，一场冷战就此暴发。

冷战是夫妻中最具破坏性的吵架方式，它等于把所有沟通的通道通通堵死，拒绝了合理解决问题的一切可能。有问题不沟通、有矛盾不化解，你说这日子能好过吗？

这就好比使用高压锅。在加热过程中，锅中自然有气体产生，如果排气孔通畅，锅中的气体会自动排出，自动减压，不会构成灾难；但要是你不给它排气，强行把排气孔堵住，锅里的气体积压到一定程度，肯定要爆锅飞盖，想不受伤都难了。所以不论再怎么吵，一定要留个"排气孔"。

说到冷战，不少人错以为女人是高手，但从心理学的角度分析，并非如此。在情绪不安，或者伤心难过的时候，女性喜欢倾诉，也盼望有人能陪在她身边，给她安慰。但男人却更偏向于独处，他会把自己关起来，或者抽烟，或者喝酒，自己把郁闷消化掉。这两种不同的心理，造成男性比女性更擅长制造冷战。

天涯的情感论坛上，总会看到女人们类似的抱怨："每一次要和他争执都是徒劳，无论大事小事、谁对谁错，我费尽口舌和他说理，他总是一副不屑和我争辩的样子。他越沉默，我越来气，原本的唠叨爆发升级为吵架。而他更绝，干脆就掉头出去。我们从来都吵不起来，在外人看是他让着我，而我认为他这样只是回避矛盾。我宁愿他和我一样大吵大嚷，至少能第一时间把问题说清楚……"

"每次我一说他，他要么充耳不闻只管打他的游戏，要么，就是用最快的速度打开门转身走掉……"。满腔怒火被他用一个转身置之不理打发掉，这种时候，就算原本只有三分怨气，也会变成十分怒火。

男人这么做，实在有点鸵鸟心态，以为将头埋起来，耳不听眼不见，世界便能清净。殊不知，这样于事无补，还会让原本的星星之火蔓延成燎原之势。

但男人们还振振有词："不就是不想和她起正面冲突么？一方的暂时离开，

可以冷却另一方的怒火。”真能冷却得下来么？那一团未及出口便被冷置起来的怨愤，搁浅在空中，上不着天下不接地，无从宣泄，你说，它有办法在半空里自我解体、烟消云散么？

而且，你在她气头上转身离开，在女人看来，并不会觉得你是在让她、不同她计较，反而会觉得，你对她心存轻蔑，不屑同她吵架。

反正我是挺讨厌男人用这种消极方式来处理双方的矛盾的。就像伸拳砸棉花，有劲使不上，有气出不得。该解的结没解开，N 天之后回头它仍悬在来时路上碍人眼球，让人心里不痛快。

如果你认为自己没有错，你为什么要回避而不去据理力争？难道你不知道这种“有理不争”的态度会让女人以为自己并没有错，于是以后会更加任性妄为么？如果你认为自己错了，真心真意说声“对不起”又有何妨？说一句对不起不会让人自尊涂地，相反敢作敢当才能真正赢得敬佩。

这样的冷战，除了让女人更伤心更难过外，看不出还有啥其他作用。

如果说，男人“冷战”是驼鸟心态，那么，女人“冷战”，则多半是为了惩罚。

女人会觉得：“你有错不认是吧？那好，那我就晾晾你，看你怎么过！”于是，做饭只做一个人的份，有本领你天天吃快餐去！洗衣服也只洗自己的衣服，都吵架了我凭啥还要伺候你！睡觉，把他枕头扔客厅去，分床睡！你不道歉别想碰我！就算在外头碰上，她会热情洋溢地和他身边的所有人打招呼，套近乎，就是顾意漠视和忽略他……她就像戴了副奇异的眼镜，这眼镜，能自动把丈夫过滤掉，权当没有这个人存在。做着这一切，她还会在心里得意洋洋地想：看你能扛到啥时候！

她却没想到，男人是不经晾的。你的冷漠，会让他心寒。就一件小事，你都可以冷战这么多天，可以长时间漠视——想想就心寒啊！这时候要万一再蹦出个能“暖心”的妹妹出来，那冷战就要变成婚变了。

所以说，冷战实在不可取。夫妻之间谁对谁错没有必要计较得太清楚，但你得给人个宣泄的机会。

夫妻相处之道，有如大禹治水，与其堵，不如疏。试想想，如果河水咆哮而至，你却突然在它前面立一冷漠的堤，水就会安静下来吗？显然不会，它只会越涨越高，到最后冲溃堤坝不可收拾。还不如在怒气冲天时，大家痛痛快快吵上一架，将平时的不满和怨气借这次吵嘴发泄出来。心中郁结之气喊出来之后，自然会冷静下来，心生悔意，检讨自己。

只有先滤去尘沙，水才能恢复原有的清澈，这才是夫妻和平相处之道。

有矛盾，说出来

上帝给我们的脸上安了嘴巴，目的就是让我们表达自己的想法。如果你不说，谁知道你在想什么？夫妻虽然是最亲密的两个人，但再亲密的两人，也不可能是思想的“X光机”，可以看透所有喜怒哀乐。

你信不信？很多时候，妻子生了半天气，做丈夫的，压根没感觉到她在生气，自然更别说了解她生气的原因了。

有了矛盾就得说出来，不能等着对方去领悟，更不能想当然地认为：“如果你爱我，你就得知道。”这和爱不爱没有关系。虽然爱人间相处久了，可能会有默契，可能会“心有灵犀一点通”，但这也只限于“偶尔”，不可能是常态。

兰萍是个有点小洁癖的女人，老公每次回到家，她都恨不得把他里里外外清洁一次才让他坐下。但男人么，总有粗心大意的时候。

一天，兰萍上街买菜的时候，老公先回到家了。他是做保险的，今天有个单子出了点问题，他在单位被领导训了半天，又出去跑调查跑了半天，身心皆累。到家后，看兰萍还没回来，就把鞋一脱，躺到床上小憩了一会。

及至醒来，发现兰萍已经回来，在厨房做着饭。他和她说话，她却黑着个脸，不吭声，还没好气地把锅碗瓢盆都摔得叮当响。

老公觉得不对劲，仔细想了想：早上出门时还好好的，不可能是早上惹她生气了；而下了班回来，自己就躺床上小睡了会，都没和她说话，也没机会招惹她啊！问了几次“怎么了？”，她都是狠狠地挖了他一眼，硬是不吭声。老公看着也来气了，心想：我在外头累生累死地赚钱养家，要看领导脸色，回到家还不得安生，还得看你的脸色！于是，也火了，也不再问了。

两人沉默地吃饭，吃完饭一个看电视一个上网，睡觉的时候也是背对背，各生各的气，谁都不理睬谁。

这冷战莫名其妙地持续了四五天，直到周末小姑子过来串门，夫妻两人才恢复“邦交”。

过段日子，兰萍到了生理期。她平时就有痛经的毛病，到出血量大的那天，整个人就像残了一般，躺在床上动都不想动。她想着：“你要关心我的话，你自然记得我的生理周期！你自然知道我不舒服！你自然会来照顾我！”

可老公看她没起床，以为她只是困了，想多睡会而已，也没惊动她，自己出门上班去了。结果晚上回来，兰萍又摆上一副臭脸，不再理他。这次，他是连问“为啥”都不想问了。

于是，新的一场“冷战”又开始了。

类似的情形，一直在他们中间上演。两人的感情就在各种“冷战”中一落千丈，慢慢变得冷漠而疏离。

兰萍在向闺蜜抱怨老公的种种“恶行”时，闺蜜问她：“你为什么不当面责备他，而是一直采取冷战的态度？”

兰萍理直气壮地说：“这还要我放在嘴边说么！我们在一起那么久了，他还不懂我么！他应该知道我为什么生气的！”而事情的症结就在这里：你凭什么认为“他应该知道”？他又不是你肚子里的蛔虫，怎么可能百分百了解你的心思？

闺蜜便和她打赌：“你老公肯定到现在都不知道你生啥气，不信咱可以打个电话问问他。”说做就做，闺蜜真把电话打到兰萍的老公那：“兰萍最近很不开心呢！你们是不是吵架了？”电话那端，老公才委屈呢：“我也不知道她生啥气啊！早上出去还好好的，晚上回到家就黑着个脸了。问她她又不说，老是冷战、冷战，我都快郁闷死了！”

兰萍在这端哭笑不得：“他啥都不知道，我这不是白生气了么！”至此，才明白自己处理方法有误。

下一回，老公再不洗澡就往床上躺的时候，兰萍就不再独自生闷气了，而是直接批评他：“我才刚换的床单呢！你这一身的臭汗，回来也不洗洗，衣服也不换，就直接往床上躺，太不尊重我的劳动成果了吧？”

因为知道她发火的具体原因，老公也有机会解释：自己这一天跑得太累，累得不想动，才会“违反规定”的。并且保证，弄脏的床单一会由自己来换洗。

听了老公的解释，兰萍心里的气也消了，倒心疼起他在外奔波的辛苦，也不让他动手，自己把床单拆下来扔进洗衣机洗去了。丈夫感动地抱住她：“老婆，你真好！”

再到生理期，难受的时候，兰萍也不憋在心里等老公“自己发现”了，而是拉着他撒娇：“老公，我来那个了，不舒服。”

老公知道她痛经的毛病，一听此言，赶紧给她弄热水袋，又去泡了红糖水，饭也不让她做，家务也不让她沾手……一个人把活全包了。生怕她沾了凉水对身体不好，他洗手的温水都给准备好了。在生理期里把她服侍得像个公主。

同样的矛盾，前头是因为“不说”，所以隔阂重生；而后头，因为把矛盾直接说出来，倒各自解了心结，不单没伤到感情，还因为对方的体贴，反而让两颗心靠得更紧。

对丈夫（妻子）有啥不满、有啥矛盾，要大声说出来，需要理论的，咱开一场“辩论会”；需要“讨伐”的，咱开一场“批斗会”；需要磨合的，咱折中一下想个办法解决……无论是吵也好，闹也罢，都是个沟通的渠道，总好过憋在心里，各生各的气。

这夫妻过日子，就得有过日子的样，可千万别把日子过成大型综艺节目，玩什么“你猜、你猜、你猜猜猜”！那样容易积疴成疾，一旦爆发，会更加不可收拾。

把冷战“掐死”在萌芽状态

冷战是情侣和夫妻间常见的“病”，甚至有歌者作过《冷战歌》：“你把我当成石膏，再不跟我吵，是不是一种预告？假装都看不到，不再重要，我不会再跟你闹。无言是一种毒药，更像一把刀，切开我们的拥抱。到底爱剩多少？需要思考！承诺随爱蒸发掉！不想再当配角，安静让我动摇，我想逃跑。我听到你冷战的心跳，两败俱伤的记号，闪躲不了……”

冷战不仅无助于事情的解决，而且还会加剧矛盾的发生。它的一系列弊端主要表现在：第一，冷战不能解决任何问题；第二，有火上加油之嫌，增加了吵架双方的负面情绪；第三，冷战是标准的“不在沉默中爆发，就在沉默中死亡”。前者是战火扩大，后者是婚姻危机。反正都不是啥好事。

那么，我们就得分析整理出一套方案，尽量把冷战“扼杀在摇篮”里，不能让它“坐大”，伤及婚姻根本。

第一，不要“中途退场”。

当吵架正火热时，你可以划个“缓冲区”，稍事降温，但不能不声不响中途退场，一走了之，因为这样很容易把“热战”变成“冷战”。

第二，有不满，说出来。

不妨把你的不满、愤怒、不安通通说出来，大声地质问对方。不要寄望对方随时随地明了你的心声，这世界有心电感应的人并不多。

第三，与其赌气，不如解结。

冷战多半是一方的气没理顺，下不了台。可先冷静下，然后就事论事，把这个“结”解开，化干戈为玉帛。

第四，适当低头。

不必摆出一副“你不先理我、我就死也不理你”的姿态。不必誓不低头，也无需宁死不屈。在爱情里，先低头的那个，不是因为落了下风，而是因为用情较深。“败”在爱人手里，咱的面子也算“死”得其所了。

第五，借机下台。

夫妻间总会有些特别的日子，例如结婚纪念日、认识周年纪念日、生日、情人节之类的，实在没有了，随便瞎掰个什么纪念日（第一次牵手啊、第一次亲吻呐、第一次做爱之类的）给他（她）送个小礼物，或者送束花。伸手不打笑脸人，对方也不好意思再对着你扮黑脸吧？

第六，善用通讯工具。

当面“搭讪”怕“碰钉”，那就改发手机短信吧！再不然就用QQ、MSN、旺旺等聊天工具全方位“骚扰”，告诉他（她）：“你看世界上的冷战都结束了，我们家的冷战是不是也可以松动一下？”或者：“天有阴晴，月有圆缺，半月过去了，你的长脸，可否变圆一下？”再无厘头也不怕，只要把他（她）逗笑就OK了。

第七，找人帮忙调解。

最好是找双方都认识、并且信任的朋友出面调解下，帮你说说话，缓和一下气氛，然后再拉出去一块吃个饭喝点小酒。只要稍微通情达理的人，都不会在朋友面前让你下不了台的。把“冰”敲开后，后面的事就好办多了。

第八，一性解千愁。

性爱是修复感情漏洞的“良药”，一次完美的性爱可以抚平曾经的不快和争执，让夫妻间的感情得以升华。老一辈人说的“床头吵架床尾和”，暗含的也是这个道理。可惜，中国夫妻，不单不善用性事来修复关系，反而把性爱当成惩罚，一吵架就拒绝同房，这无疑是让冷战雪上加霜。

能不冷战最好，但万一冷战上了，可用上述的几个“特约方式”进行“解冻”。冷战的持续时间以不超过一天为佳，拖个两三天还可以接受，如果过了一周半月，情况就不太妙了；要是冷战的时间开始以“月”为单位计算，那么……只怕是离分手也不远了。

所以，除非你已经确定要和自己的丈夫（妻子）说“拜拜”（就是说没有挽回的必要，那你尽管冷战到底）；否则，一定要在这份“冷”将爱情“冻僵”前，把自己和他（她）抢救出来。

第十一章

爱人不是你的私人物品

爱情是自私的，没有人愿意和别人分享同一份爱情，这是人之常情，可以理解。恋爱中的男女，也喜欢用“你生是我的人，死是我的鬼”、“从今往后，你只能属于我一个人”这类的话来表示“爱得深”。

但如果爱走了极端，就会滋生过分的占有心态，把丈夫（妻子）看成了自己的私人物品。于是就有了各种不许：不许他（她）夜归、不许他（她）有正常的社会应酬、不许他（她）有异性朋友、不许他（她）对别人好——哪怕是亲人和朋友也不行、不许他（她）有隐私……

把丈夫（妻子）视为私人物品，就等于把自己当成了主人，这种不平等、失衡的状态，岂是夫妻相处之道？换成谁，谁都不会开心的。

 强大的占有欲让天堂变炼狱

很多动物，例如狮子、猴，某种家里的宠物狗，都有“划地盘”的习惯：在自己的领地周边，用自己的尿液，划出一条界线，不许其他生物“僭越”。若谁敢“踩过界”，必会招来攻击。虽然人类已经进化成“高等动物”，但在爱情方面，还残存了动物的“天性”。

在爱情面前，没有谁愿意和别人分享，谁都有独占的欲望。这点，凡是谈过恋爱的人都能理解。但凡事都有个度，占有欲太强，把丈夫（妻子）视为自己的私人物品，打着“因为爱”的幌子，强行剥夺他（她）作为一个独立个体应该享有的人格、尊严、自由等权利，就是一种极端的、病态的行为了。

苇苇是典型的美女，身边追求者众多，而其中又以蒋伍最为痴情，风雨无阻地给苇苇送了三年早餐，下班后，他可以坐公车多绕大半个城市，只为了从苇苇门前经过，看她一眼。她喜欢玩的、喜欢吃的、喜欢的颜色、崇拜的歌星、最爱看的书、喜欢的公仔……蒋伍都记得一清二楚。连苇苇都笑言：蒋伍比她自己还了解她。

没有哪个女人能抵挡得住这样的攻势，苇苇嫁给蒋伍，在众人看来，也是意料中事。婚礼上，交换戒指的那刻，蒋伍更是激动得泣不成声，把在场宾客也感动得一塌糊涂，都认为：苇苇“执到宝”，嫁了一个超爱、超爱她的老公。

可对苇苇来说，这原来是噩梦的开始。

在追求期的蒋伍，很好地将自己的嫉妒心和占有欲给掩藏起来（他当然也清楚，过早的暴露，肯定会让苇苇退缩），可这婚一结，他就开始“管”上她了。

苇苇大学的同学路过西安，约她和另外几个同窗一起见个面吃个饭，苇苇自然没有拒绝的理由。下班前给蒋伍打了个电话，说了会晚点回家——可蒋伍的态度是意外的强硬：“不行，不行，就是不行！”一开始苇苇还以为他闹着玩，就说：“你要不放心，你就一起去。顺带也见见我的同学。”可蒋伍还是一点都不松口：“我不要你去见别的男人！同学也不行！”说得苇苇也恼了：“我告诉你是尊重你，并不是真的得你批准！”挂了电话，自己赴约去了。

回到家，苇苇还兴高采烈地把手机里的相片翻给蒋伍看：“这才毕业几年啊，一代帅哥都胖成猪八戒了……”话音未落，手里的手机就被蒋伍抢了过去，狠狠地摔到了地上，然后，一个巴掌落到了苇苇的脸上：“你这个不要脸的女人！都结了婚了还要出去鬼混！是你的旧情人是吧？爬都要爬过去见吧？”不堪入耳的责骂一句句抽在了她的心中。

苇苇被打蒙了，也骂傻了。她怎么也没想到那么珍爱自己的丈夫，会在一餐饭间变成了魔鬼。自己不就和老同学吃了个饭么？而且还是一群人，不是单独见面，怎么到了丈夫这，就成了勾三搭四不守妇道的行为了？

两人为这事大吵了一顿。事后，蒋伍又做小伏低地向苇苇苦苦求饶：“我只是因为太爱你，我看不得你跟其他男人说话，更看不得你和他们说说笑笑……光是想到你和别的男人在一起，我就妒忌得发狂。”

当男人打出“因为爱”的幌子来掩饰自己的过错时，女人通常会心软，觉得：“唉，他也是太紧张我、太在乎我了，才会做出这样的事。”于是，原谅。

苇苇以为，他的“吃醋”是偶尔为之，谁知道接下来的几个月里，蒋伍对她的“管辖”是越来越紧、越来越过分。

先是她QQ、MSN等聊天工具上的异性莫名其妙地“消失”了，然后微博上关注的男性朋友也遭遇了同样的命运，那些关注了她的，则通通进了黑名单。接下来是手机。只要所存名字看起来像男人的，也会“突然不见”，甚至是她的堂兄弟、表兄弟也不能“幸免”。苇苇知道是蒋伍搞的鬼，可感其“爱心良苦”，她也就当假装没发现，不和他吵。

有天，苇苇在小区门口遇上一问路的男人，她只不过给人家指了指路，却被走在她后头的蒋伍认定“两人认识”。死活逼问她那个男人是谁、两人认识多久了、今天碰头是为了啥、又说了啥？还恶狠狠地宣布：“嫁了我，你就是我的！只能是我一个人的！”

苇苇所在的部门因为拿下了一个大项目，经理请了整个科室的人吃饭外带卡拉OK，苇苇电话“请示”，蒋伍又“旧病复发”死活不放人。最后苇苇不得不找个借口，把他也带上了。结果，蒋伍整个晚上都在那臭着张脸，对苇苇的同事没个好脸色，哪个男同事要是不知趣和苇苇聊天，必会“接收”到蒋伍愤恨恶毒的眼光。在KTV里男女对唱是经常有的事，可是苇苇刚要和一男同事合唱，话筒就被蒋伍抢去摔在了地上……

这场聚会，让苇苇在同事面前丢尽了脸面。而所有同事，从此也知道她的老公醋劲大，再没有男同事敢随便和她聊天说笑了。这尴尬的气氛似乎会传染，慢慢的，连女同事逛街吃饭也不敢叫上她了。苇苇在办公室里被无声无息的孤立了起来。休息时间里，经常出现这样的场景：苇苇一个人孤零零地坐在电脑前，其他人却凑在一起吃零食、侃大山，乐得嘻嘻哈哈。

更过分的是，夫妻两个人在亲吻或者爱爱时，蒋伍会突然停下来，带着异样的目光盯着她问：“某某亲你的时候你是不是也很享受”或者“你和某某上过床吗”、“某某是不是也能让你这么投入”。在追求苇苇的这三年里，蒋伍是把同样追求过她的“情敌”都摸清了，而如今，这些情敌又成了他的“假想敌”。但苇苇这种时候的推拒，到了蒋伍的眼里就是：“让我说中了吧？恼羞成怒了吧？你要和他们没点啥事，你急啥急？”……

如果说，前头这些“管辖”是因为爱、因为妒忌，那后面发生的几件事，就让苇苇更看不明白了。

女儿虽然出了嫁，也仍是父母的心头肉。苇苇被蒋伍管得不能见朋友、不能会同事，能去的也只有娘家了。可是，她去的次数多了，蒋伍也不高兴了：“你嫁过来就是我蒋家的人了，你天天上娘家干啥?”父亲节、母亲节，苇苇从自己的工资里给二老拿了点零花钱，蒋伍也有意见。苇苇说：“那是我自己赚的钱！我给父母点零花钱不过分吧！”蒋伍马上反驳：“什么你的钱？你的人都是我的了，你的钱也是我的钱！”苇苇突然觉得，眼前的这个男人好陌生。

直至这时，苇苇才发现，这个男人有点不正常。他的占有欲，不只是针对她的现在、未来，他是连她的过去、她的回忆也想占有；他的占有欲也不只局限在爱情上，他是恨不得她连亲情和友情都割舍；他的占有欲也不只是在感情上，还在经济上……总而言之，他把她当成了自己的私人财产、附属品，他想要她百分百的顺从。

他们的婚姻，原本有机会成为幸福的天堂，可是，蒋伍强大的、过分的占有欲，让家变成了“炼狱”。苇苇觉得这日子过得煎熬，而他同样在煎熬，因为他的占有心永远都不满足于现状。

不否认，“爱”里包含了占有的心态，但真正的爱，不应该只是占有。如果你爱的人并不爱你，心另有所属，真心爱的你会说：“我祝你幸福！”而占有欲强的人则会说：“你就是我的！除了我，任何人都别想得到你！”前者是“很爱很爱你，所以舍得，让你向更幸福的地方飞去”；而后者是，要么得到，要么毁灭。这就是爱和占有两者之间的区别。

占有欲强的人，习惯画地为牢，创造出监狱式的爱。他（她）想做的是：把自己爱的人关进集中营里，与世隔绝，让她（他）从此只属于他（她）一个人。他（她）不知道，自己在试图全方位“占有”别人的时候，自己也被这种“占有”控制着。

大量事实证明，占有欲太强的人过得都不会幸福，而毁了自己的幸福的，不是别人，正是他（她）们自己心中的占有欲。

他（她）不仅是你的配偶，还扮演很多其他角色

人类和其他动物一样，都有群居的习性。既然有群居习性，那么必然会有社会关系的存在。如果把我们的生活比作是一张由各种社会关系结成的网，那么我们就是这网上的某一个点。我们通过这“网”的纹脉，和其他的“点”产生联系，并且构建成自己的社会关系网。

占有欲强的人，会希望丈夫（妻子）的心里只有她（他）一个，再无其他人的影子。这想法类似于：你想切断某个“点”周遭的“线”，让他（她）独立存

在。这不管是从理论，还是从现实上说，都是无法成立的。因为，有些社会关系是与生俱来的，例如亲情。

首先他（她）是别人的儿子（女儿）。他（她）不可能为了你，断绝自己和父母那种千丝万缕的亲情关系。咱反过来想：血浓于水，如果他（她）连赐予自己生命的双亲，都能抛弃、割舍。一个连生身父母都不爱的人，你觉得他（她）还会真心爱谁？如果你觉得他（她）这样做，体现的是对你的爱很深切，那我只能说，你不单止自私，还很肤浅、很幼稚。

其次，不久的将来，如果你们有了小孩，他（她）势必也要变成别人的爸爸（妈妈）。小孩的出生，多少肯定会分薄他（她）对你的爱和关注。但你总不能和自己的小孩争风吃醋吧？你总不能剥夺他（她）为人父母的那份喜悦吧？当然，有失必有得，你在失掉他（她）的一小部分爱的同时，你能得到来自下一代的另一份全新的亲情和爱，这还是很“划算”的吧？

他（她）还会有其他亲戚，例如爷爷、奶奶、外公、外婆、叔叔、婶婶、堂兄弟、表姐妹等。虽然这些亲情有亲疏远近之分，但终究还是有关联。这一类亲戚关系，你不可能剥夺得掉。而且在社会上，他（她）还会有其他的社会角色，例如朋友。

人生路漫漫，在他（她）遇上你之前的那十几二十多年的光阴里，你不可能要求他（她）就这么孤零零地渡过吧？如果没有三五知己相伴，这日子只怕也太寡淡无味。

歌词都有得唱：“朋友多了路好走”。多一个朋友，就是多一份社会资源，这也是些无形的财富。有专家指出，一个人的成功，靠的是10%的成绩，还有30%的自我定位，另外的60%，就是他（她）的“朋友”，即人际关系网。

你不可能，因为所谓的“爱”，就要求他（她）将所有朋友都从生命里摘除吧？

一个人如果为了爱情，就可以视亲情、友情如粪土，谁也不会觉得这是种值得赞扬的举动；同样的，因为自己的占有欲，而威逼自己的丈夫（妻子）割断自己的其他社会角色，从而“专属”自己一个，这也是种畸形的心理。就算是出于爱，也是种狭窄上的爱，不值得称道。

让我们来看看梁思成的“大爱”，看人家是如何撇开私心，让自己的妻子拥有一片广阔天地的。这或许对占有欲太强的人，也是个很好的正面教材。

梁思成是梁启超的儿子，他是我国著名的建筑学家和建筑教育家。而其妻林徽因，则是国内有名的大家闺秀，建筑、诗文样样精通，并且相貌出众，曾经被胡适誉为中国一代才女。这样一位美人，自然会引起诸多才子的追求。

徐志摩对她一见倾心，不惜冒天下之大不韪，对她展开强烈的追求——徐志摩当时已娶张幼仪为妻，且膝下已有两岁大的儿子。

当时的林徽因只有 16 岁，正是情窦初开的时候，所以被徐志摩渊博的知识、风雅的谈吐、英俊的外貌所吸引，但又为徐志摩的已婚身份所困扰，两人之前的感情，似爱非爱，朦胧而缠绵。就算到最后，她选择嫁给了梁思成，她和徐志摩也一直没有中断过联系。徐志摩的死，也可以说是为了林徽因——他当日之所以坐上那趟失事的飞机，就是为了赶赴北平参加林徽因的演讲会。

徐志摩坠机身亡后，梁思成赶到现场帮忙处理后事，还捡回来一块飞机的残片给林徽因，而林徽因，更是一直将这残片挂在卧室的墙上，借以睹物思人。

除了徐志摩，林徽因还有一个赫赫有名的追求者——哲学家、逻辑学家金岳霖。如果说林徽因和徐志摩的爱是朦胧的，未被正式出口承认的，那么她对金岳霖的爱，则是亲口承认了的。

金岳霖是通过徐志摩认识梁思成和林徽因的。当时林徽因已经嫁给了梁思成！而金岳霖则是他家的常客。他和林徽因从彼此欣赏到喜欢，到爱意萌动。

资料记载：1931 年，梁思成从外地回来，林徽因很沮丧地告诉他："我苦恼极了，因为我同时爱上了两个人，不知道怎么办才好?"梁思成当然知道，妻子口中的另一个人指的是金岳霖。没有哪个丈夫在这种时候能泰然自若，梁思成同样心伤郁闷。可是，经过一夜挣扎后，梁思成告诉林徽因："你是自由的，如果你选择了老金，我祝愿你们永远幸福。"林徽因后来又将这些话转述给了金岳霖，金岳霖听后敬意丛生："看来思成是真正爱你的，我不能伤害一个真正爱你的人，我应该退出。"三人从此朋友相称，做了近代版的"风尘三侠"。

梁思成的大度和宽容，让林徽因这位大才女死心塌地地跟着他过完了一生。林徽因曾对梁思成说过："你给了我生命中不能承受之重，我将用我一生来偿还!"这一份"重"，就是他的信任和宽容。

她是他的妻，可他没有剥夺她在这个社会上的其他角色，例如，她作为学者的身份，她作为曾经的爱人金岳霖的"朋友"的身份，还有，她作为徐志摩终生痴恋的"情人"的身份……只有心怀大爱之人，才能容忍自己的妻子悼念初恋，才能容忍妻子与曾经相爱过的男人做一世的朋友。而这些，正是占有欲太强的人所不能做到的。

当然，这里面同样心怀大爱的人还有金岳霖。他对林徽因的感情，不可谓不深，为了她，他终身未娶。但为了对得起梁思成的信任和宽容，他从此再没越雷池一步。

爱情如掌中沙，你握得越紧，越捉不住；不如松松一握，给它自由、宽容、平等和自尊，它倒会自动自觉地留于你掌中。

正视并纠正过强的“占有欲”

心理专家针对人类过强的占有欲做出如下分析：占有欲是动物最原始的欲望。动物为了生存，要竞争生存资源、或者占据地盘。它们对自己的权力覆盖范围很警惕，一旦入侵了它们的“势力圈”，它就会做出战斗的准备。为了牢牢控制资源，负责这些原始功能行为的是最核心的“爬虫脑”（即原始心理保护机制）。

当生物进化到高级动物，除了顾及自己之外，还要顾及和同伴的关系，所以又进化出“情感脑”，以适应合作和群居生活，最终发展出高级的爱。

对于人类来说，必须将理智、情感和原始心理保护机制三者平衡，才能有健全的人格。占有欲强的人，其原因往往是源于原始心理保护机制缺乏制衡，处于自我中心的心态。因为种种原因，理智和情感无法和原始本能好好沟通，这些都会导致心理保护机制失控，带来病态人格。

有病态占有欲的人可能自己不觉得有什么问题，因为他们内在构造了一套完整的思想、行为和道德秩序，只会要求别人认同和配合。他们内心的不安和焦虑可能收藏和保护得很好，但却苦了身边的人。张爱玲《金锁记》中所描写的曹七巧，正是这样的一个人。

曹七巧对金钱狂热的占有欲，让她对身边所有接近她的人都心生猜忌，这猜忌包括对自己的一双儿女。她对儿女灌输最多的“教育”就是：你以为别人真对你好啊？他们透过你，盯着的是我荷包里的银子！

除了对钱看得紧，她对自己的亲生儿女也有一种畸形的占有心态：儿子结婚后，她是变着法子将儿子圈在自己身边，让他抽不出空来陪伴自己的媳妇，故意让儿媳享受不到正常夫妻的婚姻生活；她还变着法子——甚至不惜诱引儿子吸鸦片，然后再拿鸦片做诱供的工具，哄着儿子讲出夫妻间的闺房事，然后拿着这些隐私来羞辱自己的儿媳。

而对女儿长安，她也没有仁慈过，生生将女儿“调教”成一个年轻版的“曹七巧”，刻薄、尖酸。当长安为了心上人世舫，准备“做个好人”，开始戒鸦片、开始善待他人时，她这个做母亲的，不单没为女儿觅得佳婿开心，反而生怕女儿“脱离”自己的控制，便故意在世舫面前将女儿说成是个大烟鬼，生生毁了女儿的幸福。

曹七巧就像一头困兽，一生都在和自己内心偏执而疯狂的占有欲结伴，她的占有欲毁了她自己的幸福，然后又毁了一双儿女的幸福。

但作为偏执的占有狂，曹七巧本人并没有觉察自己的行为有何不妥。相反，她很理直气壮于这种心理扭曲和变态的行为，她觉得自己所做的一切，都是为儿女好。

鉴于此，我们有必要测试一下自己在占有欲方面是不是“很过分”？这是网络上一个关于“占有欲”的心理测试：

有一天你到超市买东西，这家商店正好在促销，每买100元就可以有一分积分，每累积一定的分数可以换个赠品，你通常会怎么做呢？

A. 不管他，买多少算多少，反正奖品也是额外赚的。

B. 大概约略估计一下，有超过个整数就好了，例如510元。

C. 结账时发现差一点就又一个100元，会再多买个东西凑足。

D. 事先就精确计算到刚好整数500元，不让商店占便宜。

选A　占有欲：20%

你对爱情很豁达，对两性关系的态度也显得很开明、开放，也许你觉得伴侣只是一种性生活的工具而已。不管是哪一种情况，占有欲太低的结果，常常使得另一半感受不到你的爱，甚至怀疑你是否爱他。

建议：重要的节日要记得，买个小礼物送他，不一定是金钱的堆积，对方也能感受到你的心意。

选B　占有欲：40%

你对爱情看得比较透彻，不会贪心也不会放任自流。不过有时候你的伴侣在喜欢你的自然的同时，也会希望你能小小的作一下，给爱情加点料，会很有意思哦！

建议：出其不意的邀约和小礼物会给对方带来惊喜，偶尔在很晚的时候给他（她）打个查岗电话，其实会让对方感觉很甜蜜的。

选C　占有欲：60%

你算是个很会享受爱情的人物。爱情中应当要保留适度的占有欲，情人与朋友的关系也该适时区别出来，以60%的比例为最适合。给另一半多点甜蜜，让他感受你的重视是经营爱情相当重要的一环。

建议：尽量去培养你的好胸怀，不要让情绪影响了你的理智。否则，脱口而出的一句话可能就让之前的努力化为历史。

选D　占有欲：80%

占有欲越强对方感受到你的爱意越深。只是如果对方是个想要保有私人空间的人，便很容易感觉难受、不自在，甚至痛苦地想脱离这种束缚。偏偏对方的这种表现又容易使你妒火中烧，引起你一连串的情绪反应。

建议：真的爱他就应该了解他的想法，而不是帮他决定一切。情绪性的伤害是事后懊悔也无法弥补的。

占有欲一般以60%为宜，如果超过这个比值，就有过强的嫌疑。如果发现自己占有欲过强，那在日常生活中，就有必要调整和控制一下自己的言行，以免伤及婚姻。

一是要增加自己的自信心。

研究证明，占有欲过强的人，大都是内心缺乏安全感的人。正是因为惧怕失去，所以他（她）们觉得必须全面“掌控”对方，才能让她（他）留在自己身边。事实上，这样做往往是适得其反。

要留住他（她），不能靠“囚”，而是要靠自己的人格魅力。只有提升自己，增加自己的个人魅力，就算你想他（她）离开，他（她）都未必舍得。

二是要重塑“爱”的观点。

真正的爱是平等、尊重、自由，真正的爱是给他（她）幸福，而不是打着爱的名义给他（她）套上枷锁，诸多禁锢。

三是要正视自己的心理问题。

中国人通常不把心理问题当病，觉得不是健康问题，无须求医，我只能说这观点现在“OUT”了。占有欲太强也是一种心理疾病，如果自己控制不住自己，最好求助于心理医生，不要讳疾忌医。

四是要学会换位思考。

很多事情，只要我们换位思考一下，就能明白对方的心情。比如说，同学聚会上，他（她）和同学K歌时，你黑着个脸坐在边上盯着，还不许他（她）和异性合唱。将心比心，如果换成你的伴侣这样对你，你会不会觉得很郁闷很没面子？会吧！会的话就给对方留出点社交空间来。

再比方说，你给自己父母寄点钱，他（她）却跳出来说：“不许寄！你的人是我的，你的钱也是我的！”你会不会想一巴掌扇过去？会吧！会的话就得给自己的占有欲降降温。

五是要将自己的心打开。

当你把丈夫（妻子）当“囚犯”的时候，你就只能当监狱的“看守”，为了看住他（她），你自己也不敢离牢笼一步。也就是说，你在禁锢他（她）同时，其实也把自己给禁锢了。与其这样，不如将门打开，陪着他（她）去看蓝天白云、清风明月，这样的风景，远比冷冰冰的四面墙要精彩。

第十二章

不让“前度”影响到你的现在

有些人对爱人的“前度”总是充满好奇，想要知道自己的伴侣与她（他）撰写的到底是怎么样的一段故事。可“好奇害死猫”，这种好奇心很容易对自己现有的感情产生负面影响。

既然用了“前度”这个词，就说明，他（她）已经成为“过去式”；既然是“过去式”，就代表和你们的现在没有关联了；既然没有关联，你又何苦费那个劲把前尘往事给挖出来，然后“还原真相”……说白了，这又不是历史考古，就算让你把真相还原了又怎么样？除了让自己不痛快外，似乎也没有其他作用了。聪明的人，会珍惜现在、把握未来，而不是纠缠于过去。

谁没有个把“前度”

初恋的时候，他（她）是你的第一任，只有这种时候我们才能说自己没有“前男（女）友”。但每个人只有一次初恋，而随着恋爱年龄的飞速“小龄化”，N多人的初恋都丢失在中学或者大学的校园里了。

我说这话的意思并不是为了批判早恋，而是为了告诉你：谁的新欢不是别人的旧爱呢？谁的一生没个“前度”呢？你是某个人、或者是某几个的“前度”，而他（她）也一样（能把初恋变成最终的，估计是少之又少吧）。在这点上，你俩是“平等”的。如果非要拿你的伴侣的“前度”起来计较，那将会是一场说不清的混战。

在“前度”这个问题上，你得做好以下几点：

一是要承认“前度”的存在，勇敢承认曾经爱过。

不必刻意提起，但也不要刻意隐瞒。如果刻意隐瞒后被发现，“现任”反而会觉得你的隐瞒是欺骗，或者觉得你是用情太深太痛所以不愿意再提及。与其让他（她）误解，不如自己坦白。

二是尽量避免和"现任"讨论"前度"。

不管你是男人，还是女人，主动和"现任"讨论"前度"都不是件明智的事。你把"前度"说得很好吧，"现任"心里会妒忌、会不痛快："你的意思是他（她）啥都比我好是吧？既然这样你干吗还和他（她）分啊！你还找他（她）去呗！"一怒之下拂袖而去，没个三五天转不过脸色来。

你要是为了让"现任"不吃醋，昧着良心把"前度"往死里踩，"现任"听着也心寒啊！会想："一分手就把'前度'批得这么不堪，这家伙心胸很狭窄啊！各种记恨、小气外带报复心重啊！不像正人君子啊！要万一哪天我们散了，我也变成'前度'，他（她）会不会也在另一个人面前这样把我往死里贬低啊？"于是对你的印象大打折扣。

好吧，就算你照实说，这再怎么"照实"，多少也是会带上自己的主观色彩的，这同样阻止不了"现任"从中挑出个好歹来。

所以我说，如果你够聪明，就不要和"现任"讨论"前度"，那绝对是个吃力不讨好的话题！

三是不说与"前度"的交往细节。

只让他（她）知道有这么件往事就够了，不必细说过程。如果是他（她）非要问，那么就复杂事情简单说，告诉他（她）结识的机缘、分手的原因，但要注意千万不要细说，否则后患无穷。

你若细说，以后你从"前度"那遗留下来的某个生活习惯、你和"前度"去过的某个地方、你穿的某件衣服、你的某个习惯性的称呼……都可能成为你怀念过去的证据。

四是向"现任"适当表示一下忠心。

适当向"现任"表示一下忠心，给他（她）派颗定心丸，告诉他（她）："前度"已经成为历史，自己现在只爱他（她）一个，只想和他（她）携手，好好过日子。

别小看这颗定心丸，"现任"之所以揪着你的"前度"不放，多数是因为心中不安，怕你余情未了。与其让他（她）胡思乱想，不如主动做个保证，消除他（她）心中的疑虑。

上面这四点，是写给有"前度"的男男女女看的。那如果你就是那个"现任"呢？那个很在意对方"前度"的"现任"，你又该怎么办？

如果你是"现任"，我推荐你去看一下香港导演麦曦茵拍的那部叫《前度》的电影。看过这部电影的人，事后都说，剧里面最让人欣赏的，是陈均平的现任女友阿诗。该大度的时候，她绝不小气；该小气的时候，她绝不心慈手软，实在是抗击"前度"、捍卫爱情的好典范。

故事的背景是：刚从外地回港的陈均平（陈伟霆饰）及其现任女友阿诗（诗雅饰），在机场巧遇前度女友周怡（钟欣桐饰）。周怡与旅行作家阿树（周俊伟饰）正准备出发去长途旅行，却发生争执，闹至分手。为这次旅行而下定决心辞职、退掉公寓的周怡，一时间无家可归……

在机场，得知周怡无家可归时，阿诗彰显了她的风度，应允了让周怡跟随他们回家暂住的要求。但相处下来，阿诗觉察出周怡对自己的男友陈均平举止暧昧，似乎有要把他重新勾引到手、让旧情复炽的想法，所以她果断地向周怡下了逐客令，让她搬走，住宾馆去。

于情，阿诗在一开始选择了信任：信任自己的男人，也信任他的前度；于理，阿诗在周怡落难时没有袖手旁观，在周怡动了“歪心”时候绝不妥协。她的不卑不亢，最终赢得陈均平的尊重和爱。他终于将周怡从心里抹去，让这个“前度”，真正成为“过去”。

很多人、很多情，在当时都觉得很重要，可是，再怎么重要，过去了就是过去了。错误的结合把彼此变成了“前度”，希望“主角”在悼念爱情的同时，想想如何更爱下一位；在懊悔、遗憾的同时，不要重蹈覆辙。这也是《前度》想要传递给恋爱中的男男女女的思想。

每个公主在亲吻到那只能变王子的青蛙前，总会碰上三两只癞蛤蟆；每个王子在吻到吃了毒苹果安睡的白雪公主时，也会错吻到几个乔装成睡美人的巫婆。恋爱就像一场“试错”的游戏，只有过滤掉那些“错的”，你才能找到那个“对的”。

每一次错误的结合，都会产生一个“前度”；而每一次分手，都是为了遇上那个对的做准备。

作为“现任”的你，不必太过纠结于“前度”的存在。在我看来，你不单不能嫉恨他（她），相反，你得感激他（她）。他（她）如果不变“前度”的话，何来你这位“现任”？如果没有他（她）的“雕琢”，你身边的这位，也许仍是块顽石，而非美玉。

不吃“前度”的陈年旧醋

咱先来看看以下这个案例：

阿永和娜娜结婚已经三年，两人虽然偶有争执，但日子过得还算平稳。阿永没有想过，这平静的日子，会因为一段过去而面目全非。

娜娜在抽屉里找东西时，阿永看到抽屉的角落里有个精美的本子，便好奇地将手伸过去打算拿来看看。谁料娜娜一下子打开他的手，很紧张地飞速将抽屉关上：“别动我的东西！”

“什么宝贝，有那么神秘么！”阿永不满地嘀咕了一下，心中却突然起了不好的念头：“结婚三年，我在她面前没有任何秘密，我的世界是对她全开放的，可她呢？却一直锁着这个抽屉，碰都不让我碰。那本子上到底写着什么？会让她如此紧张？”阿永的心中不由得多了几个问号。

娜娜越不让看，阿永越是起了好奇心。趁她没留意，阿永便将她的抽屉钥匙偷偷拿走，跑到外面配了一把。等她去上班后，便打开了她的“秘密”。

那是一本日记。阿永随手翻了翻，都是在认识他之前的记录，内容都是些生活琐事，似乎也没什么。正打算放回去，却被中间一页带着褐色印记的内容给吸引了：“我说，我可以为爱情付出生命，你却不信。你不信是吗？你不信，我便证明给你看！”

一页页翻下去，阿永读到的是娜娜和另一个男人的爱情故事。就算事隔多年，就算他只是个旁观者，他都能读出当时她对这个男人的那种强烈的爱，是一种不问缘由不求回报地赴汤蹈火。她甚至为这个男人自杀过！日记本上那鲜红的血迹，在岁月的甬道里如今成了褐色的回忆。

原封不动地将日记本摆回原位，心却再回不到原位。阿永悲哀地想：一直以为她是个性格文静的女子，所以就算和我恋爱，也是细水长流，原来并非如此！她的轰轰烈烈留给了别人，到了我这，便再轰烈不起来了。

虽然他也努力地开解自己：那是她的过去，不要计较！但心里仍在怀疑：“她是真心爱我吗？她和我在一起，只是累极之后，想要一个安定吧？”

心有了杂念，便不再平和，暗地里怨恨丛生，阿永动不动就找妻子的碴，三天两头和她吵。一开始还控制着，没提到日记；但吵多了，阿永就克制不住拿出“前度”的事来刺激娜娜；而娜娜从他言语里听出他偷看过自己日记，也对他的“偷窥”愤恨不已，于是“战争”升级。

两人从原来的佳偶变成了现在的怨侣。而这一切，皆是因为阿永翻出了娜娜的“前度”情人，吃起“前度”的“陈醋”引起的。

像阿永那样，有些人喜欢翻丈夫（妻子）的旧物，以便“挖掘”出他（她）和“前度”的故事。或者说，故事不是最重点，重点是想要通过比较他（她）对自己用情较深呢，还是对“前度”用情较深？这一比较出来，又忍不住要拈酸吃醋，哪怕那已经是陈年旧醋。

她（他）们或者假装不经意地套男（女）友的话，从他（她）嘴里直接打听；或者是翻找“证据”，例如相片、定情信物、邮件、聊天记录或者日记之类“资料”做参考，自己揣磨的；也有的是实行“包围”政策，从他（她）周围的这个朋友那里打听个一星半点，再从那个朋友那里打听个三言两语，然后再自己加以整合……

她（他）在做着这一切的时候，很有福尔摩斯的风范，任何一点蛛丝马迹都不放过。奈何她（他）并不是福尔摩斯，所以经常会做聪明过头的事，把一堆不属于“前度”的资料都推在了一个人的身上。于是，开始疑神疑鬼、草木皆兵。

他（她）舍不得扔的旧衣服，会让她（他）联想到：“这难道是‘前度’送的？”他（她）一直戴在手上的戒指，也让她（他）浮想联翩：“这是他和‘前度’的定情信物吧？”他（她）要是在某个日子闷闷不乐，她（他）就会“恍然大悟”：“他（她）和‘前度’是在两年前的这个时候分手的，他（她）这是在悼念吧！”春游的时候他（她）要是说“这里我来过”，她（他）肯定又会打上问号：“是和‘前度’来过吧？”……

但事实没准是这个模样：他（她）留着那件旧衣服，只是因为穿着舒适，舍不得扔而已；手上的戒指，是他（她）花了二十块钱从地摊上淘来的，戴着只是为了赶时髦扮酷；他（她）闷闷不乐的那天，是因为在公司被上司当着N多同事的面批评了一顿心中郁闷；那熟悉的风景，是他（她）陪着父母亲同游过，如此而已。

OK，就算你的猜测是正确的，是事实，那我问一下摸清真相的你：知道了伴侣与“前度”曾经的恩爱痴缠，你心里会痛快吗？你肯定会吃醋吧？你肯定要妒忌吧？花费那么大的劲，去给自己找不痛快，是不是有点犯傻啊？

已经把自己带入“醋缸”的你，心中难免有各种压抑、郁闷。内向的，就自己藏在心里生闷气，耿耿于怀。这种坏情绪一带入生活中，家庭的欢笑声肯定就此减少，摩擦相对增多。而那些攻击性强的人，则会直接表现出来，言语上带了讽刺，含枪夹棒地指责他（她）“余情未了”、“旧情难忘”，这完全有可能产生另一个更悲催的后果：人家本来就已经忘了的，被你这么一提醒，他（她）还真可能又开始怀念起“故人”、怀念起“旧情”来。

很多“挖掘”过伴侣和“前任”故事的人后来都表示：我宁愿自己从来不知道他们这么恩爱过，因为知道了会介意、会心痛、会吃醋……谁说“有知”比“无知”好？依我说，“无知”最快乐！

不知道的时候，我们希望洞悉真相；但等我们知道了事情的真相，我们却又希望能回到“无知”的状态。可是，我们再也回不去了。那些介意、那些心痛，已经入了肺腑，再也无法当是没发生过。

综合可能出现的种种后果，建议让他（她）的“前度”彻底成为历史，不闻、不问，封存在岁月的甬道中。不要再将“前度”拎回到“现在”来，否则，有可能破坏你现有的感情，更可能还会影响到你们的“未来”。

真实的醋，是越陈越香；但感情上的这些“醋”，是越陈越“伤”，还是不吃为上！

断绝“前度”的念想

张爱玲在《红玫瑰与白玫瑰》里说：“也许每一个男子全都有过这样的两个女人，至少两个。娶了红玫瑰，久而久之，红的变了墙上的一抹蚊子血，白的还是‘床前明月光’；娶了白玫瑰，白的便是衣服上的一粒饭粘子，红的却是心口上的一颗朱砂痣。”

而后来，香港作家李碧华也在《青蛇》里借用了这一说法：“每个女人生命中都有两个男人，一个是许仙，一个是法海。法海是用尽千方百计博她偶尔欢心的金漆神像，他稍假辞色，仰之弥高；许仙是依依挽手、细细画眉的美少年，给你讲最好听的话语来熨帖心灵。但只因到手了，（就嫌）他没一句话说得准，没一个动作硬朗。万一法海肯臣服呢，又嫌他刚强怠慢，不解温柔。”

这两段话，大概就是男人和女人心中对“前度”和“现任”的真实心态吧？得不到的永远在骚动，被偏爱的有恃无恐。有了这种心态作祟，就容易“滋生”出与“前度”有关的念想。

这关于“前度”的念想，有两个意思：一个是，你的他（她）对“前度”余情未了，藕断丝连；另一个是，“前度”对你的他（她）余情未了，还在筹划着“杀回来”，收复失地。

不论是哪一个念想，都会危及到你现在的爱情或者婚姻，都需要你“痛下杀手”，动用智慧的力量，把这念想给掐灭。

第一种“念想”，发生在男人身上的概率远比女人大——这大概也是因为男女在感情问题的处理手法上有所不同所致。

对于爱情，女人通常是专情而绝情。爱上某个人的时候，会死心塌地，不起二心，但如果分手了，就会直接将他从心里剔除（就算无法剔除干净，也只会深藏心里，不会在生活中做那脚踏两船的事），因为她要对“现任”专情。

而男人恰好相反，男人是多情而长情。当男人知道以前的女朋友现在过得不好，他会去安慰她，就如上上一节中，我们提到的《前度》一剧中的陈均平一样，当他看到周怡“落难”，就忍不住伸手帮了她一把。

男人的这种“长情”，一定程度上造成了“藕断丝连”的局面。作为“现任”的你，要学会拆穿他在“前女友”问题上的一些谎言。

网络上，众多“受害”的现任女友投票选举出了男人最常用的关于前女友的十大谎言，这里拿出来共享一下：

第一，亲爱的别误会，我们现在只是普通朋友而已。

拆穿：解释就是掩饰，如果他们真的只是普通朋友，就没有必要紧张兮兮地向你解释。曾经相爱的人，是很难退回到普通朋友的位置的。

第二，我们真的真的只是不期而遇，你相信我吧！

拆穿：这世界大了去了，哪里有那么多的不期而遇呢！如果他们在咖啡厅还好说，可是如果他们是在宾馆里……还要相信吗？

第三，我心里已经没有她了，我心里只有你。

拆穿：这话说得那个虚伪啊！上一秒看到她，他还在激动，热切地和她打招呼、交换电话号码、邀约着找时间一起去喝喝茶、看看电影……这叫心里没有她只有你？心里没有她的话，最多也是打个招呼然后散人了事，哪会搞这么多名堂？

第四，是她主动跟我说话的，我其实很无辜。

拆穿：只要不玩暧昧，打个招呼问声好谁也不敢说他不对，何苦将责任全推到对方身上？这男人多没担当，多让人心寒啊！

第五，请相信我，这是我最后一次跟她相见，以后再也不会了。

拆穿：有了“这一次”就会有“下一次”，就很难有“最后一次”，永远不要期待这种花心男对你的保证会实现，特别是关于前女友的。

第六，在我心中她根本没有办法跟你比，你是我的NO.1！

拆穿：其实这个NO.1是谁他自己都不确定——连自己都不能确定又怎么能让别人相信呢！他的前女友也曾经是NO.1，只是现在不是了，如此而已。换而言之，今天NO.1的你，明天也可能不是。

第七，我们只是聊聊天，其他的事情我想都没有敢想。

拆穿：都说是前女友了，还有什么可以说的呢？该说的早就在他们谈恋爱的时候都说完了吧？不然怎么会分手呢？

第八，请给我一段时间，我会处理好和她的关系。

拆穿：这是最不靠谱的保证。给了他时间，就等于给了他机会，后患无穷。

分手之后还有关系要处理？这不就是旧情复燃吗？男人有时候也要人逼着，才会去做决定、去解决问题的。

第九，别瞎想了，人家现在孩子都有了。

拆穿：就算人家孩子都有了，也不代表他和她不会出现状况，这借口实在是避重就轻，没有触及实质问题。

第十，你认错人了，她真不是我的前女友。

拆穿：是的，她有可能不是他的前女友，但绝对有可能是他的前前女友，不然怎么会有那么多的不自然。

这谎言，偶尔说一两次，还在原谅的范围内；如果经常说，那就是人品问题了。你可以给他机会，让他断绝对“前度”的念想。可如果他屡教不改的话，那只能理解为，他爱“前度”多过爱现任的你，那你还是把他也变成“前度”算了！

咱再来讲第二种念想：“前度”对你的他（她）余情未了，还在筹划着“杀回来”，收复失地。这时候你绝对得“挥慧剑”，帮他（她）斩情根，让他（她）趁早死了这条心。

有些前男（女）友，很像寓言故事里那个掰玉米的小猴，他（她）不珍惜手中拥有的，总认为前面那个更好，所以一路走一路换，待走到玉米地尽头，才发现，自己已经错过了那个最好的，所以他（她）又兜回来，想要抢走现在在你手中的那个“最好”。

这时候你不要表现得太紧张，你的紧张会让他（她）觉得自己貌似很重要，再自恋一点的话，他（她）会以为你的紧张表示你的爱人对他（她）余情未了，这时候他（她）就会得意，随之而来的骚扰可能会更多。正确的方法是“外松内紧”，暗中防范、表面上却很轻松，站在一定的高度用蔑视的眼光告诉他（她）：你心里的那点魑魅魍魉我都清楚着呢！我且看你能折腾出啥花样来！

对付这种“前度”，最简单的方式就是在他（她）面前秀恩爱。可以的话，找个时间伙同老婆（老公）把他（她）请回家做个客，让他（她）看看你们和谐生活，用这种迂回的方式，告诉他（她）：你和爱人感情深厚，爱情固若金汤。弦外之音：你趁早死了这条心吧！

当然，这样的“戏”要你的爱人“配合”才行。只要你俩的感情稳定，“前度”自然也就无隙可乘。

对于这种分手后又折回来的“前度”，你也不必太焦虑。好马通常是不吃回头草的，多数情况下，男（女）人都不会愿意去和一个曾经“扔”过自己的人重新发展姻缘的。所以，记住自己“正室”的身份，以不变应万变，好好地过好自己的日子就行了。

第十三章

出轨很简单，后果很严重

毋庸置疑，“出轨”是个贬义词，但凡与这个词沾上边，再美好的姻缘都少不了刮一场风暴。风暴过后，夫妻、情侣反目成仇，所到之处也是一片狼藉。而风暴如果更大的话，同林鸟也会成为分飞燕。

让人奇怪的是，全世界的人都知道出轨不好，但总有人跃跃欲试。或者是因为心存侥幸吧？心里总想着：我就干这么一回，神不知鬼不觉的，回家我仍是好好先生、好好太太。可是，出手容易收手难，如果第一次侥幸被你蒙骗过关、安然无事之后，你大概心里会想：第一次不是没曝露么？第二次应该也不会有事的，应该也不会被发觉的，于是又做了第二次；第二次没被发现，更大胆了，接着又做了第三次，第四次……如此循环下去，就会出现N次，直至不可收拾。

精神出轨 VS 肉体出轨

肉体出轨的含义基本没啥争执，就是指和合法丈夫（妻子）以外的异性发生直接的肉体关系。而精神出轨，则是20世纪90年代后出现的新名词，它是相对于肉体出轨而言的。

20世纪90年代，随着改革开放的推行，人们的思想观念也开始解放了，老一辈人的那种“从一而终”的婚姻观念受到了很大的冲击，离婚率一路攀升。有些男女出于各式各样的原因，例如父母的压力、孩子的牵挂或者社会舆论的监督，所以不敢将“离婚”摆上议程，于是就滋生了婚外情。

这时候就有人玩起了“擦边球”：我不和他（她）上床，不发生肉体关系，这你就无法说我出轨了吧？但实际上，他们在办公室里眉目传情，在手机短信里无尽暧昧，在网络上的悄声调情……他们用一种很冠冕堂皇的理由让自己的精神跨越肉体成功“越狱”，不留痕迹的出轨。

这时候就有专家提出了“精神出轨”这个名词，将此类行为也归入“出轨”的行列，让这样的借口再不能生效。

网络上，关于“精神出轨”和“肉体出轨”哪个更严重的争论一直存在，不同性别、不同年龄段……都会在这个问题上持有不同的意见。

某网站做过一个网络调查，将这个问题分成女性投票和男性投票两个区域。从结果来看，男人和女人，在对待“精神出轨”和“肉体出轨”上的处理意见可以说是截然相反的。

男人对妻子的“肉体出轨”，选择“不能原谅”的高达89%。参与投票的男人表示，只要一想到妻子被另一个男子压在身下的画面，自己就会“不举”；但他们对“精神出轨”却显得很“仁慈”，认为那只是思想的偶尔偏离而已，可能过上十天半月，她自己就淡了忘了，事情就翻篇了，没啥好计较的。

女人对丈夫出轨的“侧重点”恰好与男人相反。女人认为，“精神出轨”代表的是爱情的背离，这表示丈夫对那个女人是有感情的，也表示丈夫可能已经不爱自己了，这对女人来说是不能接受的。

女人们把“肉体出轨”视为是男人天性里残存的“动物本能”：尽量地占有更多的雌性，像狮子、猴子那样，族群里只容许自己一个“王”存在，它可以和群里任何一只雌性性交。

所以，她们觉得，“肉体出轨”只代表了性的背叛。也就是说，丈夫和那个女人没有感情，只是肉体关系。办完事提起裤子，他还会回到自己身边来，因为他的心在自己这。所以，女人偏重于原谅“肉体出轨”，而恨死了“精神出轨”。

从这两个结果看，我们是不是也可以理解为：女人注重精神贞操，而男人则更看重肉体贞操?

从年龄段来看，80后、90后的男女，偏重原谅于“肉体出轨”，这可能和年轻人的性观念相对开放有关。他们认为，性是人的一种正常需求，不必过分压抑。人在年轻力壮时，性欲相对较强，现在又有很多小夫妻因为工作的关系，分隔两地，过着双城生活，情感还能靠电话、网络来慰藉，但对身体的需要，却是“鞭长莫及”。他们认为，过分压抑自己的性欲，是不人道的行为，所以他们觉得，伴侣偶尔出去发泄一下，也是人之常情。只要做得不是很过分、很明显，他们一般会选择睁一只眼闭一只眼，假装不知道。

但60年代、70年代的人，则对“肉体出轨”深恶痛绝，觉得这种行为是不知廉耻、道德败坏，绝不能姑息。“精神出轨”也是不能纵容的，但因为其比较缥缈，不存在实质性的背叛，为了家庭的和谐，会选择“哑忍”，但心里还是会留着点小刺。

有了“精神出轨”后，“肉体出轨”便不再遥远，两者经常被摆到桌面上形成一道选择题，然后要求旁边的“观众”选择：你比较能接受哪个？总觉得这样的选择题很欠揍，那感觉就像是凶犯拿着刀子对着你，然后问：“捅心还是捅肺，你选择哪个？”你傻啊！可以的话，当然是两个都不选啊！最好是这两个词都能从自己的婚姻里滚开！滚得远远的！

对于“肉体出轨”，做丈夫（妻子）的，如果有所觉察，要收集证据还能玩一把捉奸在床，但“精神出轨”，就真的让人惶惑啊！经常是丈夫（妻子）的“精神”都离家出走老远了，妻子（丈夫）还蒙在鼓里。

与其等事情发生后再来呼天抢地，不如在生活里多点关心、多点细心，防患于未然。

婚姻心理咨询专家指出，精神出轨的男女，同样是有迹可寻的，他们经常会出现以下一些表现：

1. 常找借口不回家，回家也宁愿独处。

精神出轨的一方，会早出晚归，对家没有留恋感。即使回到家，他（她）也不愿意和妻子（丈夫）呆一块，常常是妻子（丈夫）看电视，他（她）就跑书房上网；妻子（丈夫）进了书房想陪陪他（她），才一坐下，他（她）就会找借口离开。这种行为很多时候被妻子（丈夫）当成是爱情转换为亲情之后的平淡，以为是一种必然，但其实，这种冷漠是精神出轨的“警钟”：他（她）觉得和你没共同语言，他（她）找了一个有共同语言的“精神伴侣”。

2. 对你莫名其妙的厌烦，老挑你的不是。

精神出轨的一方，他（她）的欣赏和赞扬会挪移到另一个女（男）人身上去，他（她）会突然看你不顺眼，不管你做什么、说什么，他（她）都会觉得你恶俗乏味，面目可憎，他（她）对你的一切充满厌烦。所以，不是挑刺，就是找碴，总要找机会将你骂一顿才痛快。

3. 吵架的时候，再不让着你。

精神出轨的一方，在吵架的时候再不会服软，哪怕你气哭了，他也同样不理不睬，把你扔在一旁，自己玩自己的，对你的委屈视而不见。

4. 做爱成了例行公事，或者根本不想碰你。

精神出轨的一方，因为对妻子（丈夫）没了兴趣，所以，对夫妻床事也开始失去兴趣，能免则免；就算做，也像是在完成任务，没有前戏，也不会有甜言蜜语，都是直奔主题，速战速决。有时候甚至是宁愿躲在厕所里，想着精神恋爱的对象自慰，也不想和妻子（丈夫）做。

5. 忘记所有纪念日。

精神出轨的一方，虽然也很想伪装一下婚姻的热度，可实质上，他（她）已经做不到，什么结婚纪念日、相识纪念日、情人节、你的生日……他（她）都已经无心装载。

6. 不再分享你的快乐和伤悲。

精神出轨了的人，对你会显得漠不关心。你拿了丰厚的奖金，或者是升职了，雀跃着打电话告诉他（她），他（她）通常只是很敷衍地“嗯嗯哦哦”，不会陪着你开心；你在办公室被上司训责，很难过，回到家向他（她）倾诉，想从他那收获一点安慰，可回复你的，仍是“嗯”“哦”等几个词，似乎你的快乐悲伤都与他（她）无关。

7. 不再与你分享秘密。

精神出轨的一方，会把他（她）的心事和秘密，向“精神恋人”倾诉，而不是向你倾诉。

8. 对你的亲朋好友开始变得冷淡。

如果是肉体出轨，可能只是为了性；但精神出轨，则有可能转变成移情别恋，这移情别恋反应到现实生活中，就是不再把你当做最亲的人。既然不是亲人了，他（她）自然也不愿意陪你去“应酬”你的亲朋好友了。也许在他（她）看来，和你断了关系之后，这些人都将变成陌生人，所以，他能躲就躲，不想费那个时间和精力应酬。

发现爱人有“精神出轨”的迹象后，切忌和他（她）吵闹，这样只会把他（她）推得更远。当然，如果你不想过了，那又另当别论。如果你还想挽救这段婚姻，不妨试试下面这几招：

1. 让对方适当拥有自己的空间，但一定要对对方的空间有所了解。

以打电话为例：要知道对方经常联系的人有哪些，但不可肆意窃听对方谈话的具体内容。过多的束缚只会适得其反，一定要适当留出余地。

2. 在生活上尽量保持同步，多尝试一起做事。

比如一起做饭、一起做家务、一起带孩子外出游玩等，以此来增进彼此间的感情，有效地预防对方“精神出轨”。

3. 创造一个温馨的家，让他（她）享受家庭的幸福。

如果家足够温馨，能让人心情愉悦和舒适，谁还会愿意出去找人偷欢和另寻精神寄托呢?

4. 让对方明白你对出轨的态度。

在生活当中，要适时地让对方知道你对出轨的态度以及反对出轨的决心，让对方知道出轨的严重性，从而自觉地提高“自律性”。比如告诉对方你欣赏的人在感情上应该是光明磊落、用情专一的，而你最看不起的就是那些随随便便、来者不拒的。

5. 及时赞美对方的优点，对值得提倡的习惯可以加大赞美力度，使对方有成就感。

对于生活中对方做得好的地方：比如饭菜做得可口、下班准时回家、孝敬老人、疼爱孩子等这一类能有利于家庭和睦的优点，要不吝啬赞美之辞，让他（她）觉得自己“被需要”，让他（她）觉得自己很重要，这样他（她）反倒不会随便松手走掉。

6. 保持自身魅力和生活情趣。

没有谁会留恋一个不修边幅的邋遢鬼，也没有谁会留恋一个毫无内涵的“花瓶”，充实自己，让自己变得强大和自信。时不时给爱人一个小惊喜，让他（她）发现你是个挖掘不尽的“宝藏”。他（她）还会舍得离开你么？

出轨让婚姻关系终结

我们先来看一份数据：根据民政部在2012年6月份公布的《2011年社会服务发展统计公报》显示，2011年全国依法办理结婚登记1302.4万对，比上年增长4.9%。2011年共依法办理离婚手续的有287.4万对，增长7.3%。其中：民政部门登记离婚220.7万对，法院办理离婚66.7万对。

结婚的增长比例是4.9%，而离婚的增长比例，则比同期增长7.3%。高居离婚率榜首的是北京、上海、广州、深圳等大城市。有个别城市离婚人数与结婚人数的比例甚至达到了1∶3，数字甚是惊人。

这些离婚的案例中，有80%以上的家庭，是因为第三者介入、伴侣出轨而宣告感情破裂、婚姻终结的。出轨，已经成了夫妻离婚的“首席杀手”。

不是有心敲碎这个家庭，也不是有心伤害我的丈夫，那一次出轨，纯属无心。

原是打算不说的，让这个秘密烂在自己肚子里。可是，藏一个见不得光的秘密是件多么辛苦的事。好像到这一刻，我才明白童话里那个理发匠为什么要跑到大树下挖个洞，将“国王长着驴耳朵”的秘密喊出来。

虽然我明知道，那一夜酒后偷欢的对象，不可能、也不会出现在我所在的城市来揭露我曾经的不轨，只是愧疚与恐惧仍像慢性毒药，让我的心悬着，害怕着，担心着，不知道自己哪一刻会毒发身亡。

如果他知道，自己那遵规守矩的妻子，在出差的时候，在一次酒醉中，竟然和一个陌生男人共宿一宵，他会有什么反应呢？他会原谅我么？我让他脸上蒙羞，他怎么会原谅我？

吃晚饭的时候，我假装不在意地扯些明星、坊间的八卦事件，谈小贝和女助手的“绯闻”，然后，再假装不在意地说：“辣妹居然这都能原谅他，如果出轨的是辣妹，不知道小贝会不会原谅她呢？”他想也不想地说：“很难。男人们可以自己在外头花天酒地，但私心里都希望自己的妻子三从四德，男人们最忌讳的就是戴绿帽子了。”

一下子没有了食欲。

环顾四周，这个熟悉的家，我们共同一点一滴布置起来的温馨的家，因为我的一时不慎，因为我的一次荒唐，也许这温馨将要成为过去，我不由得打了个寒战。

瞒吧，继续瞒吧，什么都不说，不说。我对自己喃喃而语。他奇怪：“你在念叨什么？”我慌乱：“没什么，没什么。”

只是此后，对着他温情的脸，我却日益憔悴。我知道，我别无选择了。我不是个藏得住秘密的人，我无法再隐瞒。如果上天要我为自己的荒唐付出代价，那也是我罪有应得。

我在我们结婚七周年纪念日的这一天，做好了一桌丰盛的菜，然后，在他回家之前离开了家，只在餐桌上留下一封信：

“亲爱的，今天是我们的结婚纪念日，请原谅我选择这样的日子离开。因为我无颜再面对你，也无颜再坐在桌前和你共进这特别的晚餐。

还记得三个月前我的那次出差么？拿下那单项目之后，同事们都很开心，提议去夜总会玩。我也去了……我们开心，我们喝了好多酒……酒醒的时候，我发现自己躺在一个陌生男人的身边……

原想着，不说，让这件事成为一个永久的秘密。可是，每天面对你，心里的愧疚就像虫子一样，一点点地蚕食我的心。我受不了良心的煎熬，所以我选择了坦白。

我知道自己不足以被原谅，可是，想到自己的一次荒唐竟要赔上一个幸福的家，我就心如刀绞。我舍不得，可是我又做不到继续欺骗你。左右为难时，我只能选择在坦白之后逃避。

三天后我会回来，如果你愿意原谅我，请在门口绑一根黄丝带；如果你不原谅，那就请你绑上一根红丝带。看到红丝带，我会安静地走开，再不打扰你的生活。”

想象不出，看到我的信，他会如何的暴跳如雷？或者伤痛欲绝？我躲在阴暗的招待所里，像只怕光的老鼠，缩在角落里静候最终的判决书。

三天的时间对我来说度日如年。可是，对他来说，三天时间大概也不足以让他平息这突如其来的炸弹。

我再回家的时候，门口没有红丝带，但也没有黄丝带。我怯怯地推开门，被眼前的情景惊呆了：家里全空了。所有的家电、家私，连同我曾经的丈夫，在三天时间内，像空气一样，都消失了。

我的衣服被胡乱地扔在墙角，上面还有脏脏的鞋印子；我的鞋子全堆在客厅的中央，也是烂的。我想象着他坐在地板上，拿着剪刀，一双双地剪烂这些鞋子的场景。他恨我，他用这种方式来表达他的恨。破鞋，我突然明白了他的弦外之音。

他用一种决绝的方式飞快地切断了和我所有的关联，就连去办理离婚手续，他也没和我说过一句话，甚至连正眼都不看我一眼，他脸上的神情是嫌弃、厌恶，好像在对着一堆臭不可闻的垃圾，只想快点办完手续，速速逃离。

不管是亲戚，还是朋友，都对我们的飞速离婚表示惊异，表示不相信——我和他，一直是大家眼里的模范夫妻。可再模范的夫妻，再深厚的感情，都抵不过一次放纵。爱有多深，随着遭受背叛而来的恨，也有多深。

这是我出轨该受的惩罚，我不怪他。我也不后悔向他坦白这个秘密。我只是怨恨自己，为什么会有那样的一夜荒唐……

婚姻，从来是“攻城容易守城难”。这恋爱，最多也是个三两年（在速食爱情的年代，有些男女闪恋然后闪婚的，怕是一个星期都不到），就是说，你“攻城”的时间不会太长，但“守城”的时间可就长了。

按目前国内的平均结婚年龄28岁算，假设你的寿命为80岁的话，你的“守城”时间长达52年！这五十多年里，你除了要看好自己的爱人，还要管好自己的身心。婚姻是双向的，随便哪一方出轨，都会让这座“城池”毁于一旦。

你见过火车出轨后毫无伤亡的吗？基本不可能。婚姻也一样。不管你出轨的理由是一时冲动，还是有预谋的移情别恋，你们都无法回到原有的轨道上去了。

没有哪个男（女）人，在知道爱人出轨后还能泰然处之。如果他（她）深爱着你，那他（她）会很受伤，会很痛，那些争执和攻击，都是为了发泄自己被背叛的委屈；就算他（她）对你毫无感情，他（她）都会觉得，你的出轨辱没了他（她）的尊严。所以，要想拥有长久幸福的婚姻，就要管好自己，不要出轨。

原谅的路很远、艰难

出现背叛的婚姻，很多都以离婚作为结束。但也有一小部分的人，被动地选择了原谅。或者不能用原谅这个词，而是因为现实生活中的种种原因，让受背叛的一方无从选择，只能将婚姻进行下去。

有些人，原谅对方，是因为爱。太爱这个男（女）人，虽然明知道他（她）做了对不起自己的事，但仍然无法割舍下对他（她）的感情。纵然心里万般委屈，可是还是狠不下心来离婚，所以，只好选择了原谅。

有些人，则是因为孩子。孩子是连接夫妻感情的纽带。被背叛的一方，虽然想要离婚，可是害怕会伤害到孩子幼小的心灵，所以，选择了暂时原谅。这几年来，每年高考结束后，都会有一波“离婚潮”。很多夫妻因为怕影响到孩子的学习和发展，所以一直“捱”到孩子高考完毕，心智也相对成熟的时候才办离婚手续。

有些人，则是因为经济的不独立和依附，这种情况很多出现在女人身上。很多女人，为了照顾孩子和家庭，会辞职在家做家庭主妇。面对突如其来的背叛，她也觉得羞辱和气愤，可是她没有自己的工作，缺乏经济来源，不知道离婚后自己怎么维持生活，所以，不得不低头。这是对现实的屈服。电视剧《夫妻那些事》里的安娜，就是这样的角色。她明知道老公在外头有情人，可是她只能哑忍，但她的哑忍也并未能换来丈夫的厚待，最后两人还是离婚了。

还有些是迫于老人的压力、或者面子问题、或者是房子……等等问题，不得不选择“继续凑合”。

如果将离婚当做一刀致命，那原谅就类似凌迟。离婚将背叛浓缩成“短痛”，虽然伤口深，但一次解决，从此和对方再无瓜葛，眼不见为净，久了，自然也慢慢平复了。可原谅却是一笔“长痛”。那被背叛的阴影，会一直笼罩在你头上。

我性格一向刚烈，眼里容不得一粒沙子。当我亲眼看到丈夫和另一个女人在酒吧的角落里拉拉扯扯，一个要走，一个拉着不让走，最后两人都泪水涟涟仿佛在演苦情戏时，肺都气炸了。

你不能要求我在这种时候还讲究风度和优雅！如果小三都杀到了家门口，我还像迎宾小姐一样地对她礼遇有加，那才可笑可悲！

没有犹豫，我上前捉住那个女人，一顿狂揍，边打边骂，声音凌厉而清晰，不断地咒骂她不要脸，勾引我家老公，是可耻的小三。那些原本想上来劝架的，听了我的话，就都袖手旁观了。瞧吧！这就是当小三的下场！

至于我家那位，我也懒得收拾他了，只是告诉他："这日子没法再过下去了，我们离婚吧！"他一下子蒙了，死死地抱着我，赌咒发誓说再也不会犯同样的错误了，求我原谅他一次。

我不知道怎么原谅他。我们结婚五年，孩子三岁，我把公公、婆婆、孩子全照顾得妥妥帖帖，没要他操半厘的心，可他居然在外头给我戴"绿帽"！

他向我保证，他会离开那个女人。他说，他今天约她见面，也是为了和她说清楚，再不来往。我相信他说的是真的，因为刚才在酒吧我躲在一边确实听到他要和那个女的断绝关系。但我还是很生气，气得像个疯子，和他吵、和他闹，坚决要离婚。他自知理亏，不敢顶嘴，只一个劲求我原谅。

我搬回了娘家，他就天天守在我家门口。有时候一坐就是一整天，不睡觉，也不吃饭。看着他胡子拉碴的憔悴模样，我也心疼不已。后来，家里人也开始心软，也劝我原谅他。其实，那么几年的婚姻下来，我也舍不得真和他分手，更何况，我们之间还有个三岁的孩子。不管是没了爸，还是没了妈，对孩子来说都是种残忍。在父母和公婆的劝解下，在孩子的眼泪中，我答应了给他一次机会。可是，心里的恨意，根本无法消除。

"和好"之后，我一直找些鸡毛蒜皮的小事和他吵。不对，不是吵，从发生那件事以后，他在我面前永远是低着头的，不管是错是对，都不敢还嘴，只有挨骂的份。

很多时候，我知道自己对他的责骂只是借题发挥，或者说无理取闹，可我无法忘记那个阴影。我想，那时的我，真有点心理变态的样子，满脑子想的是我也要出轨一次，和他扯平，以后才可以和平共处。

很凑巧，我大学的学长——也就是我曾经暗恋的对象，在这个时候拨响了我的电话。他说，他出差来到我的城市，约我出去见个面。心里突然起了个荒唐的念头：这不是很好的一次出轨机会么？而且他还是我曾经喜欢过的人，也当是了结自己曾经的暗恋。

和他见面的那天，我故意将自己打扮得很性感。他看到我时眼前一亮，戏言："要知道当日的丑小鸭能变天鹅，我就不该让肥水落了别人田。"我笑，故意出言挑逗："现在也不迟呀……"

男人，对这类的"暗示"，自然心领神会。吃了饭，他邀我上他的房间坐坐。

谁都知道，这意味着什么。这是我想要的结果，可是在他露着暧昧笑容说出邀请的那一刻，我突然觉得面前这个男人面目可憎起来，像我老公一样，明明是有家室的人，却不肯放过任何一次“艳遇”。

我媚笑着说：“一起上去不太好吧？咱分开走。你先上去，我一会再上来。”他果然上当，将房号留给我之后，自己先上楼去了。离开酒店的时候，我朝他身后抛了个冷笑：贱男人，你就慢慢等吧！

我没有做对不起老公的事，可是回到家，我还是故意告诉他：“我见旧情人去了。我也得找个男人，出轨一次，这样，我的心理才会平衡。”

他死盯着我，眼神复杂，我却挑衅地看着他。似乎只有将他激怒，我才能获得片刻的心理快感。

“如果你觉得这样做，能让你舒服些，那你就做吧！”挣扎了半晌，他挤出了这么一句。我的得意和挑衅在瞬间溃败，大量的愤怒随即涌出，我气得浑身发抖，言语无状：“你自己不知廉耻，就以为别人也会像你一样不要脸？自己去泡‘小三’，还支持妻子去找情人，你可真大度！”

“你心里有我么？你心里要真将我当老婆，当太太，你就不会支持我去找男人！你真不要脸，不要脸！”我一边尖叫，一边将桌上的东西全扫到了地下。

这次，他不再像以前那样，我一发脾气他就道歉，我一砸东西他就冲上来紧紧地抱着我表示他的愧疚。他没有说话，也没有阻止，他对我的表演已经麻木了。同样的片段重复播上N次后，谁都会麻木。麻木过后，应该就是不耐烦了。

我心里也极清楚，知道这样不好。我也知道，如果我实在不能原谅，就应该痛痛快快地离婚；如果不离，我就应该把他的出轨忘记，然后好好过日子。这些大道理我都懂，可我还是控制不了自己。曾经的背叛，就像悬在头顶的剑，时不时滑下来刺痛我一下。

我也想要原谅，可我没想到，原来原谅的路这么难走。我不知道，时间能不能将我的恨意淡化？我们的婚姻，又还能维持多久？

几年前，曾经热播过的《中国式离婚》中，有一个戏份不多，却让人敬佩的角色——林小枫的母亲。

当时，林小枫一直怀疑丈夫宋建平出轨，但又不愿意离婚，而是一直和他闹，大有“我不好过你也别想好过”的心态。为了劝解林小枫，林母告诉了她一段往事：年轻的时候，林父出过轨，林母思量再三，没有去他单位闹，给他留了面子和尊严。林父为她的大度和宽容所感动，从此安分守己，和她相伴到老。

林母去世后，林父又告诉了林小枫一个真相：林母其实不是小枫的生母。这让小枫极度震动：一个女人，要有多深的爱，多大的胸怀，才能原谅丈夫的背叛、还把“小三”所生的女儿视若己出？林母的纯粹和深情，深深触动了林小枫，她最终选择“放过了”宋建平。

原谅丈夫（妻子）背叛的路，可以说是刀尖上的舞蹈，走的是一步一心碎。有些夫妻，选择了原谅，不离婚，可是又心怀芥蒂，无法忘掉被背叛的阴影，把后面的生活过成了报复。这样不单没有修复婚姻的裂缝，反而使其扩大加深，最后成为不可逾越的沟。

若自问没有林母那种心胸和深情，咱还是直接离婚。这样还能将自己从一段失败的婚姻中解救出来，去迎接新的幸福。说着原谅，又无法释怀的话，婚姻已无幸福可言，拖下去，也没有意义了，这倒有点像是拿着对方的错误惩罚自己了。还不如放手，重新寻找一份没有伤害的新感情。记住：这份宽恕，不是为他（她），而是为你自己！

第三篇

婚姻幸福的10个秘密法则

如何经营婚姻

第十四章

相爱法则：男人和女人不是一个星球的

男人和女人就像来自两个星球的不同物种，看似相同，实则存在很多差异。他们在性格、思想、行事等诸多方面都不同。比如说，男人偏于粗犷，而女人偏于温柔；男人多数豁达，而女人多数细腻；男人是网状思维，女人则是放射状思维；男人有爱直说，女人则喜欢迂回婉转；男人受伤时宁愿独处，女人受伤时需要的是倾诉……

这些差异，一开始会让双方觉得神秘、新奇，于是互相吸引、互相靠近；但新鲜感一过，这些差异又会延伸出家庭的矛盾和冲突来。男女双方都会觉得对方不理解自己，会觉得郁闷，甚至会觉得自己选错了结婚对象。

其实，只要你记住：男人来自火星、女人来自金星，你就不会认为这些“不同”不可思议了。我们要求同存异，尊重对方不同的特性、了解对方的心思、包容对方的不同。只有这样，爱情才能生根发芽，才能开花结果。

男女相恋、结婚是基于异性相吸法则

在自然界，动物的原始天性引导它们雌雄交配，而作为无法移动的植物，也会散发出自然芳香，引诱蜂蝶代为传粉，达到“雌雄交配”的目的。

人类作为自然界中的一员，自然也不能免俗。在人际交往中，异性间的接触会产生一种特殊的吸引力和激发力，针对不同的对象，人们能从互相接触中体验不同程度的愉悦感和只可意会不可言传的心灵悸动，这种现象就是我们所讲的“异性相吸”法则。男人和女人的相恋、结婚，都是基于异性相吸的法则。

为什么异性之间会互相吸引？这是因为每个人或者动植物，都是由阴阳两种“能量”组合而成的。如果你是男人，那你的身上有51%的阳性能量，还有49%的阴性能量；而女人恰好相反，女人身上的阳性能量是49%，阴性能量为51%。对男女来说，那比例偏小的49%的能量基本处于“沉睡”状态，所以，每个人都会下意识地寻找能和自己互补的那种阴（阳）性能量，以达到平衡。于是就有了异性相吸，就有了爱情和婚姻。

而从心理学上分析，男女相互吸引，是对“完整自我”的追寻，这说法和上面提到的阴阳学说比较接近。

按照心理学的说法，每个人的身上都具有“显性人格”和“隐性人格”（影子人格）。每个人，表现在众人面前的那一面，是自己的“显性人格”，而被压抑在心里、或者是下意识收藏着的那不为人知的一面，叫做“隐形人格”。比方说，某个平时坚强乐观的男人，他的隐性人格可能是“多愁善感”。因为觉得自己“多愁善感”的人格不适合出现在男人身上，所以他自己会下意识地把自己的这一人格给“收藏”起来，成为“隐形人格”，俗称“影子人格”。

而男人和女人的“显性人格”和“隐性人格”，在某种程度正好也起到“互补”的作用。比如，一个平时冷静理智的理科男，突然碰上一个冲动感性的异性，他会被她身上的那种热情和感性所吸引，觉得她活出的是自己想要、却又不敢或者不会去做的另一个自己。她身上挥发出来的那种能量，能把他牢牢地吸附在身边。

所以，很多爱情和婚姻，都偏向于这种“互补”，例如一个外向一个内向，一个活泼一个稳重，一个急性子一个慢性子，一个热情如火一个冷若冰霜……这就是人格的互补。似乎找到对方，就找到了自己失落在人海中的另一半。

从生理学上解释这种男女互相吸引，很多人偏向于相信“爱情荷尔蒙”学说。

爱情荷尔蒙，始自意大利帕维亚大学的研究。帕维亚大学的研究人员经过研究，发现刚刚坠入爱河的男女，大脑会发出指令，使人体分泌出一种化学物质，这种化学物质让男女双方互相吸引，但在人体内仅仅能够“保存”一年左右的时间。研究人员将这种物质称之为“爱情荷尔蒙”。

爱情荷尔蒙的组成成分看起来有点枯燥，但有助于让我们了解男女为什么“来电”、为什么亲密、为什么忠诚、为什么无法忠诚等问题。

爱情荷尔蒙里包括了五种基本物质：苯基乙胺、多巴胺、去甲肾上腺素、内啡呔、脑下垂体后叶荷尔蒙。

第一种物质是“苯基乙胺”，简称 PED。

一见钟情也好，日久生情也好，只要让头脑中产生足够多的 PEA，那么爱情也就产生了。俗话说的那种“来电”的感觉，其实就是 PEA 的杰作。

事实上，PEA 是一种神经兴奋剂，它能让人感到一种极度兴奋的感觉，使人觉得更加有精力、信心和勇气。由于 PEA 的作用，人的呼吸和心跳都会加速，心跳加快、手心出汗、颜面发红，特别是瞳孔是否能放大，成了判断是爱还是敷衍的最佳标准。

恋爱中的人喜欢海誓山盟，什么“上九天揽月，下五洋捉鳖”都说得出来。这些“誓言”不可能实现，但你还不能说这是一种有意的欺骗。因为在承诺的时候，一个深陷情网的人是真的相信自己有这样的能力，这就是 PED 的副作用之一：自信心的空前膨胀。

PED 的另外一种副作用是：能让人产生偏见和执着，丧失客观思维的能力。坚信自己的选择是正确的，只看到自己喜欢的东西，这就是我们所说的“情人眼中出西施”。

英国伦敦大学的一位瑞士科学家曾经招募自称处于热恋阶段中的青年男女作为志愿者，采用磁性共振成像技术记录他们的大脑活动。图像表明，在看到自己恋人照片的时候，大脑的四个特定的区域不约而同地出现血液流量急升的现象，而同时大脑中负责记忆和注意力的部分活动则受到了抑制，于是，那些处在恋爱中的男男女女自然就“变笨了”。现在你明白，为什么人们会说陷入恋爱中的人智商为零了吧。

第二种物质是“多巴胺”。

多巴胺能产生一种很欢欣的感觉，它是去甲肾上腺素生物合成的前体，为中枢性递质之一，可增加心肌收缩力、增加心输出量，使脑血管扩张、血流量增加，对周围血管有轻度收缩作用，升高动脉血压。

多巴胺的作用之一是刺激后叶催产素的分泌，这种激素会影响妇女的分娩和哺乳，有消除紧张和抑郁的作用。一般认为拥抱时所感受到的那种安全感和满足感与这种激素密不可分。

第三种物质叫“去甲肾上腺素”。

去甲肾上腺素有强大的血管收缩作用和神经传导作用，会引起血压、心率和血糖含量的增高，所谓心跳的感觉就是去甲肾上腺素在起作用。

当你头脑中充满着这些爱情物质的时候，也正是你意乱情迷的时候。但很不幸的是，在人体内这些爱情物质不可能永远处在一个较高的水平上。人体的自我调节能力很强，总是试图将人体的状态调整回正常状况。一旦爱情物质消失，人也就从这样的迷醉状态中恢复过来，或者就像我们常说的那样：“失去了爱的感觉”。

视个体和环境的差别，一般来说 PEA 的浓度高峰可以持续 6 个月到 4 年左右的时间，平均不到 30 个月，这和社会学调查得出的数据很接近。

第四种物质是“内啡呔”。

所有有过恋爱经历的人都知道，爱除了激情外，还应该有些其他的东西。在轰轰烈烈地爱过之后，我们需要另外一种爱情物质“内啡呔”来填补激情。内啡呔的效果非常接近于一种毒品——吗啡，它是一种镇静剂，可以降低焦虑感，让人体会到一种安逸的、温暖的、亲密的、平静的感觉。

内啡呔虽然不能让人激动和兴奋，但这种温馨的感觉一样能使人上瘾。一般来说，当一个婚姻存在的时间越长久，婚姻就会越牢固。这里面很大的一个原因就在于夫妻双方已经习惯了内啡呔所带来的宁静。

看来，让爱情历久弥新的关键就在于：在 PEA 之类的激情物质消退之前，分泌出足够多的内啡呔。很显然，内啡呔的效果和 PEA 之类的爱情激素的效果完全不同，或许我们可以称内啡呔为“婚姻激素”。“婚姻激素”是在“爱情激素”水平下降后开始起主导作用的，婚姻的物质基础并不一定需要爱情物质参与其中。就像有些人天生很难被爱情打动一样，有些人就是没有办法得到充足的内啡呔使自己安定下来。他们的爱情生活是由一系列“热恋—分手”所组成的，周期就是爱情物质的波动周期，一般为 6 个月到 4 年。如果谁不幸和这种人结了婚，那么，面对他（她）的婚外恋情，也就成了一种必然。

用“天生花心”来作为婚外情的辩护理由，肯定会被人认为是借口，也会斥之“荒谬”。可是，有些人，确实是因为体内“内啡呔”的缺乏而无法安定下来，所以处处留情，成了“花心大萝卜”。

与其说他们有着一种放浪的生活态度，不如说这是一种病态的表现，称他们为“爱情瘾君子”恐怕更加合适。

“爱情瘾君子”们追求爱情带来的那种迷醉和疯狂，但当最初的爱情激素分泌高潮一过，他们就会感到空前失落，于是就不得不再次去寻找新的对象以期达到下一次的激情和满足。就像人对兴奋剂会产生抗药性一样。当他们的身体习惯于越来越高水平的 PEA 浓度时，这些“爱情瘾君子”们会发现他们已经无法像开始时一样感受到爱情的冲击了。这时候，他们就会陷入“爱无能”的恐慌里。

第五种物质是“后叶加压素/脑下垂体后叶荷尔蒙”。

人们从动物实验中已经得到验证，注射了后叶加压素/脑下垂体后叶荷尔蒙的雄性野鼠，对交配过的雌性的兴趣会远远高于对其他雌性野鼠的兴趣。而面对其他雄性野鼠对自己伴侣的亲昵行为，它也表现得更加好斗。而且脑下垂体后叶荷尔蒙注射入老鼠体内会引起勃起。

如果上述生物化学反应也对男女关系发生作用，那么，即便情侣对相互之间的吸引力来自何处并不自觉，所导致的性爱关系应当属于感性范畴。不幸的是，每个人在择偶期间，由于受到的时空限制，无法接触到尽可能多的潜在对象。于是，如果不考虑到性爱之外的其他因素，只要配偶一旦选定（不论是否缔结婚姻），其后随着时空条件的改变，接触到其他“感觉更加良好”的对象的可能性也是无限的多。除此之外，每个人的生理变化（如荷尔蒙）也可能导致品味的改变。

无论是在传统上还是在道德上，我们都认为一夫一妻制是一种值得提倡的行为。人类之所以需要这种荷尔蒙和需要安全可靠的伴侣，可能是因为怀胎过程特长，子女成长特慢，因此稳定的伴侣关系有助于人种的安全成长和延续。有关学者在研究几种脑下垂体后叶荷尔蒙的过程中，不幸又发现这些主宰感情的荷尔蒙的分泌与感应并非永恒不变，往往在时空条件改变的情况下，其供应与感应也会随之相对增加或减少。

Theresa L. Crenshaw 医学博士研究了荷尔蒙在人体中的作用。她认为人体触摸提高了脑下垂体后叶荷尔蒙的水平，它促进人产生爱的感觉。因此，合成脑下垂体后叶荷尔蒙可以用于治疗抑郁和强制性行为。

简而言之，苯基乙胺使人坠入爱河，多巴胺传递亢奋和欢愉的信息，去甲肾上腺素让恋爱的人产生怦然心动的感觉，内啡呔能够使恋人双方持久快乐，脑下垂体后叶荷尔蒙则是控制爱情忠诚度的关键激素。

这样看来，男女的相恋、结婚，更像是一场“化学反应”。

男人和女人原本就是不同的生物

男人和女人虽然同属人类，但从各个方面细细分析的话，你会觉得这明明就是两个星球的生物嘛！只不过不小心掉在了同一个星球上，才凑在一起生活的。

对男人来讲，事业有成是头等大事，只有事业成功，才能实现自己的价值。但对女人来讲，事业只是“客串”，心中的头等大事是情感的满足。她觉得拥有一份幸福的爱情或者婚姻，已是自身价值的实现。男人会觉得女人不够大气，没有“胸怀大志”；女人则觉得男人太过理性，总把事业放在第一位，冷落了感情。

在物质上，男人偏重于一些“实在”的东西，如果他有足够的钱，他会买房子、跑车、配置高端的电脑、或者其他高科技产品……而女人，偏重的是一种浪漫情结，如果她有钱，她会买鲜花、小公仔、精美的首饰盒、或者是趣味十足的沙发垫、可爱的窗帘扣……这么说吧：男人的“实在”购置的是家的外壳，而女人的乐趣，则是用一堆小物件，将这个家点缀得很有味道。

在运动上，男人喜欢的是踢足球、打篮球、攀岩、赛车等激烈的运动，他觉得这样的运动才够“劲霸”，能展现男人的雄壮和力量；女人喜欢的是瑜伽、舞蹈、游泳、网球等，她们的目标多数不是为了身体健康，而是为了让自己的身材健美。男人会觉得女人将健康和“臭美”本末倒置了，而女人则不明白男人会什么会喜欢这些冲撞激烈的运动，弄一身臭汗，还很有危险性。

如果电视遥控器在男人手中，他会看新闻、体育、军事节目；女人则会看肥皂剧、看娱乐节目或者看一些穿衣、化妆的节目。男人斥之为“垃圾”，不屑一顾；女人同样觉得：你关心民生大计、关心国家大事、甚至关心国际问题有个什么用啊！只能是白看，你又改变不了世界！

男人喜欢看“大著作”，对哲学和历史之类的“实打实”的书超有兴趣，杂志会看《财富》、《商界》、《世界军事》、《中国地理》，报纸则是《参政消息》之类的；女人么，只对“戏说”的东西感兴趣，她们会看穿越小说、言情小说，杂志则看《瑞丽》、《悦己》、《时尚芭莎》、《爱人》，报纸到手，先翻看的总是娱乐版，然后是副刊，最后才是新闻版块。男人觉得女人看的东西很“无厘头”，没深度；女人则认为男人太“正经”，活得太严肃。

男人对服装要求很低，只要符合自己的身份就好，款式不用繁复，庄重简洁即可。但女人不一样，女人是觉得“衣服永远少一件”，恨不得一天一新款，从款式到料子到色彩，从鞋子到首饰到腰带到围巾到妆容，女人是不容得一丝错配。女人恨不得自己是孙悟空，可以随时七十二变，想变萝莉就萝莉，想当御姐就御妇，想学熟女就成熟女，偶尔整个万人迷形象让男人眼冒绿光也是很有成就感的。男人也愿意欣赏女人的美色，但在等待女友（妻子）“变身”的时候，他却会恨极女人这种挑剔和唯美。

请客吃饭，男人多数带了明确的目的。比方说谈生意、刺探“情报”、托人办事、搭关系……这一餐饭就是为了这个目的而展开的；但女人不一样，女人请客吃饭，可以只是很纯粹的吃饭，饭桌上东南西北闲扯，上至天文地理下至娱乐八卦，家长里短地边吃边聊，吃完聊完散人。女人享受这种聚会的乐趣，男人则觉得没有目的性的聚会纯粹是浪费时间，女人同样觉得男人带着目的性的请客吃饭很是“功利”。

男人受伤了，通常不愿意倾诉，哪怕是对自己最亲近的爱人，他宁愿不受打扰地呆着，自己替自己疗伤；女人恰好相反，女人受伤的时候很害怕一个人待着，她会想要自己亲近的人陪着，抱抱她，陪她说说话，安慰安慰她。所以，女人看到男人受伤，习惯凑上前去问个究竟，然后再加以安慰，可男人却总觉得“我心情不好你就不能让我安静会么！”而男人看到女人伤心，就想着“不打扰她让她安静会好了”，结果却让女人更伤心：“你都不关心我的！看我这么伤心都不过来安慰安慰我！”

男人遇到难题的时候，最烦别人来指指点点：“你该这样做，你该那样做！”他更喜欢自己思索，靠自己的力量来解决困难。女人困惑的时候，会希望男人伸一把援手，告诉她应该怎么做。所以男人对“指手画脚”的女人心生反感，而女人也会对“袖手旁观”的男人有很大意见。

就连性事，男人和女人也都不在一个“星球”上。男人对做爱的理解，就是性器官的接触；可女人对做爱的理解，未必一定是性器官的接触。男人会把女人的一句“抱抱”，当成是一种性暗示，可其实女人要的真的只是一个拥抱；而男人的过分亲热，会让女人觉得，男人怎么满脑子都是“那种事”，一个拥抱都能演变成一场性爱。

以上所列举的这些事例，只是男女相处过程中N多不同的冰山一角。现在你知道了吧，为什么我们会说男人和女人是两个不同星球的生物了吧？但也不用将这些“不同”当成洪水猛兽。只要我们平时多留意对方的习惯，尊重和包容对方的不同，也是可以和平共处的。更何况，这男女各自的“不同”，很多时候还能起到互补的作用。不是有这么一句话么？男女各是一个“半圆”，我们在人世间的寻觅，就是为了找到另外那个“半圆”，来让自己变得“圆满”。这男女的不同互补，最终，成就的也是一个“圆满”。

不要试图改变对方，爱他（她），就要包容他（她）

前面两节我们已经做过分析，男人和女人不管是从性格特征，还是为人处事世，甚至是生活上的各种小习惯，都会存在着“不同”。这种“不同”，需要的是包容，而不是改变。

那些喜欢扬言要“修理”丈夫（妻子）的人，有必要先搞清楚以下这一点：所谓的“不同”，只是相对你自己而言的，这并不代表他（她）的“不同”就是错的。所以，你不能一味地逼着别人迁就你。

咱就举一个流传最广、看似搞笑但却真实存在N对夫妻中的“牙膏该咋挤”的矛盾吧！你喜欢从尾端挤，不代表从中间挤就是错误的，这只是个习惯的问题而已。与其天天唠唠叨叨地逼着对方改，不如退一步，自己宽慰自己：大不了我跟在他（她）后面刷牙呗！他从中间挤完，我再从尾端挤，这样就把他“中间”

的痕迹给抹掉了。这不同样是个解决问题的办法么？只要动动脑子，所有的“不同”都可以变成“互通”。

真心爱一个人的话，是希望他（她）过得开心。但如果你天天盯着他（她），告诉他（她）：“你这习惯是不对的，应该改”、“你那样做是不好的，也得改”……我想，任是谁，都开心不起来的。

瑞雪是城里某个著名企业家的女儿，是传说中的“富二代”。而这样一个身家过亿的富二代，却爱上了一个中学的穷教师。

他叫剑锋，和她以前交往的那些纨绔子弟简直是两个世界的人。剑锋的身上没有铜臭味，只有书香气。他的性格也很恬淡，不求名，不求利，钱对他来说，能维持温饱就行。

瑞雪不想自己的爱情渗入财富的因素，也一直刻意隐瞒自己的背景，让他将自己当成普通人家的女儿来相爱。及至谈婚论嫁时，剑锋才惊觉，自己娶的是个“富太太”。

能嫁给这么一个“才子”，瑞雪本来也心满意足了。可是，作为一个“富二代”，免不了得参加一些应酬。而每到宴会上，剑锋都会成为富二代们取笑的目标，他们会故意问些难堪的问题：“你在哪里高就啊？”“你的公司什么时候上市啊？”或者“你一个月工资多少啊？”“你在家用不用煮饭啊……”是赤裸裸的讥讽。

剑锋因为性子平和，对这些讽刺多数只是报以一笑，反过来还宽慰妻子：“都是群不相干的人，何必为他们生气？”瑞雪却愤愤不平：“你这人怎么这么没血性？人家这样讽刺你你都不还击！”

为了给丈夫“镀金”，她决定对他加以全方位的“改造”。

她趁着他放暑假回乡下看望父母，直接到学校把他的工作给辞了。又出资给他开了个房地产公司，直接把他从两袖清风的中学教师变成了地产公司的老总。

剑锋虽然对瑞雪的“先斩后奏”很是不满，可想到她的一片好心，他也只好接受了现实。

若说人不爱财亦不爱权，未免有点矫情。只是，短暂的开心之后，剑锋开始焦头烂额。做生意并不是他的强项，而且生意场上的尔虞我诈，实在和学校的备备课、教教书的简单生活相去甚远。但妻子已经习惯了替他安排自己的生活，大至公司决策，小至穿衣戴帽，全是她在做主。久了，他就觉得自己只是妻子掌中的扯线公仔，她想要他咋动就咋动，来去全不由自己。

每次争执，妻子都会眼泪汪汪：“我做这一切，不全都是为你好？”就连母亲也不站在他这边：“娶上这样的媳妇，是你几世修来的福，你还想怎么样？”是呀，她年轻、漂亮、有主见、有财富，而且还爱他，还有什么不满足的？他自己也这么劝自己，可是心中的另一个自己还是在左冲右突，不肯就范。

及至有一天，他身体不舒服，想推掉应酬，妻子又来阻止：“今天做东的是某某领导，公司要买的地皮还得等他批，你就去一趟吧！”他用一种陌生的眼神看了妻子一眼，就开着车走掉了，再也没有回来。

瑞雪几经辗转查找，才在离城市很远的一个小村庄里找到他。彼时，他已经重拾教鞭，当起了乡村教师。教室里的设备很简陋，连黑板也是“自制”的，可是，站在讲台上的他，却意气风发，笑得阳光灿烂。

看着这久违了的笑容，瑞雪突然很是心酸。她开始检讨自己：我当初看上的，不就是他的这份远离铜臭的书卷气么？不就是他的恬淡和与世无争么？为什么后来我又要改变他，把他变成我反感的那些人的模样？

想通了这点后，瑞雪没有逼剑锋回到公司去，而是拿出一部分钱，在当地盖了新的教学楼，还设立了助学基金，让剑锋能安心做他的老师，帮助他想帮助的小孩。而瑞雪则回到城里，继续打理着她的家族生意，做她的女强人。

周末的时候，她会开着车，跑到剑锋所在的小学，帮他改作业，帮他备课；或者是陪着一群孩子玩游戏，满山的疯跑。到了寒暑假，剑锋也会回到城里，帮她做做文案、整理整理文件。

这一份因为贫富悬殊、地位悬殊而从来没有被看好的婚姻，因为双方的互相尊重和包容，反而走得很稳固，也慢慢赢得周围亲人和朋友的尊重和佩服。

他不善言辞，恋爱的时候你觉得这样子的男人踏实，靠得住；为什么结婚后就觉得他木讷、不够八面玲珑，非要他改呢？她活泼可爱，恋爱的时候你觉得她青春灵气，带给你活力；为什么结婚后就嫌她聒噪，让你心烦，也要她改呢？

你爱上他（她）的时候，他（她）就已经是这个样子的了。你如果觉得这样的他（她），不是你喜欢、或者不是你能授受的，你大可退出；但你不能前头叫着“这是我的菜”，把“菜”抢到自己面前后又要对着它挑三拣四，说这不好那不对，逼着人家“变身”。等他（她）完美“变身”后，他（她）还是你喜欢的那道“菜”吗？

对爱情过分敏感，寄予厚望，然后苛求更多，却独独忘了要设身处地去替对方想一想。这才是爱情和婚姻的致命伤。

在婚姻生活中，包容是最大的“润滑剂”，而改变则是把伤人、有时候还会自伤的“剪刀”。聪明的丈夫（妻子）是不会把“剪刀”揣在怀里，随时准备对妻子（丈夫）进行“修理”的，他（她）只会把“润滑剂”带进婚姻，寻求一种“求大同、存小异”的和谐。

第十五章

交流法则：男人多数沉默，女人选择倾诉

很显然，男人对语言沟通的热衷程度远远不如女人。男人对情感的克制力很高，他习惯把喜怒哀乐放在心里，静静地一个人消化。就算他要说，他也会用简洁的话语直奔主题，绝不多费口舌。而女人正好相反，女人喜欢倾诉，同时她也习惯通过倾诉来宣泻自己的情绪，和身边的人分享自己的喜怒哀乐。这是两种不同的交流方式。所以，各个家庭中经常出现这样的场面：女人在一边絮絮叨叨，而男人，视线要么放在报纸上，要么放在电视上，偶尔“嗯”、“哦”两声，表示敷衍。

男人是天生的思想者，女人是天生的演说家

男人为什么是天生的思考者？女人又为什么是天生的演说家?《新知客》有一期文章从进化心理学分析了这一个问题。

文章说：在远古时代，男女之间有不同的社会分工，男人们负责出门打猎，全家老小的“口粮”就全依赖在男人的打猎技术上。如果他没法正确估算距离、速度、角度，他就打不到猎物；打不到猎物，全家人就都要饿肚子。在这种大环境下，男人不得不开动大脑，充分利用自己的智慧，思考“作战方案”，以便猎取食物，养活家人。

而那时候的女人是不参与狩猎的，她只能靠维护自己和男人之间的关系来获取食物。所以，她需要用语言不断地与男人沟通、向男人倾诉，以维护彼此的关系，让自己能够从男人的食物里分一杯羹。

尽管现在的男人已经不是靠狩猎过活，而女人也可以独立生存，不必依赖男人了，但生物信息已经将男女的这种“特质”，代代相传了下来，变成了男女身上的性格“基因”。

这样的说法靠不靠谱得等科学家来告诉我们，但在遇到问题时，男人多沉

默、女人爱唠叨却是不争的事实。

男人从小就接受着所谓的“男子汉”教育。例如：得照顾女人呐、要撑起整个家啊、要顶天立地啊、要坚强啊、遇事要会解决啊……诸如此类的“强者”教育。这在一定程度上，让他们“闭紧”了自己的嘴巴。不论在外头碰上多大的困难、多大的挫折、多痛的打击，他们都不敢哭，也不想求助，因为男人觉得，那是弱者的表现。

另外，他也不愿意对妻子倾诉。很多男人不想把自己碰上的困难告诉妻子，这让妻子们有所误会：他有事情也不告诉我，是不是他已经不爱我了？事实恰好相反，他的“不说”，不是“不爱”的表现，而是“很爱很爱”的表现。正是因为爱她，所以，他不愿意把工作上的不如意、或者是生意上的大挫折告诉她，不想让她跟着自己一起操心、烦恼。他觉得：我是男子汉，我得给她平静安稳的生活，怎么可以倒过来让她陪我担惊受怕呢？于是，他选择了三缄其口，用沉默来“埋葬”困难。

而同时，男人也在沉默中思索解决问题的方法。为了解开这个难题，他需要高度集中自己的注意力和精神。一心难两用，在这种时候，要他一边思考、一边应付妻子的“唠叨”，基本是不可能的。所以，他可能会对妻子的话充耳不闻，他的人坐在妻子的面前，但他的“心”却会沉浸在自己的世界里。

不过，做妻子的也无须太担心。等他把问题解决了，他自己就会走出这种类似“自闭”的沉默。

而在压力面前，女人选择的“解压”方式就和男人不一样。在巨大的压力面前，女人害怕独处，那种独处的无助会让她惶恐。这时候她就会想有人陪着她听她说说话，如果这个人是自己最爱的人那自然更好！女人习惯通过倾诉来分散自己的恐慌，同时也想通过倾诉来寻求一些帮助和安慰。

但女人的倾诉方式，不会像男人那样直奔主题，她往往会做很多铺垫，会细叙事情的“前因”，在叙述的过程里，她又会加上N多的感情色彩加以渲染。这就让男人听得不耐烦。比方说，女人在“的士”上遗失了公司的一份重要的合同，回到公司被领导骂了一通，还责令她尽一切力量去找回来。她回到家，跟丈夫说起这事时，她不会直入主题，而很有可能从自己起床那会开始说起：睡过头了，起来后连妆都来不及化，就匆匆赶去公司，结果还是迟到了。想到这个月的全勤奖金又没了，想到自己没化妆一副残花败柳的样，心里就很不痛快，注意力也不集中。这时候领导让她去送合同，她打了辆“的士”坐上了车。因为早上没睡足，就在车上打了个盹。后来司机跟她说到了，她就迷迷糊糊地付了钱下了车。冲到电梯口发现自己两手空空，才想起自己把文件夹落在了“的士”上！

做丈夫的，一开始以为她的坏心情是因为扣了全勤奖，接着以为她是介意自己没时间装扮漂亮所以不开心，再接下来，以为她是不爽领导把自己当跑腿，到最后才明白，原来是合同落在了车上！这样的叙事方法，是男人最烦的方式。

男人往往不理解这种聒噪，他觉得：有问题，就想办法解决，你前头说说说！说那么多废话有什么用啊！浪费了时间还混淆了视听！他就希望你直接说："我合同落在了车上，你说用什么办法找回来？"这样他就会直接给出他的建议：拿着的士票，联系出租车公司，通过总台寻求失物，这不就结了？

经过分析，我们不难发现：男人的大脑设定的"程序"是："发现问题、解决问题"；而女人的大脑则被设定为："建立关系、维护关系"。于是，在某些棘手难题形成的压力之下，男人倾向于自己独立解决问题。因为解决问题需要耗费大量脑力，所以他会变得沉默。而女人在碰到困难，产生压力的时候，倾向于找人倾诉。道理很简单：女人本就是弱者，如果不找人倾诉、不找人帮忙，她无法独自解决问题。

这也就是为什么我们会说"男人是天生的思考者，而女人是天生的演说家"的原因了。

妻子不要对丈夫指手画脚

这是经常出现在现实生活中的场景，未必全然相同，但绝对类似：

丈夫回到家，一脸郁闷地待在书房里，猛抽烟，连饭都不想吃。做妻子的肯定想：他一定是出了什么事了！不行，我不能不闻不问不关心，我得过去问个清楚，看能不能帮上什么忙。

于是妻子强行推开书房的门，进去问："亲爱的，你怎么了？"丈夫闷声答："没事，我就坐坐。""真没事？""真没事！"这时候丈夫的话语里已经有了不耐烦，妻子还浑然不觉，继续追问："可你这样子不像没事啊！"丈夫不出声了，只是抽烟的频率明显放快了。

"亲爱的，有什么不愉快的你就说出来嘛，说出来心里会舒服一些的！"妻子继续苦劝。丈夫还是无言。

"你这样闷在心里会闷坏自己的！还有，抽烟对身体不好，你看看，才这么一会儿功夫，你居然就抽了这么多支烟了！"妻子上前抢下了他手中的烟，然后动手拉他："咱去吃饭，多少吃点。"丈夫挣脱开她的手："你先吃吧，我没胃口。""人是铁，饭是钢，不吃饭咋能行……"

妻子还是想拉他起身："是不是你们老板又给你气受了？还是助理又没把你安排的事办好？"见丈夫一味摇头，她继续往下猜："那是财务的老姚又卡你经费？人事科的刘扬给你使绊了……"边说边抢下他准备点燃的另一支烟："都说了不要抽烟了，怎么又点！”

做丈夫的终于受不了妻子的聒噪，大吼一声：“别说了！你就不能让我自己一个人安静地待会么！”妻子愕然，然后是委屈，接下来是气愤：“你这人怎么回事！我也是好心好意关心你，你却这种态度！居然还吼起我来了！真是狗咬吕洞宾不识好人心……”

话音未落，做丈夫的早已气冲冲地走向门口，换鞋，大力摔门而去。妻子更是气结：“这人！这人怎么这么不识好歹！还倒过来摆脸色给我看！这算个啥事！”于是，一场家庭“风暴”就此形成。

妻子的唠叨确实是出于关心，但这种状况下的男人需要的不是这种关心。

有男性心理研究专家指出：男人的世界充满竞争，这就要求距离、假面具和算计。男人的生存面临着女人无法想象的残酷挑战，为了保护自己，他们会秉承“言多必失”的原则，利用沉默来保护自己。同时沉默也能让男人在对手面前保持一定的神秘感，减少被对手捉到破绽加以攻击的机会。受伤的男人，会在沉默中独自疗伤，休养生息。亦会在沉默的时间里，对自己的失败加以分析、反思，对接下来的“战略”做出调整，积蓄能量，为下一次反击做好准备。

所以，男人遇上困难或者承受压力时，会想找个地方躲起来，自己一个人安安静静地待一会。这时候如果妻子表现得过分“关心”，对他指手画脚，反而会让他觉得你过分干涉了他的自由，让他产生不耐烦的情绪，不但不能帮到他，反而会让他的情绪更加暴躁或者低落。

当然，咱也不是说，丈夫这种赌气的做法没错，但如果做妻子的平时多研究研究一下男人的心理，这样的“风暴”是完全可以避免的。

那么，面对沉默的丈夫，妻子应该怎么处理才是正确的呢？

第一，切忌打破砂锅问到底。

丈夫突然变得沉默，做妻子的肯定会担心，很想知道发生了什么不好的事，会想“他是不是哪里不舒服？”“是在单位受了委屈么？”“会不会是老家出了啥事了？”等各种猜测。这是人的自然反应，但这时候你还是得尽量克制一下自己的好奇心，把疑问“冷冻”起来。因为这时候你去问的话，他不但不会接受你的“关心”，反而会觉得被打扰，会很不开心，这样反而容易产生不良的对抗情绪。更何况，这种状态下，他没有兴趣、也没有心情来回答你的问题。所以，最明智的做法就是：让他自个待一会，不要老在他耳边问“出什么事了”。

第二，给他沉默的自由。

有些妻子太过敏感，男人一沉默，她就会觉得他有事在瞒着自己，所以会觉得很受伤。事实上，很多时候男人的沉默，只是为了思考，解决他所碰上的难题，并非拒绝你的靠近。别说男人，就是爱“八卦”的女人，有时候也会有心情不好、不想说话的时候。所以，在他不想说话的时候，留他一点空间，给他沉默的权利，他会因此而感激你。

第三，给他自信，让他自己处理。

有些妻子属于女强人型，丈夫如果碰上问题，她总会很热心地想要帮他搞定，但丈夫未必会因此而感激你。男人好面子，这是谁都知道的。他沉默不告诉你，表示他想独立解决他所碰上的难题，他不想你在边上指指点点告诉他应该这样做、应该那样做。聪明的妻子要学会放手，相信他的能力，让自己的男人去处理、去解决，这样更有利于培养他的自信。

第四，给他一个拥抱。

我们说，不在他沉默的时候去“逼宫”，不去烦扰他，但这不代表你真的不闻不问，把他当透明人。男人不会轻易承认自己的脆弱，他虽然想要一点独处的时间，可是如果你全然不理他，他没准就觉得你一点都不关心他、不在乎他。那么妻子要怎么做才合适呢？在他沉默静坐的时候，你可以握着他的手，什么也不问，就这么安静地陪着他坐着；或者，泡杯他平时最爱喝的茶，放到他面前，让那热气腾腾的茶水传递属于你的温暖；再或者，走过去，抱抱他，拍拍他的背，让他知道，不管发生啥事，你都会在他身边陪着他，这样，就足够了。

女人们也不必太担心，男人不会一直将自己困在沉默中。只要他找到了解决问题的方法，或者是解开了一直困扰他的谜团，他自然会从封闭的空间里走出来，回到你的身边来。

丈夫要学会聆听妻子的倾诉

吃完饭，丈夫打开电视机，把自己“摊”在沙发上，正准备好好关心一下国家大事、市井小事，妻子收拾完餐桌，擦着手愤愤不平地坐到他旁边：“今天，可把我气死了！”丈夫一听紧张了下：“怎么了？”“我居然和财务的李会计‘撞衫’了！”

丈夫的额头直接“挂”了三条黑线：还以为出啥大事了！撞个衫而已，至于用这种火星撞地球的语气么！正打算开解妻子一下：“也许只是凑巧，人家不知道你有同样的衣服”、“大不了咱不穿这件去公司，这样就不会‘撞衫’了。”

脑里的几个“解决方案”还没说出来呢，

妻子已经跳跃到另一个话题上去："上个星期的咸鸭蛋才一块钱一个，今天买就变一块二了！才几天工夫啊！这一涨就涨了20%，还让不让人活啊！""不就两毛钱嘛！而且咸鸭蛋也不会天天吃，不至于吃穷咱家！"

同样是话未出口，妻子的话题已经做了第三次跳跃："天气预报说过两天有股冷空气要南下。明天得抽空把秋衣拿出来晒晒散散味，要不一冷还没得穿了。"

"你记得李毂吗？就我们小学同学，白白胖胖、脖子上喜欢套条粗粗的金项链的那个，以前在路上碰上过，我还指给你看了，他又要结婚了！这都第三回了！结了离、离了结，这次不知道又是哪个姑娘走路不带眼撞他怀里了！"

如此这般地日复一日，噼里啪啦，话语无穷尽，话题亦无穷跳跃。丈夫只觉得每天耳畔都有五百只鸭子在叫，嘎嘎嘎，嘎嘎嘎，烦不胜烦。

于是，有时候是借尿遁，躲厕所看报纸去了。有时候没控制住，也会不耐烦地扔下一句："你能不能少唠叨一会！吵得我脑壳疼！"最常见的是老僧入定姿态：只管做自己手中的事，例如看报纸啊、玩电脑啊、看电视啊……对妻子的话充耳不闻，被逼急了，就"嗯"、"哦"地附和。

这样的敷衍有时候也会闯祸。有天妻子让他下了班去接孩子，他"嗯"了也"哦"了，但压根本没听妻子在说啥，结果小孩被"扔"在幼儿园哭得天翻地覆才等到家长赶过去。

妻子算是看穿了他的敷衍，从那以后就把嘴闭上了，再不在他面前天南地北地唠叨了。他还在心里窃喜，觉得自己终于"解放"了。

可是"戒"了唠叨的妻子，却不像以前那样温柔可亲了，整天板着个脸，仿佛全天下的人都欠着她一大笔钱；脾气躁了许多，像个火药桶一样，只要有一丁点儿"火星"它就炸。开始变得不可理喻，夫妻间的感情也一落千丈。

后来，妻子更是直接把离婚提上"议程"，说，没办法和他继续过下去了，还是趁早散了干净。

丈夫左思右想也没想明白自己犯了啥大错，让妻子无法原谅，要走到离婚这一地步。在他的苦苦追问下，妻子才说出了想要离婚的原因："你都不爱我了，我还死皮赖脸地待在你身边做啥？"

做丈夫的一头雾水："我什么时候说过我不爱你了？不爱你我也不会娶你过门。"妻子冷笑地看着他："你爱我？你爱我还会天天用这种冷漠的态度敷衍我？我和你说话，你从来没有认真听，除了敷衍还是敷衍，还总嫌我唠叨！天天就板着个脸和我玩冷暴力，你不就是想逼我主动放手么！那我就成全你呗！"

谈话至此，做丈夫的才知道问题出在哪。只是他没想到，没认真聆听妻子的唠叨，会有这么严重的后果。

在他看来，妻子的唠叨全是些没有营养成分的、无意义的闲话，听与不听，都无所谓。可妻子却不这样认为。对女人来说，丈夫的“拒听”等同于冷漠，弦外之音是：我对你没兴趣，所以我对发生在你身上、或者你周围的事情也没兴趣。这样一来，问题就很严重了。

如果丈夫不正视问题，任由妻子这么误会下去，那夫妻纵然没“分道扬镳”，也离“同床异梦”不远了。

女人不像男人那样习惯沉默，喜欢“喜怒不形于色”。对女人来说，倾诉是她和外界沟通的渠道。而丈夫是她最贴心、最亲近的人，自然就是她心里的“首席听众”。所有的快乐或者伤心、成功或者失败、激扬或者颓废，她都想通过倾诉来讲给他听，让他分享她的喜怒哀乐。对她来说，丈夫是她生命里最重要的观众和听众，如果他缺席，她的“表演”就没有意义了。

夫妻的生活来自交流，而男人本身就不爱叽叽歪歪，如果连女人都“闭嘴”的话，那两人怎么沟通？

咱不妨想象一下夫妻两人都不说话的场景：你回到家，与妻子两两相望，不吭声，互相点点头，就算是打过招呼了；吃饭的时候，各自扒着碗里的饭，餐桌上只有吞嚼的声音，超级安静；吃完饭，你去上网，她看电视，或者是倒过来，你看电视，她上网；差不多时间，就熄灯，睡觉——这样倒是够安静了吧？没有五百只鸭子在身边聒噪的感觉了，可这叫什么生活啊？感觉住的就是一冰库，没人气、没生气、没烟火气。

在我看来，女人的“唠叨”，在一定程度上是为了与男人的沉默形成互补。夫妻晚上会同床而睡，但白天各自上班的时候，都有自己的“故事”。

虽然每天生活都雷同，但每天也有很多“不同”出现。妻子是想通过自己的唠叨和你分享她在白天经历过的“故事”：自己在公车上意外碰到老同学——和你分享她的惊喜；中午和同事发现了一家又便宜又好吃的茶餐厅——下次我们可以一起去试试；今天的工作完成得很顺利——亲爱的你今天的工作也顺利么？下班的时候被当成孕妇，得到座位——有点小小的尴尬：我该减肥啦！菜市场难得有这么鲜活的竹节虾——晚餐有椒盐虾吃哦……

妻子的唠叨是想“引诱”你开口，说说自己一天的“经历”，这样你们就能了解对方这一天的“活动”。虽然不在一块，但在彼此的讲述里，就如同两人在一起共同经历了一样。

有丈夫会抱怨：妻子的叙述方式很混乱，自己也想好好倾听，可是，永远跟不上她的节奏；有时候也想帮她出出主意，但经常适得其反，妻子似乎并不领情。

这其实也没什么好奇怪的。女人没有男人那么强的逻辑性，她们不会给自己的问题排列“一二三四”，也不会给话题分个“主次”，她们更习惯这种随心所欲，想到哪说到哪的叙述方式。她只是真实地说出自己的感受，想要得到丈夫的理解和共鸣，如此而已。对她来说，丈夫肯认真聆听她说话，就已经很好了。

那么，在妻子倾诉的时候，丈夫要怎么做才合适呢？

1. 要集中精神认真聆听，不要敷衍。

有些丈夫在妻子倾诉时，要么只管看报纸，要么偷偷瞄着电视，或者干脆神游太空。一心两用，暗中走神，根本没认真倾听妻子的话。对妻子的问题也是答非所问。被妻子揭穿“不专心”时，还要强词夺理地辩解：“我哪有！我哪有！我一直很专心！”等妻子非要你复述自己刚才在讲啥时，又啥都说不出来。

这样会让妻子很受伤，觉得你很冷漠，不关心她，所以对她的倾诉你只一味敷衍，懒得倾听。她会把这种行为提升到“你不爱我”的高度。

2. 设身处地替妻子着想。

丈夫在聆听的过程中，要把自己代入到妻子的位置，从她的角度找出她希望通过倾诉得到什么。

比如说，妻子告诉你，她今天在菜市场门口和别人吵了一架，原因是那个人手中拎着刚杀的鱼，袋子上的血水蹭到她裙子上了，把她的裙子弄脏了。这时候你很“公正”地批评她：“菜市场人那么多，蹭脏衣服是常有的事啦！回来洗洗就是，犯不着小题大做！”你说这时候妻子憋气不憋气？

她当然也知道市场人多，也知道蹭来蹭去是常有的事，可那是她很喜欢的一条裙子，而且穿着一摊血迹的裙子在市场里穿行也是件很尴尬的事。她告诉你这件事的目的，只是想从你这里收获一点安慰，来抚平被弄脏衣服的郁闷。可你却漠视她的感受和需求，反过来批评她小题大做，这不是火上加油么！

3. 客观的聆听，不要断章取义，更不要先入为主的作出判断。

心急的丈夫经常会犯这样的错误：妻子还没说完，他就自以为是的认为自己猜测到了妻子的意思，于是急不可待地打断妻子的发言，把“话筒”抢过来，发表自己的意见。

但其实他所理解的，并不是妻子真正想要表达的意思，这让妻子觉得丈夫并不了解她。而且话说一半就被打断，也会让她觉得丈夫对她不够尊重。

4. 不要乱提意见。

妻子的重点是在倾诉，而你的重点是倾听，不是指手画脚。如果妻子没有主动开口向你求助，那你就不要出谋献策，更切忌用一副高高在上的口吻教导她：你应该这样做、你应该那样做。这样的话，会让妻子觉得你怀疑她的能力，反而会“很受伤”。

培根说过：“把快乐告诉别人，你的快乐就会加倍；把悲伤告诉别人，你的悲伤就会减半。”女人的唠叨，要的就是这种效果。所以，做丈夫的，每天腾出点时间来，陪妻子天南地北地唠唠嗑，绝对有助于加强家庭的内部和谐。

第十六章

完美法则：现代完美妻子VS现代完美丈夫

事实上，我不认为世上真有完美的事物，之所以列出这样的标准，只是为了让丈夫（妻子）对自己有更高的要求和追求，力求完美，如此而已。好吧，那咱就有则加勉，无则努力，向完美出发！

现代完美妻子标准

“金无足赤，人无完人”，我们没办法做到完美，但我们可以尽最大的努力，让自己接近“完美”对不对？经过思考，我自己试着列出了“完美妻子”的标准：

1. 尊重丈夫。

男人都是好面子的，要学会维护丈夫的尊严。有不满有意见，在自己家里时尽管提尽管抗议，但到了公众场合得给他留点面子，切忌在朋友面前嘲笑、讽刺、贬低自己的老公，让他下不了台，这是对丈夫起码的尊重。

2. 优雅动人。

在家可以随意，但出席丈夫公司的聚餐、年会，或者是朋友聚会时，一定要有件得体的衣服——不一定要华丽，但一定要有品位；应对要大方、得体，显示出自己的修养和见识，让丈夫以你为荣，而不是让他在上司和下属面前丢了面子。

3. 会做几道小菜。

不要求你把自己变成高级厨娘，也不要求你会做山珍海味，但你一定要学会老公爱吃的那几道家常菜，要让他知道，这几道菜里有外面餐厅做不出来的爱心味道。

4. 重视性生活。

不做纵欲无度的女子，但也别冷静到不把夫妻性爱当回事。完美的妻子要有健康的性观念，懂得主动，能跟丈夫坦诚交流对性爱的感受。

5. 孝敬父母。

孝敬父母是完美老婆最低限的道德标准。你可以偶尔“欺负”一下老公，但绝对要孝敬他的父母。现代社会多是独生子女家庭，你要丈夫撇开自己父母是不可能的，男人更愿意看到自己的家人和睦相处。

6. 愿意生孩子。

要不要生是一回事，愿不愿生是另一回事。当然，这并不是对不能生育女人的歧视，只是一种态度。每个女人都要有母性情结，哪怕你们最终决定丁克。

7. 喜欢读书和音乐。

喜欢读书不是看花花绿绿的时尚杂志，喜欢音乐也不是听过耳就忘的流行小曲。经典的书籍和音乐能让岁月与生活的琐碎无法在你的心灵上烙下痕迹。腹有诗书气自华，读书能让你免于无知的罪过，能让你跟他有更多的共同话题，还能让你的气质得到提升。

8. 要有一技之长。

未必要你当女强人，也不用你赚很多的钱，但你得有自己的工作，这样才不会与社会脱节，也不会将生活重心全都放在男人身上，成为他的累赘。

9. 不乱买东西。

虽然说你自己赚的钱爱怎么花就怎么花，但乱花钱始终不是个好习惯，尤其买一堆华而不实的东西回来，用不上，又占地方，也是浪费社会资源。

10. 身体健康。

每天都要做些运动，保证自己的身体健康，并稍稍了解一些养生之道和基本医学常识，这是为了自己，也是为了老公。生命需要互相扶持，保护好自己便是对他最大的保护。

11. 爱屋及乌。

爱他，就主动关心他的家人，接纳他的喜好。孝敬他的父母是必需的，但如果他的兄弟姐妹有事，也要及时出手相助；他老家来了穷亲戚，你也不要露出鄙夷之色。所以，爱他，就得把对他的爱分一点给他的亲人，不要让他难做，如果能对他喜欢而你并不感兴趣的事物一视同仁，他会更加感激你的。

12. 有幽默感。

女人的温柔和善良是糖，但一味的甜总有一天会把男人给腻死。幽默感是盐，它在女人的身体中分布极少，可一旦存在，就能调出与众不同的味道。有时候暴发家庭矛盾，运用几个冷笑话，还能冲淡紧张气氛，化干戈为玉帛。

13. 要坚强和独立。

偶尔做做依人的小鸟无所谓，但不能什么都等他出面帮你搞定，一些小事要学会自己处理，男人虽然有保护欲，但如果你连被针扎了一下都要找他哭诉的话，谁都会烦的。

14. 有自信。

完美妻子对自己很有信心，看到丈夫跟女性朋友交往，不会神经过敏，不会有点风吹草动就认为他有了外遇。自信的女人永远不做跟在丈夫屁股后面嗅来嗅去的警犬，也不懂什么叫被抛弃。就算他真有了外遇，你也有信心能把他拖回到你的身边，前提是你还愿意要他的话。

现代完美丈夫标准

有完美妻子的标准，自然也会有“完美丈夫标准”与之相对应。

如何做个现代版的完美丈夫，让你的妻子更爱你？以下是与之相对应的好丈夫的标准，不妨参照一下下面的要求，看看还有哪些方面是你没做到、需要改进的？

1. 要坚强。

男人得给女人安全感，那些失败过一次就怨天尤人、萎靡不振、跌倒了爬不起来的男人，女人是不敢要的。男人如果不能够照顾妻子，反而经常在她面前哭诉自己的不幸，让她承担你的痛苦，这种男人是非常失败的。

2. 忠诚。

这点就不用多说了，相信所有的女人都不愿意自己的老公“家外有家”，也不希望随时准备和杀上门的“小三”掐架。

3. 有气度。

男人要有风度和气量，不要打着爱的幌子“小气”。妻子也有自己的社交圈，有时候工作需要，出去应酬一下，或者偶尔和老同学聚聚也是正常的事，就算你再爱她，也要留她些许自由。

4. 身体健康。

你可以不高大威猛，可以不玉树临风，但你一定要勤加锻炼，让自己健健康康的。一个男人整天病怏怏的，你说像啥话？要碰上个啥事，你总不能反过来等妻子来保护你吧？

5. 不当“奶嘴男”。

没人说孝顺不对，孝顺的男人很善良，但夫妻之间的事都征求别人的看法，毫无自己主见，嘴巴里动不动就说：“我妈说……我妈说……”，一看就是未“断奶”的。妻子需要的是一个有主见的丈夫，而不是一个“奶嘴男”，你得有能力撑起属于你们两个人的天空。

6. 要学会爱屋及乌。

爱她，就得学会爱她的一切，包括她的坏习惯、她的朋友、她的家人……你可能不喜欢她的某个朋友或者某个家人的某个缺点，你可以避免与他们见面，但你不能苛求她与他们断绝来往！

7. 要有稳定的收入。

爱情要建立在有面包的基础上。不一定要万贯家财，可生活还是要有保障的。所谓“贫贱夫妻百事哀”，如果你连一日三餐都赚不回来，那这个家还要怎么维持下去？

8. 要有自信。

男人的魅力来自自信，没有哪个女人会看上一个行动畏畏缩缩的男人。浑身散发着自信味道的男人，才是女人放心的依靠。

9. 要干净整洁。

相貌是天生的，身材有时候也不是我们自己能控制得来的，但起码的卫生你总能做到吧？没有哪个女人喜欢整天胡子拉碴、衣服肮脏、浑身散发出一股异味的男人。

10. 细心又有情趣。

你可以不记得她七大姑八大姨的生日，但她的生日与结婚纪念日一定要记住，这两个日子在婚姻生活中是很重要的。出去浪漫一下，或者送点小礼物是最好的。

11. 无不良嗜好。

烟可以抽一点，酒可以喝一点，但不能太过。没有哪个女人会喜欢一个醉醺醺的酒鬼，或者嘴里散发着一股浓浓的烟臭味的男人。

12. 社交能力强。

不是说一定要活跃到见人就笑、见手就握的那种地步，也不需要你在社交方面有一定强硬的手腕，但绝对不能羞羞答答。一起出去应酬，你只知道站在一旁傻笑，找不到话题与她的同事交谈，无法替她撑场面，会让她脸面无光。

13. 大男人气概。

这里说的大男人气概，是指她在外面受到欺负时，你能够挺身而出，毫不犹豫地为她出头，真真切切的保护她。

14. 有责任心。

男人一定要有责任心，自己做的事要敢于自己承担，无论是公事还是私事。那种一出事就把责任往别人身上推的男人，不但卑鄙，而且可耻。

15. 有一颗平和的心。

男人要以一颗平和的心去看待自己的得失。整天愤世嫉俗，怪社会不公、怨生活不平的男人，会给妻子的心理造成很大的压力，影响妻子的心态，让她变得和你一样不快乐。

这个社会习惯以一个人事业上是否成功来衡量一个人的价值。事实上，一个人的真正价值在于：他的存在对别人是否重要，而不是一定要功成名就。即便你在事业上无法取得与其他人一样辉煌的成就，但你的存在对你身边的人很重要，这就代表你活得有价值。所以，你可以不成功，但你一定要有一颗平和的心。

婚姻不可能十全十美

需要注意的是："完美丈夫的标准"是丈夫用来要求自己的，"完美妻子的标准"是妻子用来自律的，可千万别把位置给搞乱了，变成：妻子拿着"完美丈夫的标准"来揭丈夫的短，丈夫也拿着"完美妻子的标准"来挑妻子的刺，那势必天下大乱了。

这世上不会有完美的事物，人也一样，我们可以要求自己"力争完美"，但没有权力对别人指手画脚。你自己都非"完人"，自然也没有权力要求对方是"完人"。如果对方真是个完美无瑕的人，那你未必有资格站在他（她）身边。

人同此心、心同此理，我们同样不能对婚姻抱过高的期望，不能奢望自己拥有十全十美的婚姻。对婚姻要求过高，或者说期望值过高，一旦不能实现，心里肯定会生出不满，免不了要指责对方，于是就生出摩擦和矛盾来，进而引发严重的婚姻问题。

比方说，婚前你信奉爱情至上，嫁的是个深爱着你，但收入平平的男人。婚后的你，见自己昔日的女友住着高档小区、开着小车、穿着名牌在你面前晃来晃去，心里就不舒服了，开始对这段婚姻心生不满，开始嫌弃身边这个男人没点追求！一下班就回家！总围着个围裙在厨房转，就不知道出去应酬应酬，广积人脉谋求更大的发展！

而你不知道的是，你那个住着高档小区、开着小车的姐妹其实也在羡慕你，也在教训自己家的那口子：人家老公天天陪在身边嘘寒问暖，还会亲自下厨做饭！你呢，除了赚钱还是赚钱，我生病了你都不回家看看！都不知道心疼人的！

但如果能摒弃想要十全十美的心态，那么前者会觉得：虽然我们没有大富大贵，但老公深爱自己，深恋这个家，把自己照顾得像个公主，这就是幸福婚姻了。而后者会觉得：老公没日没夜地打理生意，还得贴上休憩时间去应酬，也是为了让自己过上更优质的生活，让自己不用为生活操心，这就是自己的幸福。

而男人，娶了才情四溢的女子，若能满足，便会觉得她知书达理，举止优雅，人前人后为你赚足面子；若要挑剔，便会觉得她太过阳春白雪，只知道诗情画意而不懂洗手做羹汤。若娶的是无才无貌的平凡女子，免不了要责备她言语无味，只知道韩剧、八卦，没点深度。但若换个角度看，她便是知寒知暖的贴心妇人，虽然不会琴棋书画，但能将你的生活落到实处：一回家就有热饭等着你，还能把家里打扫得窗明几净，把孩子带得妥妥帖帖，无须你操半分心。

所以，不管你娶的谁，嫁的谁，总存在着两面性。如果你力求完美，一味苛责，看到的就尽是婚姻的短处（或者说对方的短处）；但如果你能调整自己的心态，用“人无完人”的心态去观察，你就会觉得自己所选的伴侣，所选的婚姻，都是很有爱、很幸福的。

美国心理咨询师坎波斯博士研究发现，成功而长久的婚姻都有以下共同特征：

正视现实：热恋中的情侣，往往从传说故事里认识爱情，对未来抱有不切实际的希望，以为一结婚便万事如意，处处都能得到对方的理解和照顾。婚后如不能正视现实，接踵而来的家庭琐事、夫妻摩擦等等，会使人产生厌倦心理，甚至给家庭带来阴影。

责任感强：责任感是持久幸福婚姻的基础。相互倾慕的男女一旦结成夫妻，就要向对方、向社会、向子女负责。没有这种观念，夫妻就不可能长久生活在一起。正常夫妻之间虽然也有些小摩擦，但彼此的责任感促使他们克服困难，同舟共济。

相互适应：不同的生活经历造就了不同的性格，相互尊重和谅解，是融洽夫妻关系的前提。一位性格内向的妻子同一位脾气暴躁的丈夫相依生活后说：“我不赞成他的脾气，也绝不去学，但我喜欢他的坦诚。我们之所以能在一起，是因为他给了我奔放和热情。”

婚后谈情：繁重的家务和工作往往会代替夫妻间的谈情说爱。幸福的婚姻都有这样一个秘密，即给性生活以优先权。只要可能，他们会对配偶“有求必应”，有时会撇开孩子，或夫妻单独外出度假。这既有利于沟通感情，又满足了性的心理和生理上的需求。

同舟共济：在夫妻漫长的生活道路上，难免会发生这样或那样的坎坷，如果夫妻能够共同分担、相互慰藉，渡过难关后，夫妻关系会更加紧密。

宽容谦让：在家庭琐事面前，夫妻间应避免争吵，只要不是原则问题，就不应斤斤计较。对方有了缺点，要学会宽容。过分责怨往往伤害对方的自尊心。一位丈夫说："我们从来不因对方做错了某件事而发怒，因为当有自责心理时，需要的是慰藉。"

不要一味苛责，不要因为一件小事便将对方的好全盘否定。真正的爱，就是不断地降低对对方的要求、对婚姻的要求，多发掘他（她）的美、他（她）的好。如果你做到了，你就离幸福更近；而你的婚姻，自然也会一天天接近完美。

第十七章

婚姻法则：婚姻＝爱情＋面包＋牛奶……

感性一点说，我佩服那些“有情饮水饱”的人，他们为了爱情，可以不要面包。这些人重感情，轻物质，可生活是实实在在的，每天开门七件事，柴米油盐酱醋茶，件件需要钱。

在爱情面前，你可以蔑视金钱；但在婚姻生活里，你还真无法蔑视金钱，就算你不为自己考虑，也得为自己的小孩考虑吧。

没有物质基础作保障的婚姻是不稳固的

元稹的《遣悲怀》一诗中最后两句是：“诚知此恨人人有，贫贱夫妻百事哀”。元稹诗中的“哀”，是指在富贵中，回忆起与亡妻韦丛于贫寒岁月里“顾我无衣搜荩箧，泥他沽酒拔金钗”的患难与共，所以哀伤不已。但他的这句话到了今世却被人们引申为：“夫妻没有稳定的经济基础是很不幸的，容易在生活上产生痛苦和争执，让人同情。”

元稹没有想到，自己写下的悼念亡妻的名言，会成为当今世上贫贱夫妻生活“百事哀”的心声。没有物质基础作保障的婚姻，在生活中走得会非常艰难。

王秋是比轻容高一届的师兄。王秋其貌不扬，但很有才能，在学校各方面都表现得很好，也算是学校的风云人物。而轻容，性格温婉，又是班花，两人走在一起，也算是郎才女貌。

后来，王秋先毕业，去了A市工作。第二年，轻容毕业后，父母帮她在老家B城找了份工作，让她回家去。可轻容耐不住两地分居的思念，找了个理由辞掉了家里的工作，悄悄跑到A市和王秋“会合”了。

也不知道是运气不好，还是太过恃才傲物，王秋在A市混得并不好。原来的工作已经丢了，新找的工作也是岌岌可危。而轻容，也只在一个小公司找到份文员的工作。为了节省开支，两人在城中村租了个很小的房间。

生活艰苦，但轻容还是觉得很开心，因为能和自己爱的人在一起。而王秋，也是一心一意地对她好。因为离家近，他下班比轻容早到家。他一下班就会去菜市场买菜，然后回家做饭。等轻容到家时，就有热饭热菜等着她。吃完饭，洗完碗，两人就手牵手地出去散步，或者窝在家里看会电视。小日子过得也还算幸福。

在A市又待了两年，王秋觉得实在没有发展前景，就说要回老家发展，于是，轻容又随他来到了C城。

到了C城，见了王秋的家人，轻容才发现，他家的条件远比自己想象中要差很多。而轻容的父母，原来并不知女儿去A市是为了一个男人；及至她又迁往C城，父母才知道女儿是“跟人跑了”，加上听说王秋的家境不好，所以更对这个“准女婿”心生不满。后来轻容带了王秋回家见父母，轻容的父母看到这个貌不惊人、又因为操劳显老的王秋，更是不满意，直言女儿是“一朵鲜花插在了牛粪上”，逼着两人分手。

也是凑巧，轻容竟在这时候有了身孕。无奈之下，轻容的父母只好应允了这门亲事，于是两人“奉子”结了婚。

没有自己的房子，轻容只能和王秋的家人同住。因为知道轻容的父母嫌弃过自家环境不好，心怀芥蒂的婆婆，也不愿意善待轻容。王秋给轻容开小灶炖个鸡汤鱼汤啥的，婆婆都要指桑骂槐地说：“长得好有什么用？下不了地干不了活，生个娃还装腔作势地把自己当少奶奶！”听得轻容郁闷不已。

后来生了个女儿，婆婆就更加不满，整个月子都对轻容不闻不问，连孙女都不抱一下。轻容也火了，满月之后就逼着王秋一起离开了家，重新回到A城找工作。

重新回到A城，重新住进城中村。看上去似乎和婚前一样，可事实上，再不像婚前一样了。

为了照顾小孩，轻容无法去找工作，家庭的重担就全部落在了王秋身上。而因为月子没坐好，轻容的奶水根本不够小孩吃，所以还得花钱买奶粉。小孩的皮肤嫩，衣服也要买纯棉的；而城中村的居住环境不好，小孩体质也差，时不时生个小病……这奶粉钱、服装费、医药费，还有其他杂七杂八的费用，让原本不宽裕的家庭更是捉襟见肘。

轻容以前觉得，吃了上顿没下顿的，只是电视剧里夸张的剧情，可现在，真的有这种危机感了，大人还可以将就下，小孩的“下一顿”却是不敢将就的。眼见着奶粉罐就要空了，下一罐奶粉的钱，却不知道该找谁借去。

婚前，两个人虽然收入少，但也还能坚持，偶尔还有心情浪漫一下。可是，一进入婚姻，并且多了小孩之后，就再没有原来那种同甘共苦的感觉了。

被生活重担压得喘不过气来的王秋，为了多赚钱，连着兼了两份工作，也再没有心情呵护轻容，更没有心情陪她风花雪月了。有时候回家看到小孩哭闹，饭菜未煮，家里乱成一团，也会生气地责备轻容："我在外头累死累活地赚钱，你在家就不能多干点活么？"……夫妻两人因为经济窘迫的缘故，各自有各自的委屈，火气不免也大，吵架拌嘴变成了家常便饭。

抱着啼哭的小孩，看着简陋得不能再简陋的屋子，想着看不到光明的未来，轻容的眼泪忍不住往下掉，心里也隐隐生了悔意：当初真的不该那么倔强，真应该听父母的话，和他分手，找个条件稍微好点的男人才对。

原以为，只要捉住爱情，就可以一起创造面包，可是，在现实面前，面包没能捉到，爱情也被现实打得千疮百孔。

国内红极一时的征婚节目《非诚勿扰》上，有一女子曾口出狂言："宁愿坐在宝马车上哭，也不想坐在自行车上笑。"这种赤裸裸的以婚姻换面包的拜金主义固然不可取，但能天长地久的婚姻真的需要有一定的经济基础支撑着。

如果两人真的一穷二白，吃了这餐不知道下一餐的饭钱在哪，这样的婚姻怎么维系下去？这样的爱情能天长地久么？

爱情是虚幻的，面包却是实实在在的；爱情能给人心灵上的幸福，面包能给人现实生活的安稳。所以说，缺乏物质基础的婚姻，其实和缺乏爱情基础的婚姻一样，都是残缺的、不正常的。

"爱情"不是结婚的唯一条件

"爱情至上"者会认为，爱情是纯粹的，爱不需要理由不需要原因，爱一个人就是倾尽全力付出，并且不计回报。在他（她）们眼里，爱情是结婚的唯一条件。只要有爱，别的因素，都可以全部忽略不计。

对这种人，我充满敬意，但这敬意仅限于他（她）们对爱情的这份执着和纯净。可对于他（她）们的观点，却是不敢苟同。如果把爱情列为结婚的唯一条件，那么，就算真结婚了，这段婚姻也必然暗礁四伏，充满危机。

无法免俗，首先我们要提到的仍是金钱和权力对婚姻的作用。

爱情、金钱、权力分别代表了人类的精神层面和物质层面，它们相互依存，相互利用，不可分割。所以，在婚姻生活中，两者同样重要。因为爱情、金钱、权力需要相互匹配，只有这样你才能拥有幸福美满的婚姻。

爱情是美好的，但也充满了很多无奈。因为它是切切实实的生活，不是光靠嘴巴来说，主要还是靠实际行动，现实的生活来维持。在这个物欲横流的社会里，爱情已不是走向婚姻的唯一条件。浪漫的爱情是需要建立在坚实的物质基础之上的，否则那样的爱情是不会长久的。纵然你想“爱情至上”，但你的伴侣，未必能有如你一般的高尚情操，他（她）中途的移情别恋，足以让你痛哭流涕，也足以让你的婚姻土崩瓦解。

其次，我们还要说亲情和地域问题。

打个比方，如果你和他（她）是异地恋，而且都是家中的独子（女），不忍骨肉分离的父母，怎么也不同意你们的婚事，你怎么办？难道真的断绝掉父母的关系，将两个老人扔在家乡，自己朝爱飞奔而去么？如果真的这样做，你确定自己日后想起，不会心痛不会后悔？而如果你和他（她）所处两地的气候、饮食习惯、人文习俗等很多东西都是截然不同的，你确定自己能接受、并且能融合进去？

接下来还得提提个人的身体和精神健康的因素。

如果把爱情当成婚姻的唯一条件，那如果，你选择的他（她）在健康上有一定的缺陷呢？没有歧视病人的意思，也不是剥夺伤病者追求爱情的权利，但久病床前尚无孝子，更何况是仅靠爱情维系着的男女？你真有决心服侍他（她）一辈子，永不反悔？

再如果，他（她）的家族有遗传病史呢？虽然他（她）本人暂时并无出现遗传现象，但不排除会隔代遗传，会出现在你们的孩子身上，这时候你是否有勇气把爱情当成结婚的唯一条件？

还有，如果他（她）身体有暗疾，不能过夫妻生活，你真能无欲无求把无性婚姻进行到底？

再说说性格。

女人爱上了一个软弱怕事的男人。相爱的时候，你觉得，他虽然怕事、软弱，但为人老实，所以你倾心相爱，执意下嫁。于是漫漫婚姻岁月中，不论遇上什么事，他都会躲在你背后，等你这个做女人的出面处理，你会没有不满吗？

像新闻报道过的，发生在深圳宝安区的那个案件：妻子在屋里被联防队员打骂、奸污，做丈夫的，只会躲在屋外默默哭泣，不敢进屋阻止，甚至连报警都不敢，这种怂男，再“有爱”，也是嫁不得的吧？

或者说男人爱上了“河东狮”。如果她生得花容月貌、千娇百媚，让你爱不释手，可此女性格却特差，动不动就做河东狮子吼，一不合心意就要砸东西，甚至打人，作为男人的你，是否可以为了爱而无惧河东狮，把她娶回家？

就算你真敢娶吧，你家的老父亲、老母亲，能受得了她么？你又确定她一暴怒起来，不会连两个老人都打？

还有一些是道德问题上的差异。

就如几年前，曾经热播过的电视剧《黑冰》。剧里的郭小鹏表面是个集团总裁，实则是个大毒枭。但他对警方卧底汪静雯，却是爱得真挚爱得深沉，甚至在后来，他隐约知道她是卧底后，仍努力保她周全。

若以爱情论，郭小鹏对自己用情甚深、且人又睿智精明，汪静雯早芳心暗动；可警察和毒枭是“天敌”，她就算再爱，也无法和他在一起。

两人如果在道德追求上处于两个对立面的话，再深的爱情，也是无法解决其产生的矛盾的。

婚姻，除却了爱情的因素，还有方方面面的要素需要考虑，这里没办法一一列举，只能挑几项举例说明。

我们可以把爱情当成是婚姻必备的“基石”，但不能把爱情当成结婚的唯一条件。把爱情当成结婚的唯一条件，这说法听起来很高尚，很纯洁，实际上却有“很傻很天真”之嫌。

婚姻不单是两个人的事，还是两个家庭的事，更会影响到下一代。综合各种条件来看，仅凭爱情而结婚显然是不够的，虽然这么讲太过“理性”，但如果婚姻里没有理性，只有冲动，那以后衍生的矛盾、衍生的问题会更多。当积压的矛盾和差异集体暴发时，这段婚姻，只怕也不得善终。

到底要不要裸婚

裸婚，是指不买房、不买车、不办婚礼、不拍婚纱照、不度蜜月，甚至连结婚戒指都没有，两人直接到民政局领个结婚证就完事。

现代人的裸婚，很大程度是现在的高房价、低收入“逼”出来的——房价和物价一路飞涨，而工资怎么也不肯涨。现在在城市里拥有一套自己的房子，成了很多人可望而不可即的梦想，更别说那些刚毕业出来工作没多久的年轻人了。

那怎么办？要么是不结婚、要么是“啃老”，而最后的一条路，就是裸婚了。

在“要不要裸婚”这个问题上，国内各大网站基本都就这些问题做过调查。根据“中国广播网”搜集的数据显示，对于这问题，两性做出的回答有天渊之别：男人求之不得，大部分女人表示很难接受。

咱先看看婚恋网站“世纪佳缘”的调查结果：“世纪佳缘”有8100个会员参与了调查，其中女性4085名，男性4015名。同意裸婚的女性只有17%，同意裸婚的男性则高达60%；认为裸婚会幸福的女性只有18%，男性则高达50%。如果相亲对象提出裸婚，64%的男性表示“求之不得”，而女性显然比男性犹疑得多，42%选择“不会考虑”，51%选择“考察一段时间”。

在搜狐网的调查中，男女网友对于裸婚的态度同样泾渭分明。据统计，高达八成男性赞成裸婚，而七成女性觉得不靠谱。

新浪网的调查中，43%的人表示“会”，47%的人表示“不会”。44%的人认为裸婚可以获得幸福，没有物质的爱情更经得起考验；但同样有44%的人认为“不会”，因为连经济基础都没有如何谈生活？

男人当然不反对裸婚，因为这对他们来说件有百利而无一弊的事，什么都不需置办就能娶个老婆过门，这成本多低啊！多划算呐！

曾经有经济学家说，把恋爱和结婚当成一个投资行为来分析的话，男人投入的时间、金钱、精力越多，他就相对会比较珍惜。因为这种投资行为属于“沉没成本”，也就是说，中途分手退出的话，他前期在女友身上花费的金钱、时间都收不回去了。如果这投资的“成本”很大，男人会舍不得；他的舍不得，会在心里变成一种束缚，不会因为一丁点小事提出分手。相反，如果他投入的“成本”很小，他随时都可以松手，因为对他来说没啥损失，也不会心疼。

女人担心的是：如果裸婚可能会让男人觉得，太容易得到的东西，都不是好的。分了也不心疼，反正基本是零投入，甩手走了再找下一个呗！

也有裸婚的女网友现身说法，以自己的经历给想要裸婚的姐妹敲醒警钟：“原是为了‘环保’而裸婚，所以连婚礼也没办，婚纱也没穿。可是后期，看到别的新娘，打扮得漂漂亮亮、风风光光地嫁出去的时候，心里真的很羡慕。有时候在朋友家看她们在婚礼上拍摄的VCR，也会后悔自己没举办婚礼——那可是一生的记忆。结果，我的结婚啥都没留下。”

也有网友诉苦：“老公的家境不好，我心疼他，于是不顾家里父母的反对，坚持裸婚，没要他半分彩礼，也没大摆宴席，连婚纱照都没拍，只领了结婚证，就住到了一起。我以为，两人只要相爱，什么困难都可以克服。可我没想到这会成为婆婆轻视我的理由，总在邻居面前说，我家人吝啬得不像样，过门的时候连个嫁妆都没（因为是裸婚，我没要夫家的彩礼，自然也没要父母给我准备的嫁妆了）。还说，儿子对我本来不甚喜欢的，是我追着缠着连彩礼都不要就嫁过来的。结果邻居们看我的眼光都变样了，好像我就真嫁不出，非得倒贴着嫁过来似的。”

从这些言论可以看出，女人之所以抗拒裸婚，大多数不是因为钱财，而是因为没安全感。怕被丈夫或者夫家人轻视，也怕太容易得到的，丈夫不会珍惜。更有人觉得：爱情始终缥缈，哪有房子实在？如果有房，心受了伤，还有个疗伤的地方；若没有房，万一丈夫一变心、一离婚，自己都不知道往哪去。也就是说，物质，能让女人们在一定程度上获得安全感，觉得自己有个依靠。

在我看来，有房有车不一定就能拥有幸福，而裸婚的未必就不幸福。最重要的是你得想清楚自己想要的是什么样的幸福？如果你偏重物质生活的享受，那么就离裸婚远点，否则你就算勉强裸了，这婚后的争执和怨气也是不会少；如果你觉得，陪着他一起打拼也是种幸福，那么，裸婚也无所谓。婚姻虽然有起步价，但婚姻的起步价未必就是有房有车。

但要注意一点的是：别把裸婚整成隐婚。裸婚的夫妻，因为缺少了摆酒这个环节，很有可能发展成隐婚，即对方的亲戚、朋友都不知道你们已经结婚了。这就存在了一定的“安全隐患”，若碰上心术不正的，可能会借着隐婚继续在外头拈花惹草。

所以，提醒裸婚一族：婚可以裸，但结婚的喜讯一定要公布出去，让他（她）的亲戚朋友们知道，你们俩已经缔结连理了。还有，裸婚的男女，逢年过节也要尽量出现在对方的家庭聚会、或者朋友聚会上，尽量多“亮相”，免得成为“隐形人”，杜绝婚姻隐患。

第十八章

神秘法则：婚姻也需要适当的距离

在婚姻生活中，由于丈夫和妻子生活在同一屋檐下，这种平淡的现实生活很容易磨平彼此的激情和热情，使男女双方对彼此的吸引力大幅下降，让爱情的“保鲜期”迅速缩短，这对于婚姻的稳固来说是危险的。因此，夫妻双方在婚后，也需要保持适当的距离。

虽然结婚后男女双方搬到了同一间卧室共同生活，但是妻子仍然应该保持恋爱时期的神秘感，这样丈夫的的注意力才不会转移到别人身上。适当的距离有利于保持夫妻之间的神秘感，让爱情的“保鲜期”更长，使婚姻生活更稳固。当然，这种距离也不能太远，倘若距离拉得太远，不仅“美”会消失，感情也会消失。

爱要有最适当的距离

心理学家通过研究发现，假如会场中有 10 个依次排列的座位，6 号位和 10 号位已经分别坐上了两个陌生人，这时，走进会场的第三个陌生人通常会选择 8 号位子，而走进会场的第四个陌生人通常会选择 3 号或 4 号位子。

由此可见，陌生人之间在自由选择位子时通常遵循这样的法则：一个人既不会紧挨着一个陌生人坐下，也不会坐得离那个陌生人很远。因为，紧挨着陌生人坐下，对方会变得不安，甚至可能会把身子移向另一边，而这个人也很可能会感觉不自在。但是若在离陌生人很远的位子坐下，就有可能伤害对方，对方可能认为自己因某些不好的地方而被你嫌弃。因此，人们在潜意识的驱使下，往往会选择既能给人留有一定空间，又不致对人造成无声伤害的位子。这就是心理学上尊重个人空间的“适当疏远原则”。

每个人都需要一个个人空间，且这个个人空间通常是不容侵犯的，但是这个空间也不是无限大的。一般情况下，亲密友好的人距离就近，但是再近的距离也不是“亲密无间”。个人空间不仅仅是体现在空间距离上，还体现在人的心理距离上，一个人心理上的个人空间更不容侵犯。即便是最亲密的夫妻之间，也是如此。

因此，夫妻之间也应该留有各自的空间。德国精神分析学家弗洛姆曾说：“爱是对所爱对象的生命成长的积极关心。哪里缺少这种关心，哪里就没有爱。”但是，关心不是束缚，如果不顾对方的感受而强加于对方，关心过度或者关心错了地方，就变成了控制，反而会令恋人厌烦。

每个人都有自己的秘密不愿向别人透露。很多时候，人保留隐私，只是想给自己留一点完全属于自己的东西。你爱你的爱人，就应该尊重对方的隐私，尊重隐私就意味着对对方人格的尊重。

结婚后，齐兵主动要把自己的初恋向妻子文文坦白，聪明的文文拒绝了。文文说：“每个人都应该有自己的秘密，我寻找的爱情只有你的现在和将来，我对你的过去不感兴趣。因为你的过去不属于我。”

每个人都有或简单或复杂的过去，不想说出的，是心口的痛。无论是男人还是女人，都是需要对方来疼来爱的，每个人都需要爱情之外的感情交流，不要千方百计地去问他（她）最不想说的事情，不想说自有他（她）不想说的道理。每个人都有保留、守护自己私密空间的需要，有交朋友和交流的需要，也有情感的需要。婚后的两个人是两个合作的个体，而非一个共同体。每个个体都应该给自己留一个空间，保证自己最不想让人知道的、最柔软、最脆弱的地方不受伤害，这样的婚姻才能和平持久。

为了爱情和婚姻的美好，女人常常勤奋而痴情地吐出情感之丝，将男人网在自己的世界里，像藤缠树那样不肯给他们半点活动的空间。但网来网去结果往往适得其反。男人是非常渴望自由的，只要给男人足够的自由和信任，他们就能很容易和女人相处得亲密融洽。

另外，在给对方空间的同时，也别忘了给自己留一片天空。因为，不管爱情多么真挚，婚姻多么稳固，对方都不可能照顾你一辈子。不要以为找到了真挚的爱就找到了最终的归宿，就应该永远被无微不至地照顾和保护。得到爱人的支持和帮助，当然是幸福。但是别忘了，爱你的人是会变化的，因此，务必要保持你的独立性。

相爱结婚的两个人在一起，应该使两个人生活得更加快乐，但这并不意味着原来独立的自我消失了。婚姻中的双方本来就是两个交叉的圆，交叉的那部分是彼此分享的领域，让彼此可以交流一些感兴趣的话题；未交叉的部分是给个人提供成长的空间，让各自保持个性，只有保留自己的个性空间，才能保持长久的吸引力。人与人之间是需要有距离的，就像刺猬一样，太近了，就会给彼此造成伤害。给自己一片天空，也让对方拥有一片自由的空间，对彼此都好。

婚后，妻子也应保有神秘感

世界上的任何事情，只要是你不了解的，就会给你一种神秘感。神秘感就是一种吸引力，吸引着人们去探索和发现它的秘密。男人的好奇心和占有欲往往会让他们对神秘的女人更加青睐。莫名其妙、难以揣测、难以驾驭的女人对男人来说充满诱惑力。男人为了能最终征服和陪伴她们，无论做什么，不仅不会觉得辛苦，反而会觉得其乐无穷。有时离开了她们，还会不自觉地想她们，想她们那些不可理解又令人着迷的行为。

神秘感对于男女两性关系来说非常重要。很多女人在婚前还能够注意在心爱的男人面前保有一些神秘感，而一旦结婚就开始忽略这方面了。她们误以为婚后自己应该和丈夫亲密无间，于是完全将自己展现在丈夫面前。其实夫妻之间虽然是最亲密的关系，但是妻子仍然应该各自保有自己的空间，即使是婚后，妻子也应该保有神秘感。这样，才能让丈夫的目光始终停留在自己身上。

美国一本杂志曾经对年轻男人做过一项关于"你最喜欢什么样的女人"的调查，其中包括：可爱美丽的乖女人、热情奔放的开朗女人、温柔体贴的贤内助和神秘妖娆的性感女人。结果有七成以上的男人选择了最后一个，他们认为：神秘的女人给他们无限遐想，他们的好奇心让他们想去了解、研究，他们的占有欲想让这样的神秘女人最终属于自己。

在婚姻关系中，倘若妻子完全臣服于丈夫，那么丈夫对妻子的占有欲和注意力就会下降。这个道理很简单，如果你确定一个东西终究会是你的，你就会不再像原来那么关注它。所以说，妻子对丈夫也应保有一些神秘感，这样丈夫就会觉得："这个女人是最吸引我的，即便她现在是我的妻子了，我仍然觉得不了解她，她总是那么神秘莫测。"

俗话说，距离产生美，夫妻之间保持适当的距离，有利于延长爱情的"保鲜期"，增进夫妻间的吸引力和感情。妻子保有神秘感，实际上就是和丈夫保持合适距离的最佳方式。

馨儿只是个普通的女人，没有出众的相貌，也没有非凡的才华，但是却常让身边的梵语着迷，因为虽然馨儿很普通，但是他却始终无法完全了解她、掌控她，即便是两人结婚之后，梵语也觉得馨儿身上有一种神秘感，让自己无法把目光移开。

恋爱之前，他们住在一栋楼，但是他却不知道她的家里还有什么人，也不知她做的是什么工作，她始终都是独来独往，见到邻居时也只是点头微笑，从不过多交流。越是这样，梵语越是好奇，他总是在电梯里制造各种巧遇，只为与馨儿多说几句话，有时甚至跟着馨儿走一段路，但不会去打扰她，他太想了解这个让他每晚都魂牵梦绕的女人了。

渐渐地，他们熟识了起来，但是馨儿还是很神秘的样子，不会对自己的事情说得太多，无数次巧遇和接触之后，梵语终于按捺不住内心的热情，向馨儿诉说了心中的感情，馨儿笑着接受了。在一起的日子，馨儿很快乐，她真心地对待梵语，让梵语觉得很幸福。但是他们的了解虽然多了，馨儿却还是给梵语“看不清，读不懂”的感觉，即便是这样，梵语却一心一意地跟在馨儿后面，对她的爱护与日俱增。

他们结婚之后，梵语对馨儿炽热的爱有增无减，他总是倾诉自己对馨儿的爱，馨儿也安然地接受，但是馨儿很少主动对梵语说爱的誓言。即便是两人最亲密的时候，馨儿也在梵语面前保有一种神秘感。因为这样，梵语的全部精力都放在妻子身上，他被自己的妻子深深吸引，根本不会看任何别的女人。在梵语心里，自己的妻子就是世界上最神秘最可爱的女人，自己娶了她是修了几辈子的福气。

在女人大方、可爱、性感、温柔、神秘等特征中，神秘是吸引男性的首要特质。它常能让男人神魂颠倒，心痒难耐。因此，婚后的女人也一定要懂得保持自己的神秘感。

1. 不要说太多关于自己的事情。

如果从自己出生、成长到现在的一切，你都对他毫无保留地倾诉，那你就根本没有一点神秘感可言。相反，男人越是想了解，你越是闭口不说或者只是蜻蜓点水似的一笔带过，往往更能激起他的好奇心和对你的无限遐想。

2. 无须隐瞒你讨厌做的事。

如果你有自己的嗜好还不足为奇，但是如果你有特别讨厌的事情或者异常反感的东西，就会引起他的注意了，比如你从不去某家餐厅吃饭，比如你讨厌左手拿包……这些无伤大雅的小事会让他觉得你很神秘，为什么会这样？难道有什么故事？当他想探其究竟的时候，你只说那是你的个人习惯就好了。

3. 保留一些属于自己的独特习惯。

比如，坚持睡前一个人看一个小时的书，风雨无阻；定期单独出去旅行，享受一个人的时光。

4. 不和丈夫谈论自己的过去。

无论你的过去是辉煌的还是平凡的，都不要主动和丈夫谈论自己的过去。大多数女人喜欢喋喋不休地重复讲述自己的曾经，殊不知这恰恰是男人最讨厌听的事儿。即便是丈夫追问自己的过去，也不要详细赘述，给他留一定的想象空间，给自己留点神秘感。

5. 不要总是和丈夫腻在一起。

在婚后，妻子也应该有自己的生活空间和习惯，不要把自己的全部注意力和精力都放在丈夫身上。即便是周末，也并不是非要和丈夫一同度过。有时候，妻子的单独行动，反倒会给丈夫造成一种危机感，让丈夫更加关注自己。

总之，男人的好奇心和征服欲是极强的，而神秘的女人就像撒哈拉沙漠和埃及金字塔一样高深莫测，充满无限诱惑吸引着他们去探索，去追逐。结婚后，妻子要想让丈夫的目光始终停留在自己身上，那么就一定要学会保有一定的神秘感。

第十九章

角色法则：儿子、丈夫、父亲 VS 女儿、妻子、母亲

人活在这个世界上，在不同的场合，或者是在不同的年龄段，都得饰演不同的角色，这些看似没有关联的角色，其实都有着千丝万缕的关系。

对于男人来说，你原来是父母的儿子，结婚后就会成为某个女人的丈夫，等你们的爱情结晶出生后，你就变身为一个父亲；而对女人来说，历程也是类似的：原来是父母的乖女儿，结婚后成为某个男人的妻子，再后来，也会“晋升”为孩子的母亲。

男人也好，女人也好，这三个角色都是很重要的。如果饰演得到位，你的人生无疑是成功的，幸福的；相反，如果饰演没到位，没尽到自己的角色应该尽到的责任，那么，你的生活只怕是一团糟，要么成闹剧，要么成悲剧。

婚后，男人的角色转变：儿子、丈夫、父亲

男人对“儿子”这个身份一直欠缺感觉，这大概是和男人大大咧咧的性格有关，也可能是因为“儿子”这身份是与生俱来的，一直身在其中，所以反而少了感触。

有男士甚至笑言，只有在年少时候，自己想去干点啥，但父母又不批准的时候，他才会想到自己“儿子”的身份。但那时，他是极憎恨这个身份的，觉得这是个没有自由，没有隐私的“枷锁”。在那个年纪，是不懂感恩的，不懂感谢父母赋予自己生命，不懂感激父母在生活起居上无微不至的照顾，不懂感激父母辛苦赚钱让自己上学，年轻时候眼里看到的，只是父母对自己的管束。

哪怕出来工作，也经常性“忘了”父母。下了班，和兄弟打牌、喝酒、跳舞，就是不愿意回家和父母一起吃个饭；拿了工资，请朋友吃饭，买烟，买酒，却总是没想到要给父母买点什么。那感觉就是一人吃饱全家不饿，自己赚的钱够自己花就是了。

后来结了婚，多了个“丈夫”的头衔，短暂的兴奋过后，就开始感觉“鸭梨山大”：从此，自己就得扮演起男子汉的角色，要“挑起一头家”，要当家里的“顶梁柱”。

首先是情感上要坚强，得让老婆觉得有了主心骨，出了啥事都有个肩膀可以让她依靠。

其次，金钱上的“承载力”也大了。以前是一人吃饱全家不饿，现在拿到手的工资，再不能胡撒乱花，要有规划的分成几块：这一份还房贷，这一份用作生活费，这一份交水电、煤气、网络等各种费用，这一份用来应付各种“人情费”，这一规划，基本就没剩的。

还有就是行动上的自由没有了。单身的时候虽然父母也管着，但父母的管与老婆的管不一样，父母多数是唠叨几句，在你晚归的时候默默等门。老婆不一样，你哪一顿饭不回家吃，都得电话“报备、请示”，“批准”后才能成行。如果太晚不归，老婆才不会默默地等门，她会每隔五分钟打一个电话给你：“都几点了？还不回来？”如果你喝醉了倒在哪个酒馆睡过去彻夜不归，那你就完蛋了，这接下来的三五天你都得不间断地解释求饶外带拉很多哥们出来证明你的“清白”。

还有其他各种附带“效果”，例如新的“三从四得”：老婆出门要跟“从”，老婆命令要服“从”，老婆讲错要盲“从”。老婆化妆要等“得”，老婆花钱要舍“得”，老婆生气要忍“得”，老婆生日要记“得”。

这些都是成为“丈夫”后可能要面对的问题。

“父亲”这个角色显然比前面“儿子”和“丈夫”的角色更重要几分，扮好这个角色可真的是“任重道远”啊！“晋升”为“父亲”，男人多数会紧张，甚至是忧虑，生怕自己搞不定那个“小东西”。

这个新生命会把你的生活弄得一团糟，他（她）会在白天吃了睡，睡了吃，到了夜晚却极度活跃，逼着你和妻子轮流着爬起来陪他（她）玩；就算他（她）很乖，他（她）也会在你吃饭的时候突然拉“臭臭”，让你大倒胃口，或者在你打算与妻子温存的时候突然放声哭泣；你讨好地抱起他（她）想要和他（她）亲近亲近，他（她）也可能随时随地赏你一泡热尿……

于是乎你会觉得，屋里一直充斥着小孩的哭声，哪怕坐在办公室里你的耳畔都似乎能听到他（她）的“嚎叫”；每次回家一推门，总有一股说不清道不明的像是尿味、又像是奶味还是什么奇怪的味道扑面而来，搞得你出门时候总觉得自己的衣服上也还残存着这样的味道……

更要命的是，这个小家伙还会和你抢夺妻子的爱。有了小孩后，妻子的注意力全转到了小孩身上，严重忽略了你的存在。这让你很吃醋，很受伤，可你还拿这个小家伙没办法。

你还得想法子“讨好”这个“情敌”：帮他（她）换尿布，给他（她）洗澡，抱抱他（她），哄哄他（她），让他（她）承认你这个“父亲”的合法地位……

至此，你才开始体会到为人父母的不易，这时候，你才会幡然醒悟，想起那个一直被自己“忽略”掉的“儿子”的身份，才会想起，要对自己的父母好一点，才能对得起他们的养育之恩。这时候的你，才知道“感恩反哺”，才开始学习心疼自己的父母。可以这么说：是你的孩子，教会了你如何去做一个合格的“儿子”。

“儿子、丈夫、父亲”，三个身份，写出来是三个轻飘飘的词组，但要“演”得完美，却不是件容易的事。

咱且来看看现代著名诗人、散文家徐志摩先生。他虽然在文学上颇有成就，可是在生活中，在“儿子、丈夫、父亲”这三个角色的扮演上，他做得实在说不上合格。

作为儿子，他基本没有怎么尽过孝道，双亲面前一直是他的第一任妻子张幼仪在侍奉。而且他长期“啃老”，一直靠父亲资助，哪怕是结婚后亦是如此。后来徐父因不满他娶陆小曼，断了他经济来源，他才知道生活的艰辛。

作为丈夫，他薄情寡义，在英国留学邂逅林徽因后，就开始嫌弃妻子张幼仪是“土包子”，要离婚。当时张幼仪腹中已有了他的第二个孩子，徐志摩狠心地逼她去打胎。张幼仪说：“打胎很危险啊，有人因打胎而死掉了。”（以前的打胎技术还没有现在先进，经常有人因此而丧命）徐志摩的回答冷漠得不近人情：“坐火车肇事还会死人呢，难道你就不坐火车了吗?”竟是不顾自己妻子死活也要她把孩子打了，免得阻拦了他“追求幸福”的脚步。

对于孩子，他更没有尽到“父亲”的责任。第一个孩子一直是张幼仪在抚养，后来她去英国陪读，孩子就随着徐父徐母住。而这第二个孩子，差点来不了人世——在张幼仪的坚持下，孩子没有打掉，生了下来。可就算孩子出生，徐志摩也毫不理会，只一味逼着妻子赶紧签字离婚，还他自由。

徐志摩一心想追求他所谓的“幸福”，可林徽因最终还是选择嫁给了别人，而后来他“撬墙脚”抢来的“朋友妻”陆小曼，也只与他过了几天安稳日子，后来他总是因为陆小曼花钱大手大脚，又爱抽大烟这些事起争执，过得也并不幸福。

后人著述《小脚与西服——张幼仪与徐志摩的家变》时评论：“徐志摩一味西化，把固有道德抛诸脑后，对待共同生活五六年的结发妻子，一点恩情也没有。他忘了朋友之妻不可欺的古训，竟然与友人之妻陆小曼谈恋爱，一手摧毁自己的家庭，又造成另一个家庭破碎，更伤透了父母的心。”

可见，一个男人，如果连“儿子、丈夫、父亲”这三个基本的角色都没做好的话，哪怕他有再大的成就，都难以获得幸福，同样会遭世人诟病。

婚后，女人的角色转变：女儿，妻子，母亲

女人在当“女儿”时，多数是父母的贴心小棉袄。当然，这小棉袄呢，还有分冬天的“小棉袄”和夏天的“小棉袄”。不用说，冬天的“小棉袄”是贴心的，暖人的；这夏天的“小棉袄”，则是操心的，气人的。

女孩的性格相对于男孩要温婉些，多数愿意在父母的“操纵”下打扮得像个小公主一样出现在众人面前，接受左邻右舍关于“女儿长得好可爱啊!”“很乖巧啊!”“真听话”之类的赞美，让父母觉得脸上有光。

女孩的小嘴也比男孩要巧，喜欢腻歪在父母身边装傻充愣，问一百个“为什么”，极尽能事地撒娇，深得父母欢心。

女孩还心细，所以她会在父母吵架的时候很快发现端倪，然后眼泪汪汪地求着：“你们不要吵架了!”逼着父母“化干戈为玉帛”。也会在谁的身体不舒服的时候，小心翼翼地捧上一杯热茶，然后用小手摸摸额头问：“您好点了吗?”把父母感动得一塌糊涂。

不过一进入青春期，叛逆心一起，她们也会朝父母发脾气，觉得他们管得太宽啦、不该偷看自己的日记啦、或者是翻看自己的手机短信啦……这时候的“小棉袄”就像只小公鸡，怒气冲冲地想要捍卫自己为数不多的“权利”。

出来工作的女儿们，多数会比儿子要乖，拿到工资的时候，会想到给父母买件小礼物，或者拿点钱回家意思一下。当然，不排除到了月底经济出现赤字时又从父母手里“借”了回来。可就算是这样，父母也已经很开心了，觉得自己的女儿懂事、孝顺。只是这做女儿的，偶尔“良心发现”，就会觉得自己很“卑鄙”，像在愚弄父母。

再后来，恋爱了，嫁人了，生命里多了一个身份——妻子。初为人妇，惶恐和不安肯定是有的。就好像一株植物，突然被移到了另一个盆，搬到了另一个陌生的空间。那里的人、那里的事、那里的环境全是新的，你不得不从零开始，重新适应。

原来在家是娇小姐，十指不沾阳春水的，现如今也不得不学着洗手做羹汤。在烧了N锅饭、炒老了N盘菜、炸焦了N条鱼之后，你也开始能做出几个像模像样的菜式来。

开始学会拖地，知道了拖把要挑吸水能力强的买；开始学会擦玻璃，知道了用报纸能将玻璃擦得铮亮；知道怎么拆洗床套，也再不会把空调被的棉胎一起扔

洗衣机里洗；开始学会了熨衣服，也知道怎么晾晒可以让衬衫不起皱……

逛店时也不再只一味挑衣服、首饰，开始留意居家的小饰品，会挑一些可爱的小物件来为自己的家增添点温馨。不再将钱花在一些华而不实的“浪漫”上，开始脚踏实地过日子。少了些刁蛮和任性，多了些容忍和宽待。

试着做一个好妻子，试着做个知性而优雅的家庭主妇。

看着别人的大肚子，你开始期盼一个新生命的到来。当一颗“小豆子”在你肚子里开始发芽的时候，你的母性开始萌发。你小心冀冀地呵护着他（她），他（她）在你身体里的每一个小动作都会让你惊喜异常。十月怀胎，一朝分娩，你从“准妈妈”变成了正式的妈妈。

从此世界的轴心就是孩子。他（她）的一颦一笑、一哭一闹都牵动着你的心，为了他（她）再苦再累都觉得值得，为了他（她）甚至不惜把老公挪到了第二位……看到老公“吃醋”的样子你会觉得很开心，也很温馨。

妻子和丈夫，只是两个点，只能组成一条线；多了孩子之后，你们的家就有了三个点，三个点可以组成一个面，组成比“直线”稳固的一个家。这种踏实和稳定，让你心生欢喜。

女人，做女儿时得孝顺，做妻子得贤惠，做母亲得慈祥，把这三个角色“演”好了，你的人生也就成功了一大半了。

上一节既然举了徐志摩为例，这一节不妨也让他的原妻张幼仪来“现身说法”。

张幼仪对父母是孝顺得出了名的，嫁到徐家后，哪怕徐志摩对她再冷淡，她也依然侍奉公婆，没有一丝怠慢。这点，在徐母后来不愿和徐志摩、陆小曼同住，反而“离家出走”投奔前儿媳而去的事上可见一斑。若她不孝顺，徐母又怎么会放着家人不要，奔她而去？彼时的她已经和徐志摩离婚，可以说和徐家再没关系。但到了最后，连徐母、徐父的身后事，也是张幼仪帮忙料理的。

作为妻子，她或许不够才情，或许不习惯将爱情演绎成风花雪月的浪漫，但比起林徽因和陆小曼，她的爱更为深沉。

作为母亲，张幼仪也绝对尽心称职。和徐志摩离婚后，她独自将儿子抚养长大，培养成人，后来儿子在美国做了土木工程师。

一个尽心尽职的女儿、妻子、母亲，虽然经历了丈夫的抛弃，但她活出了另一番风采：离婚后，入德国学校学习，专攻幼儿教育，五年后学成回国。上海一家女子银行聘她做总裁，并且她还经营了一家服装公司，均大获成功。1953 年，她找到了一份真正属于她的幸福，嫁给了中医苏纪之，晚年的生活，幸福平静。

第二十章 平衡法则：事业VS家庭、事业VS孩子

事业是体现自己社会价值的方式，同时也是家庭经济的主要来源；而家庭，则是自己心灵休憩的港湾；孩子，则是夫妻生命的延续，也是家庭未来的希望。这三者，经常纠结在一起，成为男人和女人们不得不面对的“选择题”。

很多男人为了做一番事业、为了功成名就，把大部分时间和精力都放在了工作上，这难免忽略家庭，冷落了妻子，从而造成了“家庭危机”。而女人，又经常陷入“事业、孩子难两全”的尴尬境地。生吧，事业肯定被迫中断；不生吧，又觉得家庭不完美。各自有各自的纠结和苦恼。可见要想在事业与家庭、事业与孩子两者之间取得平衡，真不是件容易的事。

当事业遇到家庭

在事业和家庭面前，大部分男人会把事业放在第一位，然后才是家庭。对男人来说，实现其社会价值，比守住自己心灵的港湾更为重要。更何况事业还是家庭的重要经济来源，如果没有收入、或者是收入不好，怎么维持一个家的运转？

对一个自尊心强的男人来说，如果家庭的开支，大部分得靠妻子来支撑，就算别人不说，他自己也会觉得羞愧，觉得自己有“吃软饭”之嫌。更何况中国素有“男主外女主内”的说法，这也在一定程度上，“逼迫”着男人得把事业做得比女人好。

于是，很多男人，尤其是成了家的男人（单身汉一向是一人吃饭全家不饿，所以没那种危机感），会把自己的主要精力和时间都投放在工作上。白天的时间肯定是贡献给办公室的，到了晚上也不得闲，要么是出去见个朋友喝酒应酬拉关系，要么是报班进修充电为未来可能出现的“机会”储蓄能量。就算到了周末，他们也不见得就能陪陪老婆孩子，说好的“家庭时光”，经常会被一个突如其来的电话取消……

一心以事业为重的男人，如果太过忽略背后妻子还有孩子的存在的话，有时候会得不偿失。

不知道你看过《搜索》这部电影没？里面有一个事业型男人——沈流舒。没有人会否认他事业上的成功，可他显然没有平衡好事业与家庭的关系。大概是觉得自己事业成功，有钱有地位，老婆肯定就舍不得离开自己，所以他对自己的老婆是极冷漠的。老婆亲眼目睹他和自己的秘书叶蓝秋抱在一块，想向他要个解释，他却连解释都懒得向她解释，只说："我沈流舒要的女人，不用偷！"弦外之音：我要养"小三"，也是光明正大的养，根本不用怕你知道！他甚至懒得在老婆身上花心思，就连"结婚纪念日"也可以随意改期，变成他谈生意的筹码，以修复他"婚外情"一事受损的形象。他自以为自己在家庭上稳操胜券，但受不了他漠视的老婆，最后还是选择了离开。

好吧，你要说，这是电影，不是现实。那么，我们可以看看香港的著名功夫影星——成龙。

成龙的大男子主义是出了名的，妻子林凤娇原也是台湾有名的美女，为了成龙甘愿退居幕后。结婚多年，成龙在外头基本都不提自己的妻子，对于儿子房祖名，也是冷漠有加。

对成龙来说，最经典的"笑话"是：他难得"大发慈悲"，想要做一下好爸爸，就跟儿子说去接他放学。结果，儿子放学后在学校门口左等右等没等到父亲来接他，自己一个人哭着回家了。而成龙则在学校门口左等右等没等到儿子出来，往家里打电话，才知道：儿子都上中学了，而他居然不知道，居然跑去小学的门口等！

这在我们看来，是个笑话；但在儿子房祖名的心里，肯定是个创伤。做父亲的“糊涂”到这个地步，对儿子不上心到这个地步，实属罕见。所以，儿子和他也只在媒体面前保持表面上的“亲近”，私底下，也很难亲热起来。

而成龙这些年来，在外头的花边新闻从来没少过，要不是林凤娇“忍”功了得，这个家只怕早就散了。

再成功的男人，如果太过疏忽家庭，必然会有“后院起火”的时候。如果家庭不幸福，你事业的成功，除了在外人面前炫耀外，又有什么用处呢？等你老了，打不动了，回到家，和亲人之间总隔着一层看不见摸不着，却又捅不破的无形冷漠，这能算是幸福么？

同是香港的另一名人——张学友，素有“歌神”之称，他在歌坛上创造的纪录无人能比。听众、观众都是最“喜新厌旧”的，可纵使乐坛新人辈出，张学友的专辑只要一推出，依然大卖；他的演唱会，依旧火爆；他的好多老歌，历经多年，现在仍在被听众们追捧着，回忆着，岁月的脚步并没有抹去他的光彩，相反，更突出了他歌声的魅力。

他和罗美薇的爱情长跑长达10年之久，后于1996年在英国注册结婚，到现在，已经十多年过去了，两人仍恩爱如初。为了不让妻子“吃醋”，张学友在接拍电影时，对和其他女演员的亲热戏，都是能免则免，生怕哪里做得不够好，伤了妻子的心。

女儿出生后，他更是捧在手里怕摔了，含在嘴里怕化了，疼爱得不得了。为了亲眼看着女儿长大，他后期不论是拍戏、唱歌，都不愿意离开香港。他说，如果拍戏，一离开少说也要三两个月，就要有三两个月和女儿、妻子分开，他办不到。他说：“每个人在家里都有自己的角色，我是一家之主，在家的角色比较重要，我离开太久会给家里造成一些混乱。”所以，他拒绝了一切“远行”。

上中央台的春节晚会，是很多明星求都求不来的机会，但张学友为了兑现自己对家人的承诺（他前头答应了妻子、女儿陪她们外出旅游），就推了“春晚”的邀约，这有几人能做得到？

他会尽量亲自接送女儿上学放学，回家后给她们辅导功课，陪大女儿谈心，引导她对一些事情做出正确的判断；也会陪小女儿玩耍，哄她睡觉……

他在事业成功之余，兼顾到自己的家庭幸福。他不会因为事业就冷落自己的妻子，更不会因为妻子退居幕后等他养着，就把她扔在家里自己出去拈花惹草。相反，他对此心怀感激，感激妻子为自己、为这个家做出的牺牲，所以更是加倍地对她好，不愿意、舍不得做任何会伤害她的事。他也不会打着“事业”的幌子对女儿不管不顾，相反，他不愿意错过陪伴女儿长大的机会，他宁愿错过一些工作机会，也要陪在女儿身边，让她们感受父爱，让她们快乐健康成长。

事业固然重要，但因为事业忽略妻儿、忽略家庭，实非明智之举。在这个世界上，还有一些东西比事业更重要，比如爱情、亲情。所以，男人们，请你在专注事业的同时，一定要分出点时间和精力来关注自己的妻儿。如果实在太忙，你最起码得向她表达一下自己的歉意，让她知道，你并非心中没她，实在是因为分身乏术。

不要将事业和家庭对立起来，这两者原本没啥对立性。你只要肯花点心思，平衡一下双方的“利益”，你完全可以事业、家庭双丰收。这远比你全心做事业、事业有成时却发现自己成了孤家寡人、冷冷清清地守着一堆金钱过日子要强吧？

当事业遇到孩子

现在的职场，竞争激烈，就算你在位天天盯着，都可能会失去自己的位置，更别说离开几个月再回去。于是，事业和孩子，就成了职业女性的“鱼和熊掌”，很难兼得，也难以兼顾。

许多职场女性，选择了“先干事业，再生孩子”。可是，人在职场，身不由己地被各种工作“推着”向前走，计划怀孕的时间一年一年地往后压。一拖再拖，就拖成了高龄产妇。而岁数一大，想怀孕都成了问题，很多人想怀都怀不上，或者是怀上了，但胚胎质量不好，又流产了。

像《夫妻那些事》里的林君，就是想着先干事业后要孩子，结果呢，到三十多岁的时候，想怀怀不上了，做试管婴儿也没成功。她觉得对不起一心想要抱孙子的婆婆，还有很喜欢小孩的丈夫唐鹏，于是忍痛分手。电视剧的最后，给出了个大团圆结局，让两人复婚，并让林君自然怀上了孩子。但在现实里，年过 35 岁的女人都知道，过了这个分水岭，想要自然怀孕，且平安生产的概率，已经很低很低了。哪可能像电视剧里那么欢喜如意？

也有些女性，选择“先生孩子再干事业”。趁着年轻，身体条件好，恢复也快，先生完孩子，再去打拼事业。这样的打算看似很妥当，但其实也有其弊端。一者，年轻女性，自己心性未定，却突然升职做了妈妈，有些人心理上就调整不过来。尤其看到其他同龄的女子身材曼妙，打扮得漂漂亮亮地逛街、泡吧，自己却已经身材走样，上哪都得带着这个“小祖宗”，还得随时给他（她）喂食、把尿，鞍前马后地服侍，心里就很不是滋味；二者，孩子生出来，在三五年内，还得有人陪着，带着，才能送进幼儿园。雇保姆？现在的保姆市场良莠不齐，让人不放心；交给公公婆婆带？老一辈带孩子难免过分溺爱，容易把孩子带成个“小霸王”或者“刁蛮公主”；自己带？三五年的时间，足以让你和这个社会脱节，三五年后想杀回来和应届的大学生抢饭碗？恐怕也不是件容易的事。

梅子在一家国企工作。虽然国家明文规定不能辞退孕妇，但单位要“修理”一个孕妇实在是件超容易的事，随便把你扔到一个效益特差的部门，然后每个月给你发一点基本工资，或者在工作上故意给你添堵，稍有心性的人都抗不住，会自动辞职。

所以，梅子在怀孕的时候，根本不敢让领导知道，一直穿宽松的衣服掩饰。该自己干的活一件也没敢落下，该加班也会跟着同事一起加班，从来不敢“搞特殊”。一直扛到预产期，才找了个别的理由请假，偷偷回家生孩子。生产后的一星期，她又回到了工作岗位上。孩子，只能交给婆婆带。这一带，就是两年。有时候周末过去看他，孩子根本不认识她这个妈妈。有时候她一抱他，他都会哭闹不止，孩子的疏远和认生，让梅子心如刀割。

爷爷奶奶带孙子，都有通病：就是不由分说的溺爱。孩子只要一吵，一闹，他们就会顺着他。比方说吃糖，梅子是拦着不让吃的，可是只要她不在眼前，孩子一闹，婆婆就给他糖吃，结果孩子的牙齿全是龋齿。

梅子向公公婆婆提了几次意见，公公婆婆总是一脸不以为然：“我们带李明（指梅子的老公）时也是这样带的啊，不也同样人高马大健健康康的！哪有什么病了痛了！哪有那么多规矩！”

还有就是孩子的知识面跟不上。如果梅子自己带，平时肯定会慢慢教孩子识字，发音，可是因为是老人带，孩子的普通话全学成了公公婆婆的地方音，能把“热量”念成“月亮”，一点都不标准。

梅子看着不是办法，无可奈何，狠下了心，准备辞职，自己回家带孩子。可在这节骨眼上，部门主管跳槽了，经理向她抛出了“橄榄枝”，要提拔她上来当部门主管！要知道，这是个技术性很强的部门，她这样的年龄，少有能坐到主管这个位置的！这次若不是主管突然跳槽，她再等个六七年都未必有这样的机会！

一边是孩子的教育，一边是千载难逢的升职机会，这让梅子左右为难，不知道自己该何去何从……

除非是打定主意“丁克”到底，否则，职场女性迟早要碰上林君和梅子这样的问题。那么，事业和孩子，真的没有办法共存么？

某人才网的总经理给出这样的建议：职业生涯规划因人而异，没有绝对标准，也无所谓好坏。是“早生”还是“早升”，一切要取决于自己的职业生涯规划，按照自己的价值观和意愿去选择。女士们不妨问问自己，究竟想做“事业型”女性还是“家庭型”女性？

如果你一心想做女强人，那么就优先“事业”，等事业到达一定的平台，并且稳定下来后，再考虑做“妈妈”。当然，凡事都有利弊，在你做出这个抉择的时候，你也得做好当高龄产妇的心理准备。

如果你觉得，自己更适合做家庭主妇，而且也不介意在家相夫教子，那么，中途退出回家生儿育女也可以。对女人来说，孩子和丈夫同样是自己“事业”的一部分。等孩子进了幼儿园，或者上了小学，再寻机出动找份工作就是了。

职场暂退女性在休产假期间，还有在家带孩子的期间，也可以利用时间“充充电”，现在网络发达，准妈妈或者家庭主妇们都可以通过网络进修一些课程，使自己不与这个社会完全脱节，这对以后重新出来找工作，也是有帮助的。

孩子和事业，虽然要兼顾很难，但两者中间总有个平衡基点在。不管你的选择是什么，只要丈夫支持、孩子健康，便已经足够了。

第二十一章

平等法则：婚姻需要双方共同付出

婚姻需要平等，感情也需要有回馈。如果一方努力付出，另一方却只享受不付出，就会造成不对等。任是谁，再深爱也做不到永远付出，不求回报。时间久了，谁都会有累的时候；而只享受，不付出的一方，也可能因为“没投入”，就生不出责任感来，也对家生不出归属感，所以，无所谓失去，也没有什么舍不得。

所以，别把个人奉献当成高尚，也别把享受当成理所当然，只有共同付出，认真经营，才能拥有幸福稳定的家。

不求回报的婚姻往往都以悲剧收场

罗曼·罗兰说过：“在婚姻中，每个人都要付出，同时也要收回点什么，这是供求规律。”当然，这种回报，不是单指物质上的回报，也包括情感上的回报。比方说，面对爱人的辛劳，可以送他（她）一件心仪的礼物，或者给他（她）一个深情的拥抱，一个热烈的亲吻，这些也是回报。

但中国的传统文化和道德教育，都在引导众人要“不求回报地付出”，就像雷锋那样，做了好事都不要留名。这样的教育，难免也会“波及”到婚姻，使一部分男女认为，在婚姻里，付出是应当的，如果付出后心里总想着要对方回报点什么，就说明“爱得不够”，就是把婚姻变成交易，是“卑鄙”的行为。

但事实上，只一味付出，不求回报的婚姻，未必会幸福。因为，你的付出，很容易把对方“宠坏”。

听过“杯米养恩，斗米养仇”之说么？在他（她）很饿的时候，你给他（她）一杯米，让他（她）得以活命，他（她）会久久感激你的救命之恩。但如果你长期供养着他（她），他（她）就把你对他（她）好当成了一种习惯，等哪天你如果不供着他（她）了，他（她）就会跟你翻脸，因为他（她）把你对他（她）的好，当成理所当然的了，你再一放手，他（她）就觉得你对不起他（她）。

在婚姻里，对一个人太好，也容易出现这种状况。

90年代热播的电视剧《渴望》中的刘慧芳，便是这样一个女人：深爱王沪生，在生活上把他照顾得无微不至，在他困难的时候不离不弃，对收养的女儿小芳也视若己出，还得忍受大姑子王亚茹的无端指责和挑衅。剧情峰回路转，原来她收养的女儿小芳，竟是王亚茹的私生女！大可“报仇雪恨”的刘慧芳选择的仍是以德报怨。可王沪生呢？她陪着他挨了十几年，等到苦尽甘来的时候，他反悔了，心里念的都是初恋情人竹心，他要离婚。这时候大家都将“自私、冷漠、无情无义”的词汇砸在这个角色身上。

可是，咱退一步想，王沪生的自私、冷漠、无情无义，何尝不是刘慧芳“纵”出来的？她把他照顾得太妥帖，毫无保留地付出所有，不求回报，哪怕是口头上的一句感激，或者是感情上的一点小回馈都不要求。于是，时间一久，他就习惯了，理所当然地享受，觉得这就是自己的“权利”，他压根本没想到自己从来没对这个家尽过什么“义务”。

这样的婚姻极度失衡：付出越多的人，自然是越来越在乎这个家，因为那是她一点一滴建立起来的；但类似王沪生这样的，他啥都不用做，啥都没付出，自然就没有啥责任心，也没有啥觉得舍不得的，所以，松手的时候，他一点都不心疼。

后来有人讨论，说，刘慧芳会如此愚爱，是因为其本身教育程度不高，所以才会这般糊涂，把丈夫当成神那样供着，只知道付出，才会酿成后面的悲剧。

其实，这样的愚和教育程度只怕是没有关系的。张爱玲才高八斗，不也同样做过这样的糊涂事？

张爱玲笔下的人物，冷静、冷漠，甚至冷酷。让人觉得，作者应该也是一个理性得有些不近人情的女人。可她和胡兰成的这段爱，让N多人大跌眼镜。或许，正如她题在赠与胡兰成的相片后面的那句话一样：“见了他，她变得很低很低，低到尘埃里。但她心里是欢喜的，从尘埃里开出花来。”

知道两人相恋时，很多朋友不理解也不能接受：他比她大十几岁，且还是汪伪政府的要员，头上顶着“汉奸”的帽子，还是有妇之夫，怎么也想不通张爱玲为什么会钟情于这样的一个男人啊！可是，她却是陷进去了。她只把他当做一个懂得自己心的男人，而他的其他身份：汉奸，别人的丈夫，这些都与她的爱情无关。她只是这么任性地、放纵地、掏心掏肺地对他好。

1944年，胡兰成的第二任妻子与他离了婚，这成全了他和张爱玲的爱情，他给了她一个名分。同年底，他去了武汉接编《大楚报》。只是一个转身，他就另有了新欢。新欢是一个17岁的小护士。他倒也没隐瞒自己的婚姻，对小护士说，她只能是妾。可不愿意当妾的小护士，还是向他要了一场婚礼。

不得不说，这个男人是可恨的，可他也是聪明的。就是背叛，他都背叛得坦荡，毫无羞愧之心。1945 年 3 月，回到上海的他，同样向张爱玲“供认”了周氏情人的存在。可这周护士显然也不是这“博爱”男人的最后情人。同年底，他在逃难往温州的途中，又和丧夫之妇范秀美勾结到了一处。

前往温州寻夫的张爱玲，怎么也没想到自己的男人，居然又和别的女人以夫妻相称住到了一块。

张爱玲不是不知，可她居然还拿着自己的稿费接济胡兰成，只因怕他在流亡中受苦。而胡兰成心安理得地拿着妻子寄来的钱，用来养活自己和“小三”，这样荒谬不近情理的剧情，偏在生活里真实上映着。

张爱玲把自己“低到尘埃里”，丢掉了自己，埋没了自尊，也没有换来丈夫的怜惜和尊重。他不是把她捧在手心里呵护，而是肆意践踏，把她的一片真情付出踩得灰头灰脸。

在婚姻内放弃自我、放弃尊严，把自己等同成生活上的“保姆”，或者是情感上的“老妈子”，这样的牺牲和付出，不单不能证明你感情的“高尚”，相反，你是在作践自己的爱情和婚姻。

当你把自己当“草”的时候，就不要怪丈夫没把你当“宝”。如果“付出”变成了一方的“义务”，另一方的“权利”，那么，这时候的你已经不是婚姻的主体之一，而是变成婚姻的附属品。不用我多解释，你该清楚，附属品只是陪衬，地位是可有可无的。有，未必欢喜；没有，也是无所谓的。

在感情世界里，如果一方努力靠近，而另一方站着不动，那么，他们之间的距离是永远存在的，并不会因为一方的付出而消失。情人们要谨记：真正幸福的婚姻，应该是夫妻双方平等、互助，携手同行，而不是一方高高在上，一方做小伏低。

请记住这段话：在婚姻中，人人都要先照顾好自己的需求，让自己幸福起来，两个人都幸福起来了，就是幸福的一对。不是“不管”对方，也不是“只管”对方，而是兼顾两人的需求。

没有付出，就不懂得珍惜

举个简单的例子：一个男人，用了两年时间去追求一个女生，追到手后，发现两人性格有些不太合拍，经常会有意见相左的时候。这时候他会想：她毕竟是自己投入了两年的时间、精力和感情才追求到手的，因为这点小事就分手，多可惜啊！所以，他耐心又和女生交往了一段时间。两人经过一段时间的磨合，找到

“求同存异”的“中庸之道”，成了神仙眷侣。

如果换个背景：如果是女孩自己“送”上门的呢？如果他不费吹灰之力，就已经牵到女孩的手，只怕就少了很多珍惜。一吵架，随时可以分手，自然也不会多忍耐、多担待了。这时候，要忍耐、要担待的，只怕是女孩自己了吧？

当然，这种心态并不只在男人身上，女人也一样。如果你在离家比较远的地方逛街，随手花了十块钱，从路边的小店里淘了件T恤，回到家一看：“咦，后背有块污渍呢！还洗不掉！”回去换？可路这么远，来回公车费都要四块钱，还得搭上时间！心里就想：算了！也才十块钱，直接“作废”了事！但如果，你买的是上千块的衣服呢？换！打的都要赶过去换！要不，这上千块不就白费了！

这就是人们的普遍心态：太轻易得到的，难免会生出轻贱之心，自然也不会用心珍惜；相反，历经千辛万苦得到的东西，便觉得分外“矜贵”，生怕失去。在某件事物上投入的时间、金钱、精力、感情等越多，就会越珍惜。因为失去意味着前头的所有投入全打了水漂。

在这个问题上，女人更应该注意。因为很多女人，尤其是那些全职在家的太太们，很习惯将所有家务、家庭琐事、还有孩子的辅导、教育，全都自己包了，虽然妻子这么做的原因，是觉得丈夫在外头打拼，不应该再拿家事“累”着他，但如果你大包大揽，很容易让丈夫变成“游离”在家庭之外的“颗粒”，一者没责任感，二者没归属感，这就有可能脱离家庭的“地心吸引力”，飘到别的“星球”上去。

文慧和成浩是异地恋，结婚后，夫妻两个一直两地分居着。可这样终究不像个家，终究得有一个人做出牺牲。

文慧在银行上班，而成浩则是一私企的部门经理，照两人的发展前景看，文慧的工作比成浩稳定，晋升空间也比成浩要大，可是成浩坚持不肯辞职，他说：“我一个大男人，要是到你的城市发展不起来，不得成‘软饭男’？我不干！”无奈，文慧只好辞掉自己的工作，来到了成浩的城市。

文慧的计划是：反正已经是辞职了，就先待在家，把孩子生了，然后再去找工作，省得折腾。成浩也同意她的想法，所以，文慧便安心的当起家庭主妇来。

因为自己赋闲在家，所以，她基本是把家里的大活小活都承包了，不忍心让成浩插手，生怕累着了他。一开始，成浩还不习惯，回到家看到她在做饭，总会凑过去想打个下手；或者是吃完饭要帮忙洗碗，但每次都被文慧推开去：“你上了一天的班了，歇着去吧！我来就成了！”硬是不让他帮忙。

慢慢的，成浩也习惯了，一回家就窝在沙发上，看报纸、看电视，然后等吃饭；吃完饭就上网，或者继续看电视，对凌乱的桌子视而不见，对面前又是拖地又是洗衣的老婆也视而不见。

开始文慧也没说啥，可是，她怀上孩子后，成浩仍是继续当“甩手掌柜”，照样等她服侍着。文慧忍不住抱怨：“你怎么也不知道心疼人，都不帮个手！”他还振振有词：“是你不让我干的啊！”

孩子出生，他倒是喜欢得不得了，鞍前马后地想要帮忙。可是，毕竟是男人，手脚笨，抱的姿势不对，孩子不舒服，他一抱就哭，文慧便不让他抱。帮忙冲奶粉吧，因为没控制好温度，又把孩子给烫着了，于是，冲奶粉也不要他插手了；换尿片，折腾上半天都没包好；小事情都做不好，更别说洗澡这样很容易伤着、呛着小孩的“高难度”动作啦。总之，对于小孩，成浩唯一的权利就是能站在小床边，嘻嘻哈哈地逗孩子乐一下，如此而已。因为不够亲近，孩子也不粘他，只和妈妈亲。

这样的情况维持了三年多。而这期间，成浩已经从原来的部门主管，晋升到公司的副总了。他在家待的时间越来越少了，即使回来，也很少和文慧聊天，也不怎么陪孩子玩。

直至有天，文慧接到了一个年轻女子打来的挑衅电话，才知道自己的老公在外头有了“小三”。小三在那头趾高气扬地说：“你何必绑着他不放？他都说了，那个家是你的，不是他的。所有的事情都与他无关，他连自己家的厕纸放在哪都不知道！你为什么不还他自由？”

哭吗？闹吗？吵吗？这些都很容易做到，可是，做这些有意义吗？能改变什么？文慧在愤怒之后开始反思自己这些年的所作所为，终于醒悟：是自己把老公从家里“开除”出去的！

所幸，这个电话是“小三”打的，看样子还是瞒着老公打的。这意味着老公还没有想从这个家“撤离”出去。所以，文慧决定，装作不知道“小三”的事，尽力把老公“拉”回到家里来。

她开始有意识的让孩子去粘爸爸，比方说，让他接送女儿去幼儿园啊，或者睡觉前讲故事啊，她都会借口有事，让成浩去做。因为为孩子做的事多了，父女俩的感情也亲密多了，孩子也喜欢赖着老爸撒娇，要老爸陪玩了。她还会在差不多下班的时候到超市买日常用品，然后打电话给成浩：“老公，我买的东西多，又带着孩子，拿不动，你来接我一下！”以前她做饭，都是想啥做啥。虽然也会做老公喜欢吃的，但更多的时候只是“想当然”地认为是他喜欢吃的。现在会故意打电话“骚扰”，问老公晚上想吃啥，然后做他想吃的。保险丝断了，其实她自己也能换的，可是为了让老公找到“男主人”的感觉，她硬是等着老公下班回来换。屋里“大放光明”时，女儿在边上开心地晃着小手大叫：“老爸真棒！老爸是威猛先生！”成浩很开心地做着威猛先生的动作，向女儿展示他的“威猛”。以前，家里有什么事，文慧都是自己拿主意，现在她会和老公商量；在外人面前，更是给他留足了面子，什么都是“老公说了算”。

这个过程很缓慢，但还是能看出成效来。老公在家里的话多了，笑容也多了；相反，电话少了，“应酬”也少了。有时候看着文慧“笨手笨脚”地爬上爬下擦窗户，他也会很仗义地拿过抹布：“去去去，手颤脚颤的，都恐高还学人爬上爬下！”嘴上不饶人，可是手里却没闲着。以前让他下楼的时候顺手扔垃圾都不愿意，现在会主动拎上垃圾，拉上狗狗，指挥着女儿：“咱们下楼遛狗去！”水费电费上网费，不用文慧说，他也知道去交了……

有一天，成浩突然对文慧说对不起，他说：“我以前总以为，打理一个家很容易，我总以为我在养着你；现在我才知道，一个家庭中每天都有那么多大大小小的琐事，你在家里其实也不是在享福，可能比我还累！”然后他拥着她，重复了好多遍“对不起”，他没有提“小三”的事，但文慧知道，他说的“对不起”，包含着对自己出轨的愧疚。

文慧不知道他和“小三”是什么时候断的，但她知道自己的老公已经回到家庭中来了。

所以说，聪明的女（男）人一定要将丈夫（妻子）拉入到生活中来，而不是自己大包大揽，苦累一肩挑，养出一个不知道心疼人、不知道珍惜这个家的“甩手掌柜”来。

只有参与到其中，才能体会出操持一个家的辛苦。当然，也只有参与到其中来，才能体会到建立一个家的乐趣。

婚姻需要夫妻双方共同维护和经营

我想，除了心怀叵测、想要利用婚姻完成“另类”目的的人外，正常男女在结婚的那刻，都是希望自己的婚姻能长长久久、甜蜜幸福，但这幸福就如天上的馅饼，不可能会自己掉下来。幸福的婚姻是靠夫妻双方共同维护、认真经营出来的。

那么，如何经营好一段婚姻？真爱是关键，但共同劳动、分担家务、分享心情、互相关心这些细节，也是幸福婚姻的重要“配件”。

曾有研究人员指出，在所有夫妻相处的模式中，“分享型”的夫妻最容易获得幸福感。

肯特大学社会学教授弗兰克·菲雷迪认为：夫妻双方有必要为对方做点什么，这样能让他们从中获得独立感和成就感。另外，他们如果能分享劳动，不论是做家务还是照顾孩子，都是一条纽带，能促进夫妻的亲密感、互信感和交流、情感温暖。

所以，生活中的夫妻，不管是在经济、还是在家务上，或者是小孩的照顾、老人的赡养上，都要有共同承担的心理。

男人最忌认为："我在外头打拼，然后往家里拿钱，就已经是付出了。"没错，往家里拿家用，这是付出的一种；但这只是一种经济上的付出。如果你长期疏于情感付出，对妻子冷淡、对孩子漠不关心，那么，就算你往家里搬了座金山，幸福还是与你无缘。

女人也忌在金钱上索求无度。如果他一个月只赚两三千块的话，你还非要穿名牌、开轿车、住别墅，这就变成强人所难了。你要他"付出"，也得是他能力范围内的"付出"。

而女人最容易犯的毛病是把自己当保姆，自以为承包所有大小家务就是爱的表现。如果这就是"爱"，男人根本不用结婚，直接雇个保姆还省事。记住，男人有时候就像个孩子，你越纵他，他就越"顽皮"。

对于怎样经营好自己的婚姻，美国婚姻问题专家休·康佩尔列提出了一些有益建议：

日常保养：婚姻的和谐在于日常"润滑"。时常帮对方做一件哪怕很微小的事，都会让对方时刻感受到你的爱意。比如在对方起床前几分钟，自己先起来准备早餐；刷牙挤牙膏时顺手也帮对方挤好；把"辛苦了"当成你的口头禅，当妻子已经准备好丰盛晚餐，或丈夫风尘仆仆地下班时，记得说这句口头禅。

每周养护：每周两人至少安排一次不少于两个小时的交谈，促进彼此的沟通。比如你们可以一起出去吃饭，一起看电影或看戏，手拉手一起步行到某处，边走边交谈，或做其他一些两人都感兴趣的事。

每月维护：给她（他）一个意外惊喜。做一些与以往不同的事，能使对方体验新的感受，使爱意重新迸发。比如平时多半是女人洗碗，那么某天男人可以争着去洗；而如果总是由男人做晚饭，女人则可以抽出一天的时间显露身手。

或者设计一个“暂时离别”，这会使对方更思念自己。你可以在一个月中，找个周末和好朋友见见面、聊聊天；或者回去看望父母家人或闺中密友，也许晚上回家就会有惊喜的发现。

年度大修：工作上的年终总结你一定做过，但大部分人恐怕没做过家庭生活的年终总结。其实，你可以和妻子（丈夫）一起，把往日的情书再读一遍，使爱火重燃、情意更笃。然后再写一封新的情书，坦诚大胆地表露爱意，并提出今后的浪漫计划，然后寄出去——即使你们住在一起。

北京回龙观医院心理科、婚姻危机干预中心主任邸晓兰在接受《生命时报》记者的采访时，也给出了几点建议：

尊重对方：对含蓄的中国人来说，面子是非常重要的，尤其在人前。因此，千万别在外人面前批评你的伴侣，即使他（她）说了不够恰当的话。另外，凡事都要认真聆听对方的意见，使双方意见尽量保持一致。

彼此欣赏：欣赏对方，包括他（她）的缺点。不要企图让婚姻或是自己的爱改变对方，只有学会接受并欣赏，才能让关系更融洽。

冰释前嫌：“今日事，今日毕”这句话，不仅能用在学习、工作上，也是解决家庭矛盾的妙招。两人生活中一旦出现矛盾，尽量在最短时间内解决，否则容易加深裂痕。

有没有发现？两个专家提出来的这些关于经营幸福婚姻的观点如出一辙，都是需要双方共同耕耘、共同付出，然后才能有所收获的。这间接也证明，只有双方共同付出，珍惜当下，才能拥有幸福美满的生活。

第二十二章

等同法则：像他爱你的家人一样去爱他的家人

古语有云："爱人者，兼其屋上之乌。"意思是说，因为爱一个人，就会连栖在他屋子上的乌鸦都喜欢，弦外之音是，爱一个人，就会连带关心和喜欢所有与他有关的人或物。

生命中，血缘关系是斩不断的。虽然我们很希望结婚是"两个人的事"，可事实证明，结婚不只是两个人的事，还是"两个家庭的事"。每个人都有自己的家人，如果你爱他（她），如果你决定嫁他（娶她），你就只能选择，接受他（她）的家人，同他（她）一起，关心爱护他（她）的家人。

如果你跟丈夫的家人同住

现在的年轻人都希望结婚后能有自己的空间，不用和长辈同住，可以过过二人世界，可房价居高不下，能买得起房过二人世界的，只是其中一小部分，更多的小夫妻只能选择暂时和父母挤一挤。

在这种现实条件下，女人们就不得不考虑：如果你和丈夫的家人同住，该怎么相处？

公公多数是不理"俗事"的，只要吃好喝好，他就满足了；琐事他也不管，只偶尔在大事上发表下自己的意见。所以，公公较好相处，很少听到儿媳和公公交恶的。

但媳妇和婆婆的关系，就是一"世界难题"，很多家庭矛盾都是集中在婆媳身上，因为爱着同一个男人，不免有了争风吃醋的心，所以婆媳关系一直都是家庭的"大议题"。婆媳和，则全家和；婆媳不和，家里就成了战场。所以，如果你和丈夫的家人同住，首先要"攻克"的"难题"，就是如何和婆婆相处。

有良善的女子会认为：只要我把婆婆当妈来孝敬，婆婆也会把我当女儿来看待。这话的初衷是好的，可事实上，真正能像母女那样相处相待的婆媳很少，尤其是处于同一屋檐下的婆媳。

毕竟大家从小生长的环境不同，老人有老人的生活习惯，媳妇也有媳妇的生活习惯。咱举个最简单的例子：老人为了节省水，她可能会将一盆水重复使用，洗完菜留着洗碗，洗完碗她可能还要留着冲厕所；而年轻人会觉得不卫生，或者嫌蓄水麻烦，多数是即洗即倒。这婆婆看着媳妇觉得她浪费、媳妇看着婆婆觉得她不卫生，这就有了分歧。

对自己的妈妈或者对自己的女儿，多数是不会讲客套的，于是有啥说啥，婆婆批评媳妇浪费，媳妇批评婆婆不讲卫生。两人都觉得自己对，很有可能就得掐起来了。

争执的时候，难保不会说些过火的话。如果是亲母女嘛，事情一过也就翻篇了，很少有记仇的；但婆婆和儿媳吵架，如果说了些伤感情的话，肯定会有秋后算账的一天。

所以说，在孝敬上，你可以将婆婆当亲妈来对待，但在各种有分歧的事情上，你千万别把婆婆当亲妈，别真像女儿那样想啥说啥，否则很容易惹祸。

在我看来，与其把婆婆当妈，不如把婆婆当上司来对待，更有利于处理婆媳关系。

因为房子的关系，婉儿结婚后，不得不和婆婆同住。

同居一屋檐下，难免有个磕磕碰碰。刚开始，她和婆婆经常会为一些鸡毛蒜皮的小事起争执，于是两人的关系就变得很僵。婉儿的老公夹在中间左右为难，所以经常找借口不回家吃饭，晚上下了班也宁愿以各种借口待在外头不想回家，省得看自己的母亲和老婆吵架。

这样的状况持续了几个月，婉儿发现，自己和老公的感情似乎也变得淡薄起来，不是吵架就是冷战。有次，老公喝醉酒后，冲着她吼：“如果你真的爱我，为什么就不能分点爱给我妈？你让我夹在中间，我能怎么做？我比你们两个更难受！”

看着他痛苦的样子，婉儿也心痛，为了不让老公夹在中间难做，她决定改变自己，摸索出与婆婆的相处之道！

在跌跌撞撞地“调和”自己与婆婆关系的过程中，婉儿突然发现，原来婆婆是职场外的另一个“上司”。

“上司”都是讲尊严、爱面子的嘛！为了表示她的地位崇高，婆婆喜欢在亲戚朋友面前指挥儿媳干活：“小婉，去，给我们泡几杯茶来！”或者：“小婉，都几点了？还愣着干吗？下街买菜去呀！走之前先给我们削点水果来……”一回头，就会同客人抱怨：“唉，我这儿媳呀，啥都好，就是没个眉高眼低的，什么事都要等你说了她才知道去做！不踢她就不动！”要换作以前，婉儿就算不甩脸走人，也会摆上张臭脸去干活。

把婆婆当成上司后，婉儿就劝自己：“得，上司是你的衣食父母，她摆款是正常的，不摆款才不正常呢！看在她是长辈的份上，看在她替我生了个好老公的份上，我忍！”婆婆不是说我没个眉高眼低么？好，下次客人到家，不等婆婆开口，婉儿立马端茶倒水，上水果，陪着唠嗑，适当时候就向婆婆请示：“时间不早了，我去买菜做饭，你们想吃点什么呢……”在外人面前给婆婆留足面子，满足她那小小的虚荣心。

对于婉儿的转变，婆婆从一开始的惊讶，到后面的满意，脸上的笑容都绽成菊花了，对婉儿的态度也软化了，不再挑她的刺。

上司是不喜欢底下的员工拉帮结派的，因为担心下面的人一拧成团了，就会削弱他的“统治”。婆婆也有类似的心理，如果婉儿说什么，老公马上附和，她看了会不高兴，觉得：“你们根本是已经商量好了、决定好了来糊弄我的嘛！根本不是真的来咨询我的意见！”所以，出于一种逆反心理，就算明知道儿子媳妇说的是对的，她也会故意反对。所以，和婆婆汇报事情要讲究策略。比方说，家里的洗衣机都老掉牙了，转筒的声音都赶上拖拉机了，可是婆婆一直坚持不肯换。婉儿和老公就给演了场“双簧”，一人唱红脸一人唱白脸。当然，这角色也要分配好呀，婉儿一定要做那个和婆婆同一战线的人，而老公是持反对意见的那方。（儿子的意见比较容易听进耳嘛）

老公坚持要换，婉儿就用婆婆的理论来争辩：“还能用就凑合，不要浪费东西！”老公马上罗列出一大堆观点：“噪音大，扰民；耗电大耗水多，不环保；使用时间长了细菌滋生，粘在衣服上危害人体健康……”婉儿和老公这么一争辩，婆婆在边上自己就将利弊给权衡出来了，所以，反过来劝婉儿：“换掉换掉，这水呀电呀一省下来，都能买台新的了！还是全自动的，不用老照看着，方便！”

如此这般几次下来，婆媳两人的关系缓和了很多。

上司都希望员工能节约经费，不要乱花公司的钱，婆婆亦如是。虽然工资是你自己赚的，可是她看到你买件T恤就要几百块，心里肯定会嘀咕：“这哪是过日子的人？整个一败家女！”所以，四百块的T恤，你报上四十块就好啦！上千块的外套，咱假装错眼少报一个零。这样衣服你照穿，还不用听婆婆唠叨，两全其美。如果有适合的，也给她挑上一件，但千万别为了表示心意挑最贵的，否则仍会吃力不讨好。对老人来说，礼物在于真心和实用，而不在价钱。另外，给婆婆的衣服也不适宜少报一个零，以防她的老年伙伴看上了要托你买，那会你就成挖陷阱给自己跳了。

再正直的上司，也不会讨厌别人的奉承话。对婆婆，你又何必吝啬几句“甜言蜜语”？买菜的时候赞一句“您就是比我识货，一挑准是新鲜的！”；煲汤的时候来一句：“婆婆就是强，同样材料煲出来的汤比我煲的好喝几倍！”……人说伸手不打笑脸人，如此下来，纵她“婆心”似铁，也会被你软化成绕指之柔。

对于我们这等在职场摸爬滚打已经N年的职业丽人来说，研究、迎合上司和客户的心理，各人都有各人的一套方法。而婆婆，比起外头那些精明的上司、客户来说，实在是很纯良的人了，并不难“对付”。主要是大家都有种心态，对着外人可以忍气吞声，对着自己的婆婆却任性起来，一点亏都不肯吃，不肯稍让一步，才会将关系搞那么僵。

如果我们都能把婆婆当成自己的“上司”来尊敬着，哄着捧着，那一定能相处得很和睦友好。这样的“相处之道”，也同样适合放到小姑子、大叔子之类的身上。

如果我们改变不了同住的事实，那么就要以一种积极、乐观的态度来面对他的家人。不要把与他家人同住的事当成洪水猛兽来提防和害怕。是矛盾，总有解决的办法。不是有那么一句老话么？“不是一家人，不进一家门”。能进一家门，便是一种缘分。只要多点技巧，多点宽容，总能找到相处之道的。

不要让亲戚成为负累家庭的重担

亲戚，也是他（她）的家人，既然是家人，守望相助，也是应该的。对方的亲戚如果有困难，需要帮助，袖手旁观未免太让人心寒，有能力的话，还是得伸个援手的。

不过，现在有些家庭，尤其是“凤凰男 VS 孔雀女”或者“凤凰女 VS 孔雀男”这一类的“城乡组合”，经常因为亲戚的事闹得不愉快。

琳琳是河北一个小镇里的女孩，大学毕业后在北京找了工作，也算是“半定居”在了北京。后来，在同事的介绍下，认识了北京人王峰。

琳琳人长得漂亮，脾气也温顺，加之是从小镇来的姑娘，没那么多城里姑娘的“公主病”，家务活也是样样上手，这让王峰很是喜欢。他父母也是比较开明的长辈，只要儿子喜欢，他们也没有反对。这样相处一段时间后，两人就顺理成章地结了婚。

王峰的父母在同一家医院上班，父亲是外科医生，母亲是护士长。家境算是不错的，在三环内有套三室二厅的房子。琳琳和王峰结婚后，因为没有能力自己购房，只能和老人同住。

对于同住，琳琳也并没有排斥。因为在她长大的城镇里，婚后和长辈同住，是件很自然的事。可琳琳没想到，自己的婚后生活，会被一堆亲戚弄得混乱不堪。

知道琳琳嫁进了北京后，她的亲戚朋友，全都羡慕她攀上了高枝，琳琳回家探亲的时候，他们都嚷着：“有时间了去北京看你！”琳琳自然是表示欢迎的。可让她没想到的是，她回北京没多久，就真有一远房表姐打来了电话，说要来北京办点事。

琳琳便告诉婆婆：“老家有亲戚要来北京办点事。”婆婆和公公是知书达理的人，况且没见识过琳琳亲戚的“厉害”，便很热情地说表示欢迎：“反正家里还有间客房可以住。”

琳琳没想到，表姐并不是一个人来的，而是拖家带口一起来的，夫妻两个加上三个小孩，一站到家门口，小孩跳大人叫，整个就一菜市场。

婆婆和公公一下班看到这阵势，直接就无语了。可是也不方便说啥，只好忍了。

表姐这一住，就住了一个多星期，没见办事，只天天在外头玩，还拉着琳琳当向导，为此琳琳不得不请了几天的假。住在她家的期间，小孩打烂了几个陈设，还把公公放在客房里的医学书给撕了，沙发上多了几个鞋印……

别说老公王峰和公公婆婆看了郁闷，琳琳自己都看不下去。好不容易挨到表姐走，又出来个什么远房老舅要来北京看病。这一次，琳琳学聪明了，不敢让他们住家里，安排到宾馆住。结果这看病连带住吃，花了她将近上万块。

更离谱的是，老舅回家提到琳琳的公公是医生后，以后镇里的所谓的亲戚（有些琳琳从小到大都没见到过的），不论大病小病，都找上琳琳说要来找她公公看病。有些更是不请自来，直接从表姐那问了地址就杀上门……

走马观花式的亲戚走了一拨又来了一拨，看病的，旅游的，办事的……来了，都很理所当然地吃你的、住你的、花你的，甚至临走还会说钱不够，让琳琳把回去的车票也给买上……

有亲戚甚至说："在自己的城市看病，没准得花上几百块，还不如花个几十块买张车票上北京找琳琳，吃住看病啥都用不着自己钱！"

次数一多，公公婆婆都颇有微词，认为自己的生活作息全被这些亲戚给打乱了。婆婆倒也罢，公公平时经常要替病人动手术，休息不足，很容易影响到第二天的工作状态。所以，二老很不开心，要求琳琳告诉亲戚，非必要的话，不要到家里来。

对于琳琳的"亲戚"，老公王峰一开始还持容忍态度，还帮着说服父母："谁家没个亲戚朋友的，他们在北京也只琳琳一个亲戚，来了不投靠她投靠谁呢？"

可在"亲戚"接二连三的走访下，王峰开始有了意见，夫妻也常常因为亲戚的问题出现争执，王峰甚至说了很伤人的话："早知道娶了你还得捎带娶上你家亲戚，我宁愿不要！"

可琳琳却还是拉不下面子来当恶人，将这些亲戚拒之门外。而她也知道，再这样下去，自己的婚姻，迟早要出现问题的。

我们提倡"爱屋及乌"，但凡事都有个度。亲戚有困难，有需要，帮个忙，这是情理中事，只是凡事都要量力而为，千万不能因为好面子，就接受这些无穷尽的骚扰。比方说，亲戚家穷，孩子没钱交学费，上不了学，这个很值得同情，而且关系到孩子的未来，这个忙应该帮。但如果像上文提到的，把琳琳当成免费提款机，把她的家当"中转站"一样来吃住玩，一概可以找个委婉的理由不接待。家就是家，不是旅馆，更不是旅行社，别混淆了概念。

亲戚也分好多种，有些亲戚是对你真心的好，不会因为你穷就看不起你，也不会因为你富了就特意巴结你。这样的亲戚，如果有难，倾囊相助都是值得的。但有些亲戚真的很不靠谱，捧高踩低自不必说，大凡谁家日子过得好了，他们就来伸手，有时候给少了，还会说三道四。这一类的亲戚，就如路遥说的："在很多时候是一个负担。"

另外，帮人得有个度。咱打比方：你现在兜里只有一千块钱，这一千块，是你一家这个月的生活费。但现在有亲戚跑来向你借钱，你很大方地把仅有的这一千块借给他了。你肯定觉得自己是在帮人，没有错。可是你有没有想过接下来的这个月自己一家该怎么过？

记住：就算你再善良、再重视亲情，也得量力而行，不要让亲戚成为自己小家庭的一个沉重负担。

所以，对于自己的亲戚，要把握一个合适的度来处理，千万不要让他们成为你婚姻的杀手。

像他爱你的家人一样去爱他的家人

爱，是一个互动词。如果一方努力付出，而另一方伫立不动，那两人的距离永远存在，不会因为一方的努力而消失。同理，你和他，对对方家人的爱，也同样是互动的。

电视小品经常也会出现这样的桥段：妻子在给自己的父母买东西时，都是挑贵的、好的买；丈夫一提要给自己的父母买礼物，妻子就摆出个臭脸，不情不愿，挑的也是些普普通通的、价格低廉的，十足的应付。倒过来，如果丈夫给岳父、岳母买的东西稍微差一点，就会招来老婆的一顿狂轰滥炸。

这就是一种爱的失衡和自私。如果你只要求他对你的父母好，却对他的父母假以辞色，那么再大度的男人，也会心生不满吧？

欣蕾出嫁的时候，梦想着有个超豪华的婚礼，可是孙兵的父母并没有如欣蕾想象中的那样大肆操办，只是请亲戚朋友在酒店吃了个饭而已，连个司仪和摄影都没请。这让欣蕾“记恨于心”，对两个老人也没了多大的热情。不过，因为不用在一处住，倒也还相安无事。

欣蕾并不是本地人，她的父母在毗邻的一个城市。但身为女婿的孙兵，却从来没有因为岳父岳母不在跟前，就把两个老人给忽略掉。

逢年过节，他都主动给两个老人打电话。什么中秋、春节，甚至是端午、重阳、父亲节、母亲节这样的小节日，他都会给两个老人汇点钱，当是孝敬老人。

每年岳父、岳母的生日，他都会尽量抽时间陪欣蕾过去给二老庆寿；如果实在有工作走不开，他也不忘给封个大大的红包，再买上N多营养品、保健品让妻子带过去。所以岳父、岳母逢人便夸自己有个好女婿，对自己比亲儿子还上心。

可欣蕾对公公、婆婆却不是那么回事。两个老人生日，孙兵提醒了她，让她尽量提早过去帮忙给老人做顿寿宴，她也只是敷衍地答应，然后假装加班，总是等到饭菜都做好了，她才会出现。

她也从来不会主动给公公、婆婆买什么礼物，如果老公买的东西太贵重，她还会嘀嘀咕咕地说浪费。

有段时间，公公生病了，住院期间，孙兵因为要在医院看护，叫欣蕾在家里炖些滋补汤送去医院，欣蕾都很不情愿。每次去医院都摆着个臭脸，到了也不陪老人说话，只顾自己在旁边玩手机。公公以为她是工作累，还一个劲地叫她不用每天过去，说医院的营养餐也还不错，他就吃营养餐好了。

这一切，孙兵都看在眼里。虽然没当场发作，可是脸色也不好。

慢慢的，孙兵对岳父、岳母的感情也淡了下来，再不主动给二老打电话，逢年过节的红包也省了下来。老人生日，他也懒得过去参加了。偶尔被欣蕾逼着同行，就是去了也是极冷淡的样，一个人坐在那看电视，玩手机，不再下厨帮忙，不再陪岳父下棋聊天。这巨大的落差，不说两个老人不习惯，连欣蕾都觉得异样。老人偷偷问欣蕾："你们小两口是不是吵架了？怎么孙兵这段时间冷淡了很多？"回来的路上，欣蕾忍不住责问孙兵："我爸妈哪招你惹你了？你在他们面前摆啥脸色？"

孙兵静静地看着欣蕾："你也知道这样不好了？你也知道我对你父母没礼貌了？那你怎么不想想，你平时是咋样对我爸妈的？难道我在边上看着我就好受了吗？难道我父母看到你的一脸冷漠会开心吗？"

顿了顿，他又说："我不是在玩报复。这段时间，我故意冷落你的父母，只是想让你设身处地地想一想，你在做着这一切时候，别人的感受。己所不欲，勿施于人！"

欣蕾想要辩驳，却不知道该怎么反驳。将心比心，孙兵对自己的父母只是一段时间不好，自己和父母都觉得不自在，都觉得被冷落。那自己结婚这三年来，一直对公婆不闻不问，两个老人又怎么会不难过？孙兵心里又怎么会痛快呢？

想明白这点后，欣蕾才开始放下成见，把公公婆婆当成自己的父母一样来孝敬。而孙兵，也一如既往地对她的父母热情起来。

爱有个等同原则，如果你想他对你的父母，对你的家人好，你自己先得善待他的父母和亲人。只有这样，你才有资格去指责和批评他做得不好、或者不够好。

当然，这样的"等同原则"，不单指女人。身为男人的你，同样有义务善待她的亲人。这道理，是一样的。

其实，很多时候，只要换位思考下，你就会明白，对他（她）的家人好，其实也是在对自己的家人好。爱需要互动，亲情也如是。

第二十三章

真爱法则：家是讲爱的地方

张爱玲都说了：“生命是一席华美的袍，上面爬满了虱子。”婚姻也是如此。如果你非要吹毛求疵，将这所有的“虱子”消灭殆尽的话，累死都不能消灭完。

家是讲爱的地方，不是讲理的地方。对于小事，偶尔退一步、打个马虎眼，以退为进地“放过他（她）”，这小矛盾就成了夫妻间的“小花枪”，床头吵完床尾和；如果你非要较真，事事都要分个是非黑白、再小的错误也要逼迫对方认错的话，这家就不是情场，而是战场了。

清官难断家务事

你见过从来不起争执的夫妻么？你见过从来不闹矛盾的家庭么？答案肯定是：NO!

牙齿和舌头都有打架的时候，何况两个从不同家庭里走到一处的人？没有经过磨合，肯定会有诸多不合拍的地方。这时候，矛盾自然就来了。公说公有理，婆说婆有理。你不肯示弱，他也不肯让步，其结果要么是僵持，要么是战火升级。你就是请个清官来，人家也断不了你的家务事。

咱就拿娱乐圈里新近正在闹离婚的董洁和潘粤明来做个分析吧！

董洁和潘粤明，曾经是娱乐圈里的金童玉女，两人行事又一向低调，鲜有绯闻，所以，很受观众喜欢。

谁知道，这对金童玉女也有撕破脸皮闹离婚的一天，而且剧情一波三折得让人惊叹。一时是潘粤明暗指董洁另结新欢，一时又是董洁出来指责潘粤明滥赌。这边厢，董洁含泪哽咽，说我和某某某见面实属正常社交，潘粤明你是欲加之罪！那边厢，潘粤明也涕泪横流，说我今年才去过澳门一次，怎么就成滥赌了……

一时间高潮迭起，观众们雾里看花，谁都想给他们当个清官，可这家务事岂是看不清真相的观众所能断是非的？

也许，潘粤明真有嗜赌的倾向。但在我看来，如果他手头片约多，时间被拍摄占满，或者说，做妻子的董洁动点小心思，让孩子多“占用”老爸的时间，让潘粤明分身乏术，那同样能将他从赌桌上“拉”回来。显然，董洁没打算这么做，而是在声明时针针见血、咄咄逼人：“身为男人，你怎么就不能勇敢地告诉大家，我们的分开是因为你的嗜赌成性、粗暴无礼……”得理不饶人的做法，就算能占住舆论的上风，伤害的却是自己的婚姻和自己的感情。当然，可能她也并不想继续和他在一起了。

而潘粤明的声明，和董洁如出一辙，都同样没有检讨自己，反而力逼对方：“我不得不认为，你们是想利用媒体和舆论导向把自己撇干净再把脏水泼在我身上，一切都是有预谋的……你们这么咄咄逼人实在是欺人太甚，但我依然心存善念不希望伤害彼此，更不想让大家看笑话！”

这两个人，现在做的，是死死地揪住对方似是而非的“错”，将彼此逼到死角，要对方承认自己错了。他们要以对方的“错”，来证明自己“对”。

潘粤明确实有赌，但如果只是偶尔为之，也是可以原谅的；董洁确实也和其他男性朋友会面了，可没准真的只是朋友间的正常交往呢？就算结了婚，也同样可以有异性朋友啊！

或者，时间会证明，董洁有没有出轨，潘粤明又是不是个赌鬼。可等真相大白的时候，这两个曾经恩爱的男女，肯定早已经分道扬镳了。

太过于执着对错，不给对方解释或者原谅的机会，最终伤害的是谁？肯定不会是围观的群众！伤的只是自己的心和自己的婚姻罢了。

还有谢霆锋与张柏芝这一对，把婚姻演绎成了电影，剧情丰富得让编剧都惭愧了。

在恋情纠缠不清的时候，谢霆锋有天出了车祸，张柏芝立马飞奔去探视，据说一看他的伤状，还哭得泪雨滂沱；而张柏芝在表演中受伤时，谢霆锋也是紧张万分。传出两人分手时，张柏芝更是在短期内暴瘦，憔悴得让人不忍心看。

后来，终于修成正果。但安稳日子过没几天，张柏芝就被卷入了“艳照门”。当时小谢的粉丝力促谢霆锋“休”了张柏芝。这时候的谢霆锋则显出一个男子汉的担当来，力排众议，执意护妻。

这么难堪的时候都撑过来了，想来，两人应该是情比金坚，雷打不动了吧？想来，张柏芝也应该收敛自己，好好过日子吧？

可不知道为何，当日当众骂陈冠希最狠的这个“受害者”，却突然又传出，在飞机上与陈冠希合影，一笑泯恩仇。

这边的“仇”是放下了，那边的谢霆锋是彻底发火了。夫妻两个隔空掐架，然后宣布分割财产离婚。

剧情到此落幕么？不，这不是结局，前不久两人又被记者拍到，带着孩子亲亲热热地游泳晒太阳呢！没准过几天就宣布复合了。

这样的“家务事”，谁断得清啊？

看过黑泽明的《罗生门》没有？同样的一个故事，不同的人会生出不同的说法，于是同一件事就生成了不同版本的“故事”。每个人为了自己的利益而编造自己的谎言，令事实真相不为人所知。

明星如此，普通夫妻也如此。如果能自我检讨的，自然吵不起来；如果吵起来，肯定都是挑着对自己有利的部分来讲，以证明自己是“对”的，对方是“错”的。

所以说，清官难断家务事。如果你还想将日子过下去，就不要太执着于对错，只要不是大是大非的原则性问题，就没必要太过较真。这次你让一步，下次他让一步，才能皆大欢喜。

用爱化解一切矛盾

夫妻间有了矛盾，是正常的，你们又不是同一个模子印出来的，怎么都会有些差异。只要有差异，就肯定会有意见相左的时候。只要意见相左，就肯定有闹矛盾的时候。

夫妻间闹矛盾并不可怕，可怕的是，没有足够的智慧去化解矛盾。有些年轻人听了表示很有意见：“我们夫妻都是高学历，怎么会没有智慧去化解矛盾呢？”按说，高学历的夫妻，确实应该是更理性、更聪明，不会胡搅蛮缠，所以更能解决家庭矛盾，但事实却有点出人意料。

在现这生活中，越是高学历的夫妻，越容易出现婚姻问题。究其起因，居然

都是些鸡毛蒜皮的小事。

对此，中国精神健康网的婚姻家庭心理咨询师给年轻夫妻们提出了几点建议：

一、IQ与EQ两手都要硬。

在婚姻心理咨询师眼里，用心经营的婚姻，不仅需要高智商，还需要高情商。情商高的人能够自如地体验、调控和表达自己的情绪，同时觉察、接受与调节他人的情绪，最终达成人与人之间的情绪共振。美妙的爱情往往就是情绪高度共振的产物。如果夫妻总在婚姻中争论谁对谁错，那就是在用处理智力问题的方式来处理情感，产生矛盾纠纷也就不奇怪了。

所以说，化解矛盾不只是靠智力，还要靠爱。用爱化解矛盾，比用智力要聪明得多。

二、做好角色转换。

婚姻心理咨询师认为，高学历夫妻要取得高质量的婚姻，最关键的一点就是将家庭和事业做一个明确的划分。比如，一些成功人士喜欢把一切事情智力化，但这用在婚姻关系中完全行不通。在家里，哪怕是CEO、CFO，也要让强大的自我谦卑起来，这样才能听到伴侣心灵的声音。

当你用爱的方式去处理婚姻矛盾时，事情往往会变得很简单。

三、使价值观保持一致。

价值观就是，每个人在思考“什么在你看来是重要的”这个问题时得出的不同答案。对于高IQ夫妻而言，价值观所包含的内容相当广泛，包括生活方式、理性还是感性、金钱态度、性生活、家务处理、对孩子的教育……如果两个人的价值观相近，就比较容易接受对方，不会为了不失去对方、迎合对方而伪饰自己、勉强自己，这样沟通起来也方便。也就是说，如果对方是你能够以自己最真实的那一面与之相处的，你们的价值观也就比较容易找到共同点。

四、充分尊重对方，不要轻易否定对方。

能够做到彼此尊敬的夫妇对婚姻的满意程度，远远高于并非如此的夫妇。两个人能长期待在一块儿不腻味，“尊敬对方”这一条可说是强大的黏合剂。正因为对方是你能够尊敬的人，才能抱着学习的精神，保持谦虚的态度，并在无意识的状态中将自己和对方所从事的事业紧密联系在一起。

婚姻心理咨询师表示，从心理层面看，高学历夫妻自我意识更强，更容易否定和贬低对方。而婚姻作为一种“共生”状态，恰恰就需要夫妻双方都须适当控制过强的自我意识，理解包容对方。还有的高学历者因为修炼成了某领域的专家，在婚姻中更容易过分坚持自我，难以接纳对方的观点。他们往往为了证明自己观点的正确性而压制对方，完全不顾对方的面子和自尊，于是夫妻大战正式打响的日子也就不远了。

所以，不管你的社会地位有多高，你都得学会尊重自己的伴侣。尊重、包容、理解，才是化解矛盾的“利器”。

要伤害一个人，把他（她）往死里贬损就是；要伤害一段婚姻，需要做的只是逞口舌之快，将矛盾升级即可。可这实在不是明智之举，真正聪明的夫妻，会用爱，将矛盾化解于无形中。

虽然说，现在提倡男女平等，虽然大伙都说女追男和男追女没啥不同，只要爱上了就是了。可对当事人小麦来说，总觉得自己先追的刘明明，心理上还是落了下风。

正如张小娴说的，在爱情里，谁先动了心，谁就先输了。小麦一直觉得自己先动了心，所以输了。

先输的人，心理上总归不平衡，想着在别处上再拿点彩头回来作为筹码，增加自己的赌注，以便不至于一败涂地。于是，小麦无论大事小事，都处处要强，由着性子和刘明明对阵，不肯低头。

他不是不知，却仍处处容忍，愿意做先低头的那个。但再好脾气的人，也搁不住小麦的步步紧逼，终究还是发了脾气，爆发了一场大吵。

小麦在“战争”之后摔门而出，投奔闺蜜林乔去了。小麦向好友诉苦，说他像头只会工作的牛，不温柔、不浪漫、不体贴，总将她一个人丢在家里，冷清孤寂；悔“自己当日不该先动了心，以至于他今天吃定我似的冷落我。”说至伤心处，泪水泛滥成灾。

刘明明知她平日与林乔要好，电话随之打到林乔家里来。小麦看着来电显示“恶狠狠”地警告林乔不准泄露她的行踪。

林乔无奈，对着话筒那端撒谎：“没有，小麦没有来我这。”小麦将耳朵贴近话筒边窃听，那边有他隐忍的叹息，然后说：“她还没吃晚饭，如果她来找你，拜托你，先给她弄点吃的。”

搁了电话林乔对着小麦摇头：“他和你吵成这样，却还记挂着你还没吃饭。而你呢？就只会埋怨责骂！你惭愧不惭愧？”

心里有一闪而过的内疚，可是小麦马上又倔强起来：“反正我不回去！否则他更该吃定我了！”林乔无奈，只好收留她，拿了自己的睡衣，让她先去冲个凉，自己则去给小麦下面条。

小麦在洗澡的时候怎么都觉得别扭，却又说不清哪里不对劲。擦着头发走到门口时，猛然醒悟过来：对了，是那淋浴的喷头安得太低了！

女人就算在伤心处也不忘记八卦，小麦从浴室出来就逮着林乔问：“怎么你们家的淋浴喷头安那么低?”

“不只是淋浴喷头，你再看看别的。”林乔一边煮面条一边头也不抬地说，“很多东西都是就着我的身高去做的（需要说明的是，小麦这个好朋友，个子很矮，一米五都不到，而她丈夫，却有一米八）在装修时我丈夫就跟工人说了，要就着我的身高去做。他说，低了，他一弯腰就能凑合，但如果高了，我够不着，就麻烦了许多。”

说完，她又加了一句：“你不是说，谁先低头，谁就输了么？他每天和我说话，都得低着头。可是在他一低头的温柔里，我越发敬爱他……其实两个人的生活里，没有谁高谁低，举案齐眉我们做不到，但最起码，我们可以做到执手相看。”

小麦对着一屋子比普通人家都要“矮”了小半截的家具和设备怔然，想起每次吵完架，丈夫都忍耐着，哄着自己向自己说Sorry，哪怕他本来就没有错。

小麦一直觉得自己爱他多过他爱自己，此刻才发现，在他那一低头的温柔里，蕴藏着更深的爱意。至此，她才知道，自己一直都错了，错得厉害。

很多人会以为，吵架的时候，谁先低了头，谁先说了“对不起”，谁就是输家。但其实，在两个人的婚姻里，那一低头的温柔，不是因为是非对错，而是因为情深。

这样的好男（女）人错过了，你或者能寻到比他（她）更优秀的，但你再寻不到比他（她）更爱你的。所以，请珍惜，那个肯先说“对不起”、那个一直在用爱化解你们之间的矛盾的人！

家不是讲理的地方，家是讲爱的地方

据说，有一对父母，给自己新婚的女儿写了一封信。信里有这么一段话：

“家不是一个讲理的地方。这句话听起来，很没有道理，但千真万确。这句话是真理，是至理，是多少夫妇、多少家庭（包括我们家）用多少岁月、多少辛酸、多少爱恨、多少是非、多少对错，在纠缠不清、难解难分的混乱中，梳理出来的一个最后结论。”

当夫妇之间开始据理力争时，家里便开始布上阴影。两人都会不自觉地各抱一堆面目全非的歪理，敌视对方，伤害对方，最后只能两败俱伤，难以收拾。多少夫妻，为了表面的一个‘理’，落得负心无情。他们不知道，家不是讲理的地方，不是算账的地方。

家应该是讲爱的地方。爱一时很容易，爱一生一世却不容易，这里面有许多妙处需要我们去总结和体会。

这一句“家不是讲理的地方，家是讲爱的地方”，也被不少小夫妻奉为金玉良言。

聪明的夫妻会明白，在婚姻里，很多事，都有“灰色地带”，并不是简单的一个“对”或者一个“错”所能概括的。你认为错的，他（她）并不一定觉得自己错了；这时候你再逼着他（她）认错，偏偏他（她）也和你一样较真，一样倔强，那这事就没完没了。

晓梅和智川都是“寄居一族”，结婚前是各租各的房住，结婚后，两人就商量着把现有的房子退掉，在距离二人工作地点近的地方再租一套房住，一者上班方便，二者也可以省下一笔租金。

可是没想到，在找房子的过程中，这对新婚夫妇就掐起来了。

在网上，智川看中了一套房。从屋主上传的相片看，房间挺干净，家私也齐整，晓梅觉得很满意。于是，加了房东的QQ开始谈。

房东便问了姓名，问了工作单位，又要了身份证号码，接着又问起夫妻两个的月收入、有没有孩子、有没有老人……智川没觉得啥，一一作答，晓梅却不高兴了，一把关掉对话删了屋主：“不就租个房嘛！凭什么搞得像警察查户口似的！又是身份证又是月收入的！你怎么啥都跟人家说！你不懂保护自己的隐私么?”

智川却觉得：“人家是房东，慎重一点也是可以理解的！他问月收入，是怕咱付不起租金吧！有些房东怕小孩子在墙上乱画，或者怕吵，所以要问清楚！你自己神经过敏反而怪人家查户口！”

你一句我一句，就掐起架来。两人都不认为自己有错，都觉得对方无理取闹，都不愿意低头，于是，不欢而散，继续两处分居。

后来还是双方家长听说了这事，过来劝架，才勉强让两人“讲和”了。可过后提起这件事，双方依旧是坚持“我没错，错的是你！”

生活过得磕磕碰碰。类似前者的“你错了”的小事件突发不断，但每次他们都把这些分歧，当门槛那样，勉强迈了过去。直到碰上了一个迈不过去的“门槛”。

事情的起因是智川去了武汉出差。他是武汉大学毕业的，有好多同学在那，于是，和老同学碰了个头，还拍了些照片。其中的一张，是他和女生的单独合照，两人对着镜头，笑得甜蜜。

相片是老同学发在智川的Q邮箱的。而智川和晓梅的QQ，都设置了密码保存，一联网就会自动上线。这原是两人坦荡、信任的举止，可这信任和坦荡，让晓梅看到了这张相片。

晓梅知道这个女的，与智川有过一段情，因距离的关系才分的手。看着这张合照，晓梅心里各种不舒服。责问智川，智川说：“我又不是单独和她见面，那么多同学在，你可以去查！”至于合照，他觉得也没什么。自认为坦荡荡，没有做对不起晓梅的事，所以无需解释。

可晓梅过不去心理那关："既然都结了婚，你还和人家单独拍啥合照？还头挨头的那么亲密！"觉得这是过分的行为，要求老公道歉，并且保证以后再不犯同样的错误。

智川也犯了犟，死活不道歉："我和她都没做啥见不得人的事，为什么得道歉？我这一道歉，不就等于承认我心里有鬼么？"

还是老样了：两人都觉得自己没错，两人都认为对方不讲理，都要求对方道歉。于是，这个"门槛"，最终变成了他们婚姻里再爬不过去的高山。

看这个案例，你说，就算你是清官，你也判不出谁对谁错吧？这就是我们前头所说的，"灰色地带"的"灰色事件"。

像租房的事，智川一心想租到房子，所以对房东的问题有问必答，不算错；而梅子，自我保护意识强，觉得不该向陌生人过多地透露自己的个人信息，这个也不是错。

咱再说合照事件。智川并没有单独见前女友，只是在同学聚会上、众目睽睽下和她单独合了个影，实在构不成出轨，你还真没法"裁定"他犯了错。但对于晓梅来说，她就觉得："你都已经结婚了，你还和一个女人合什么影？如果是普通同学也就罢，偏是和你有过一段情的女人。你这样做，我能不在意么！"她要求自家的男人和前女友保持点距离，这要求也不过分。所以，也不能说，错的是她。

这种时候，你非要讲理，是根本讲不清的。因为两人都"有理"，但也可以说"都没理"。

如果他俩能认识到，家不是讲理的地方，而是讲爱的地方，能换种方式来处理的话，结局就会不同。

晓梅如果收起指责，不要咄咄逼人，而是撒个娇，告诉老公："我看到你和前女友的合影，吃醋了！以后不许你和她靠这么近！"同样能达到目的。

而智川，如果不是一味认死理，非要辩个是非黑白，大可服个软哄哄妻子："不就一张相片嘛！没什么大不了的，你不喜欢我马上删掉它！以后再不和她见面就是！"这事情就翻篇了，也不用闹到妻离子散的地步。

坐上了婚姻这条船，你和他（她）就是绑在一起的蚂蚱，一荣俱荣，一损俱损。如果需要以婚姻破灭来证明自己在某件事上的"清白"或者"正确"，你得先问问自己，划得来不？

退一步海阔天空，在争执时稍让一步，等对方气消后，能心平气和对话时，再将是非对错给他（她）剖析一遍。我想，只要不是蛮横不讲理的人，这道理和是非曲直总是能分得清的。这时候的他（她）如果发现自己错了，而且在他（她）错的时候，你一直在“让”着他（她），他（她）更会对你感激于心。

聪明生活糊涂爱，太过认死理，最终只会两败俱伤。记住：在婚姻生活里，认真是应该的，较真就大错特错了！